Münchener Kommentar zum Bürgerlichen Gesetzbuch

Herausgegeben von

Dr. Dr. Dr. h. c. Franz Jürgen Säcker
Professor an der Freien Universität Berlin

Dr. Roland Rixecker
Präsident des Saarländischen Oberlandesgerichts
Honorarprofessor an der Universität des Saarlandes

Band 8
Familienrecht II
Nachtrag zu §§ 1666–1667

Die einzelnen Bände
des Münchener Kommentars zum BGB

Band 1, 1. Halbband: Einleitung und Allgemeiner Teil
§§ 1–240 · ProstG
Band 1, 2. Halbband: Allgemeines Gleichbehandlungsgesetz – AGG
Redakteur: Prof. Dr. Dr. Dr. h. c. Franz Jürgen Säcker

Band 2: Schuldrecht · Allgemeiner Teil
§§ 241–432
Redakteur: Vors. Richter am BGH Prof. Dr. Wolfgang Krüger

Band 3: Schuldrecht · Besonderer Teil I
§§ 433–610 · Finanzierungsleasing
HeizkostenV · BetriebskostenV · CISG
Redakteure: Prof. Dr. Wolfgang Krüger/Prof. Dr. Harm Peter Westermann

Band 4: Schuldrecht · Besonderer Teil II
§§ 611–704 · EFZG · TzBfG · KSchG
Redakteur: Prof. Dr. Martin Henssler

Band 5: Schuldrecht · Besonderer Teil III
§§ 705–853 · PartGG · ProdHaftG
Redakteur: Prof. Dr. Mathias Habersack

Band 6: Sachenrecht
§§ 854–1296 · WEG · ErbbauRG
Redakteur: Richter des BVerfG Dr. Reinhard Gaier

Band 7, 1. Halbband: Familienrecht I
§§ 1297–1588 · GewSchG
Redakteurin: Richterin am BGH Beatrix Weber-Monecke

Band 7, 2. Halbband: Familienrecht I
§ 1587 · VersAusglG
Redakteurin: Prof. Dr. Elisabeth Koch

Versorgungsausgleich aF
§§ 1587–1587 p · VAHRG · VAÜG
Redakteurin: Richterin am BGH Beatrix Weber-Monecke

Band 8: Familienrecht II
§§ 1589–1921 · SGB VIII
Redakteur: Prof. Dr. Dr. h. c. Dieter Schwab

Band 9: Erbrecht
§§ 1922–2385 · §§ 27–35 BeurkG
Redakteur: Richter am BGH Dr. Gerhard Schlichting

Band 10: Einleitung zum Internationalen Privatrecht · VO Rom-I · VO Rom-II
Art. 1–24 EGBGB · Internationales Privatrecht
Redakteur: Prof. Dr. Dres. h. c. Hans Jürgen Sonnenberger

Band 11: Art. 25–245 EGBGB · Internationales Privatrecht
Intertemporales und Interlokales Recht · Internationales Wirtschaftsrecht
Redakteur: Prof. Dr. Dres. h. c. Hans Jürgen Sonnenberger

Münchener Kommentar zum Bürgerlichen Gesetzbuch

Band 8
Familienrecht II

§§ 1589–1921

SGB VIII

Redakteur:
Dr. Dr. h. c. Dieter Schwab
em. Ordinarius an der Universität Regensburg

Nachtrag zur 5. Auflage
§§ 1666–1667

von

Dr. Dirk Olzen
Professor an der Universität Düsseldorf

Verlag C. H. Beck München 2010

Zitiervorschlag:
MünchKommBGB/*Bearbeiter* § . . . RdNr. . . .

Verlag C. H. Beck im Internet:
beck.de

ISBN 978 3 406 59848 7

Wilhelmstraße 9, 80801 München
Satz und Druck: Druckerei C. H. Beck, Nördlingen
(Adresse wie Verlag)

Gedruckt auf säurefreiem, alterungsbeständigem Papier
(hergestellt aus chlorfrei gebleichtem Zellstoff)

Vorwort

Bereits wenige Monate nach Erscheinen der 5. Auflage kam es im Recht der elterlichen Sorge zu einer gesetzlichen Neuregelung. Beeinflusst durch eine heftige öffentliche Diskussion über den Schutz von Kindern vor Gewalt, Missbrauch und Vernachlässigung, die durch zahlreiche Nachrichten in den Medien verursacht worden war, reformierte der Gesetzgeber § 1666 BGB. Am 4. 7. 2008 wurde das „Gesetz zur Erleichterung familiengerichtlicher Maßnahmen bei Gefährdung des Kindeswohls" (BGBl. I S. 1188 ff.) verabschiedet, das bereits am 12. 7. 2008 in Kraft trat. Das Ziel des Gesetzgebers bestand darin, durch den Abbau von Tatbestandshürden ein frühzeitiges Einschreiten der Familiengerichte zu ermöglichen und Kausalitätsprobleme zwischen Elternverhalten und Kindeswohlgefährdung zu vermeiden. Zu diesem Zweck wurde das Merkmal des „elterlichen Erziehungsversagens" aus dem Tatbestand der Norm gestrichen. Außerdem enthält die Vorschrift jetzt einen nicht abschließenden Katalog möglicher Maßnahmen, welche vom Familiengericht zur Beseitigung der Kindeswohlgefährdung ergriffen werden können. Die kurze Geltungsdauer von § 1666 BGB nF erlaubt allerdings noch keine verlässliche Aussage über den Erfolg der Gesetzesänderung.

Düsseldorf, im Juni 2009 — Dirk Olzen

Bürgerliches Gesetzbuch

In der Fassung der Bekanntmachung vom 2. Januar 2002
(BGBl. I S. 42, ber. S. 2909 und BGBl. 2003 I S. 738),
zuletzt geändert durch Gesetz vom 28. September 2009 (BGBl. I S. 3161)

§ 1666 Gerichtliche Maßnahmen bei Gefährdung des Kindeswohls

(1) Wird das körperliche, geistige oder seelische Wohl des Kindes oder sein Vermögen gefährdet und sind die Eltern nicht gewillt oder nicht in der Lage, die Gefahr abzuwenden, so hat das Familiengericht die Maßnahmen zu treffen, die zur Abwendung der Gefahr erforderlich sind.

(2) In der Regel ist anzunehmen, dass das Vermögen des Kindes gefährdet ist, wenn der Inhaber der Vermögenssorge seine Unterhaltspflicht gegenüber dem Kind oder seine mit der Vermögenssorge verbundenen Pflichten verletzt oder Anordnungen des Gerichts, die sich auf die Vermögenssorge beziehen, nicht befolgt.

(3) Zu den gerichtlichen Maßnahmen nach Absatz 1 gehören insbesondere

1. **Gebote, öffentliche Hilfen wie zum Beispiel Leistungen der Kinder- und Jugendhilfe und der Gesundheitsfürsorge in Anspruch zu nehmen,**
2. **Gebote, für die Einhaltung der Schulpflicht zu sorgen,**
3. **Verbote, vorübergehend oder auf unbestimmte Zeit die Familienwohnung oder eine andere Wohnung zu nutzen, sich in einem bestimmten Umkreis der Wohnung aufzuhalten oder zu bestimmende andere Orte aufzusuchen, an denen sich das Kind regelmäßig aufhält,**
4. **Verbote, Verbindung zum Kind aufzunehmen oder ein Zusammentreffen mit dem Kind herbeizuführen,**
5. **die Ersetzung von Erklärungen des Inhabers der elterlichen Sorge,**
6. **die teilweise oder vollständige Entziehung der elterlichen Sorge.**

(4) In Angelegenheiten der Personensorge kann das Gericht auch Maßnahmen mit Wirkung gegen einen Dritten treffen.

Schrifttum: *Abramowski,* Staatliche Schutzmaßnahmen für Kinder ausländischer Eltern, Diss. Göttingen 1991; *Andrae,* Internationales Familienrecht, 2. Aufl. 2006; *Balloff,* Der Kindeswohlgefährdungsbegriff bei internationalen Rückführungsfällen in HKÜ-Verfahren aus rechtspsychologischer Sicht, FPR 2004, 309; *Baltz,* Ächtung der Gewalt in der Erziehung, ZfJ 2000, 210; *Becker,* Neues elterliches Sorgerecht, ZBlJugR 1978, 300; *Beitzke,* Nochmals zur Reform des elterlichen Sorgerechts, FamRZ 1979, 3; *Belchaus,* Elterliches Sorgerecht, 1980; *ders.* Neuregelung des Rechts der elterlichen Sorge, ZblJugR 1979, 325; *Belling/Eberl,* Der Schwangerschaftsabbruch bei Minderjährigen, FuR 1995, 287; *Belling/Eberl/Michlik,* Das Selbstbestimmungsrecht Minderjähriger bei medizinischen Eingriffen, 1994; *Belling,* Der Schwangerschaftsabbruch bei Minderjährigen – Eine ungelöste Aufgabe des Gesetzgebers, FS Bub, 2007, S. 455; *Bettermann,* Die freiwillige Gerichtsbarkeit im Spannungsfeld zwischen Verwaltung und Rechtsprechung, FS Lendt, 1957, S. 17; *Bienwald,* Zur Beteiligung des Mannes bei der Entscheidung über den straffreien Schwangerschaftsabbruch seiner Ehefrau – Bemerkungen zum Beschluß des AG Köln FamRZ 1985, 519, FamRZ 1985, 1096; *Bosch,* Volljährigkeit – Ehemündigkeit – Elterliche Sorge, FamRZ 1973, 489; *Brüggemann,* Elterliche Vermögenssorge – alte und neue Fragen, ZBlJugR 1980, 53; *Bumiller/Harders,* FamFG Freiwillige Gerichtsbarkeit-Kommentar, 9. Aufl. 2009; *Bussmann,* Das Recht auf gewaltfreie Erziehung aus juristischer und empirischer Sicht, FPR 2002, 289; *Carl,* Die Aufklärung des Verdachts eines sexuellen Mißbrauchs in familien- und vormundschaftsgerichtlichen Verfahren, FamRZ 1995, 1183; *Certain,* Übertragung des Aufenthaltsbestimmungsrechts als ausreichende Maßnahme nach § 1666 BGB, ZBlJugR 1968, 104; *Coester,* Das Kindeswohl als Rechtsbegriff, 1983; *ders.,* Die Bedeutung des Kinder- und Jugendhilfegesetzes (KJHG) für das Familienrecht, FamRZ 1991, 253; *Coester-Waltjen,* Der Schwangerschaftsabbruch und die Rolle des künftigen Vaters, NJW 1985, 2175; *dies.,* Die Berücksichtigung der Kindesinteressen in der neuen EG-Verordnung Brüssel II a, FamRZ 2005, 241; *Deutsch/Spickhoff,* Medizinrecht, 6. Aufl. 2008; *Diederichsen,* Zur Reform des Eltern-Kind-Verhältnisses, FamRZ 1978, 461; *ders.,* Die Neuregelung des Rechts der elterlichen Sorge, NJW 1980, 1; *Diehl,* Vollstreckung nach dem Gewaltschutzgesetz und andere Vollstreckungsmaßnahmen im Beisein von Kindern, FPR 2008, 426; *Diemer/Schoreit,* JGG, 5. Aufl. 2008; *Dierks (Hrsg.) et al.,* Therapieverweigerung bei Kindern und Jugendlichen, 1995; *Ehringfeld,* Eltern-Kind-Konflikte in Ausländerfamilien, Diss. Bremen 1997; *Eichenhofer,* Das neue Kinder- und Jugendhilferecht, JuS 1992, 279; *Engelhardt,* Offene Fragen zum Verfahrenspfleger für das Kind (§ 50 FGG), FamRZ 2001, 525; *Enzmann/Wetzels,* Das Ausmaß häuslicher Gewalt und die Bedeutung innerfamiliärer Gewalt für das Sozialverhalten von jungen Menschen aus kriminologischer Sicht, FPR 2001, 246; *Erichsen,* Elternrecht-Kindeswohl-Staatsgewalt: Zur Verfassungsmäßigkeit staatlicher Einwirkungsmöglichkeiten auf die Kindererziehung, 1985; *Ernst,* Der Maßnahmenkatalog des § 1666 BGB, FPR 2008, 602; *Fegeler,* Der Maßstab des Wohls des Kindes, des Mündels, des Pfleglings und des Betreuten bei der gerichtlichen Kontrolle ihrer Interessenvertreter, Diss. Münster 1999; *Fehnemann,* Das Verschuldensprinzip in § 1666 BGB und die Rechtsprechung des Bundesverfassungsgerichts, ZfJ 1984, 157; *Fieseler/Hannemann,* Gefährdete Kinder – Staatliches Wächteramt versus Elternautonomie, ZKJ 2006, 117; *Finke,* Die rechtlichen Grundlagen der Sachverständigentätigkeit in der Familiengerichtsbarkeit nach der Kindschaftsrechtsreform vom 1. 7. 1998, FPR 2003, 503; *Gernhuber,* Kindeswohl und Elternwille, FamRZ 1973, 229; *Gernhuber/Coester-Waltjen,* Familienrecht, 5. Aufl. 2006; *Giesen,* Familienrechtsreform zum Wohl des Kindes? Bemerkungen zum Sorgerechtsentwurf und zum neuen Ehescheidungsfolgenrecht, FamRZ 1977, 594; *ders.,* Kindesmißhandlung?, 1979; *Gottschalk,* Boykottierter Umgang – zwangsweise Durchsetzung von Umgangsregelungen und Grenzen staatlicher Interventionsmöglichkeiten, FPR 2007, 308; *Häfele,* Seelisch erkrankte Eltern und Kindeswohlgefährdung, FPR 2003, 307; *Happe,* Hat sich das JWG auch ohne Jugendhilfereform überlebt?, FamRZ 1981, 635; *ders.,* Anordnung von Hilfe zur Erziehung durch das Vormundschaftsgericht?, Jugendwohl 1994, 92; *Hessler,* Vorurteilsbelastete Ansichten zum Kindeswohl. Ergebnis mangelnder Sorgfalt und fehlender Wissenschaftlichkeit bei der Untersuchung und Darstellung zum Kindeswohl in Verbindung mit den Glaubenslehren der Religionsgemeinschaft der Zeugen Jehovas, Sonderdruck RSG 2005, 293; *Hinz,* Kindesschutz als Rechtsschutz und elterliches Sorgerecht, 1976; *ders.,* Zu den Voraussetzungen der Trennung eines gesunden Kindes von seinen behinderten Eltern, NJW 1983, 377; *Höhne,* Gerichtliche Kontrolle elterlicher Fehlentscheidungen, Diss. Frankfurt/M. 1974; *Hoerster,* Ein Lebensrecht für die menschliche Leibesfrucht?, JuS 1989, 172; *Höflinger,* Bei Partnerschaftsgewalt kein elterliches Umgangsrecht nach der Trennung, ZfJ 2004, 63; *Hohmann-Dennhardt,* Kindeswohl und Elternrecht – Rechtsverhältnis von Eltern und Kindern, FPR 2008, 476; *Hummel,* Zum Phänomen des Vater-Tochter-Inzests, ZfJ 1996, 417; *Jansen,* Freiwillige Gerichtsbarkeit, 2. Aufl. 1969; *Janzen,* Das Kinderrechteverbesserungsgesetz, FamRZ 2002, 785; *Keidel,* FamFG – Kommentar zum Gesetz über das Verfahren in Familiensachen und die Angelegenheiten der freiwilligen Gerichtsbarkeit, 16. Aufl. 2009; *Keidel/Kuntze/Winkler,* Freiwillige Gerichtsbarkeit – Kommentar zum FGG, 15. Aufl. 2003; *Kellner,* Die Ächtung der Gewalt in der Erziehung nach neuem Recht NJW 2001, 796; *Krüger,* Rechtliche Fragen der Intersexualität bei Minderjährigen, in: Höhne/Finke (Hrsg.) Intersexualität bei Kindern 2008, S. 55 ff.; *Kühne/Kluck,* Sexueller Mißbrauch – forensisch-psychologische und psychodiagnostische Aspekte, FamRZ 1995, 981; *Kunz,* Zum Züchtigungsrecht der Eltern, ZfJ 1990, 52; *Lipp/Wagenitz,* Das neue Kindschaftsrecht, 1999; *Longino,* Die Pflegekinderadoption, Heidelberg 1998; *Looschelders,* Die Europäisierung des internationalen Verfahrensrechts für Entscheidungen über die elterliche Verantwortung, JR 2006, 45; *Lüderitz,* Die Rechtsstellung ehelicher Kinder nach Trennung ihrer Eltern im künftigen Recht der Bundesrepublik Deutschland, FamRZ 1975, 605; *Luthin,* Zur Neuregelung des elterlichen Sorgerechts, FamRZ 1979, 986; *Malik,* Die Grenzen der elterlichen Vermögenssorge, Diss. Münster 1999; *Meier,* Verstoßen die sog. „Leihmütterverträge" gegen die guten Sitten im Sinne des § 138 Abs. 1 BGB?, ZfJ 1985, 270; *Metzger,* Standards der Rechtsprechung an psychologische Gutachten im familiengerichtlichen Verfahren, FPR 2008, 273; *Meysen,* Neuerungen im zivilrechtlichen Kinderschutz, NJW 2008, 2673; *Mittenzwei,* Die Rechtsstellung des Vaters zum ungeborenen Kind, AcP 187 (1987), 247; *Moritz,* Bedeutung des Elternvotums für den Abbruch der Schwangerschaft Minderjähriger, ZfJ 1999, 92; *Mühlens et al.,* Das neue Kindschaftsrecht, 1998; *Müller, Gerda,* Die Neuregelung des Rechts der elterlichen Sorge, DRiZ 1979, 169; *Münder,* Ansprüche auf Leistungen im Jugendhilferecht, ZfJ 1991, 285; *ders.,* Probleme des Sorgerechts – bei psychisch kranken und geistig behinderten Eltern – exemplarisch für den Kindesschutz bei Kindeswohlgefährdung, FuR 1995, 89; *ders.,* Verhältnis zwischen Hilfen nach dem SGB VIII und familiengerichtlichen Maßnahmen nach § 1666 BGB, FPR 2003, 280; *Muscheler,* Familienrecht, 2006; *Musielak/Borth,* Familiengerichtliches Verfahren: FamFG-Kommentar, 2009, *Oelkers/Kraeft,* Sorgerechtsübertragung auf einen Zeugen Jehovas?, FuR 1997, 161; *Ollmann,* Schadensersatz wegen Mißbrauchsverdächtigung?, ZfJ 1996, 486; *ders.* Eltern, Kind und Staat in der Jugendhilfe, FamRZ 1992, 388; *Pfeiffer/Lehmkuhl/Frank,* Psychische Langzeitfolgen von Kindesmisshandlung, FPR 2001, 282; *Putzke,* Die strafrechtliche Relevanz der Beschneidung von Knaben, FS Herzberg, 2008, S. 669; *Raack,* Kinderschutz im gerichtlichen Verfahren, KindPrax 2002, 39; *ders.,* Rechtliche Maßnahmen und Entscheidungsspielräume des Familiengerichts bei Schulabsenz von Kindern und Jugendlichen, FPR 2007, 478; *Rakete-Dombeck,* Die familienrechtliche Betreuung von mißbrauchsverdächtigen Eltern, AnwBl. 1997, 469; *dies.,* Das familienpsychologische Sachverständigengutachten aus anwaltlicher Sicht, FPR 2003, 508; *Rauscher,* Das Umgangsrecht im Kindschaftsrechtsreformgesetz, FamRZ 1998, 329; *ders.,* Familienrecht, 2. Aufl. 2008; *Reiserer,* Schwangerschaftsabbruch durch Minderjährige im vereinten Deutschland, FamRZ 1991, 1136; *Röchling,* Vormundschaftsgerichtliches Eingriffsrecht und KJHG, Diss. Hagen 1997; *ders.,* Verurteilt die Eingriffsschwelle des § 1748 viele Kinder zu dauerhafter Elternlosigkeit?, ZfJ 2000, 214; *ders.,* Die Stellung des Jugendamtes im familiengerichtlichen Verfahren, ZfJ 2004, 257; *ders.,* Überlegungen zum Entwurf eines Gesetzes des Freistaates Bayern vom 3. 5. 2006 zur Änderung des § 1666 und weitere Vorschriften, FamRZ 2006, 1732; *ders.,* Anmerkungen zum Abschlussbericht der Arbeitsgruppe „Familiengerichtliche Maßnahmen bei Gefährdung des Kindeswohls" v. 17. 11. 2006, FamRZ 2007, 431; *ders.,* Neue Aspekte zu Kinderschutz und Kindeswohl? – Zum Entwurf eines „Gesetzes zur Erleichterung familiengerichtlicher Maßnahmen bei Gefährdung des Kindeswohls", FamRZ 2007, 1775; *ders.,* Das Gesetz zur Erleichterung familiengerichtlicher Maßnahmen bei Gefährdung des Kindeswohls, FamRZ 2008, 1495; *Rosenboom/Rotax,* Ein kleiner Meilenstein auf dem Weg zum besseren Kindesschutz, ZRP 2008, 1; *Rösner/Schade,* Der Verdacht auf sexuellen Mißbrauch von Kindern, FamRZ 1993, 1133; *Roth/Döring,* Zur geplanten Revision des Haager Minderjährigenschutzabkommens von 1961, FuR 1999, 195; *Rünz,* Die Entscheidungsmöglichkeiten des Vormundschaftsgerichts gemäß § 1666 a BGB, Diss. Mainz 1988; *Sachs,* Grundgesetz, 5. Aufl. 2009; *Salgo,* Pflegekindschaft und Staatsintervention, 1987; *Schellhorn/Schellhorn/Hohm,* SGB XII – Sozialhilfe, 17. Aufl. 2006; *Scherer,* Schwangerschaftsabbruch bei Minderjährigen und elterliche Zustimmung, FamRZ 1997, 589; *ders.,* Aufenthalts- und Umgangsbestimmungsrecht der Eltern contra Selbstbestimmungsrecht des Kindes?, ZfJ 1999, 86; *Schlüter,* Familienrecht, 12. Aufl. 2006; *Schmidt-Glaeser,* Die Eltern als Fremde, DÖV 1978, 629; *Schulz,* Haager Kinderschutzübereinkommen von 1996: Im Westen nichts Neues, FamRZ 2006, 1309; *dies.,* Internationale Regelungen zum Sorge- und Umgangsrecht,

FPR 2004, 299; *Schönke/Schröder/Bearbeiter,* Strafgesetzbuch, 27. Aufl. 2006; *Schulz/Hauß* (Hrsg.), Handkommentar Familienrecht, 2008; *Schütz,* Probleme der gerichtlichen Prüfung des Mißbrauchsvorwurfs in Familiensachen, AnwBl. 1997, 466; *Schwab,* Familienrecht, 16. Aufl. 2008; *Schwerdtner,* Mehr Rechte für das Kind – Fluch oder Segen für die elterliche Sorge, NJW 1999, 1525; *Seier,* Reform des § 1666 BGB und Verfassungsschutz, FPR 2008, 483; *Siedhoff,* Konkurrenzprobleme zwischen § 1666 Abs. 1 S. 1 BGB und § 1632 Abs. 4 BGB, FamRZ 1995, 1254; *Siehr,* Das neue Haager Übereinkommen von 1996 über den Schutz von Kindern, RabelsZ 62 (1998), 464; *Simitis/Rosenkötter/Vogel/Boost-Muss/Fromann/Hopp/Koch/Zenz,* Kindeswohl – Eine interdisziplinäre Untersuchung über seine Verwirklichung in der vormundschaftsgerichtlichen Praxis, 1979; *Simon,* Das neue elterliche Sorgerecht, JuS 1979, 752; *Solomon,* Brüssel II a – Die neuen europarechtlichen Regeln zum internationalen Verfahrensrecht in Fragen der elterlichen Verantwortung, FamRZ 2004, 1409; *Söppner,* Kinder und häusliche Gewalt aus dem Blickwinkel der Verfahrenspflegschaft, FPR 2001, 269; *Streitwieser,* Sorgerechtsregelung bei Uneinigkeit der Eltern über die religiöse Erziehung ihres Kindes, ZKJ 2006, 141; *Stürner,* Die Unverfügbarkeit ungeborenen menschlichen Lebens und die menschliche Selbstbestimmung, JZ 1990, 709; *Tiedemann,* Aids – Familienrechtliche Probleme, NJW 1988, 729; *Trenczek,* Inobhutnahme – Krisenintervention und Schutzgewährung durch die Jugendhilfe §§ 8 a, 42 SGB VIII, 2. Aufl. 2008; *Trockel,* Die Einwilligung Minderjähriger in den ärztlichen Heileingriff, NJW 1972, 1493; *Undeutsch,* Die Untersuchung mit dem Polygraphen („Lügendetektor“) – eine wissenschaftliche Methode zum Nachweis der Unschuld, FamRZ 1996, 329; *Veit,* Das Gesetz zur Erleichterung familiengerichtlicher Maßnahmen bei Gefährdung des Kindeswohls im Überblick, FPR 2008, 598; *Vogel,* Die Ersetzung von Erklärungen des Inhabers der elterlichen Sorge, FPR 2008, 617; *Wabnitz,* Mitwirkung der Jugendhilfe im familiengerichtlichen Verfahren, ZfJ 2000, 336; *Weber,* Die Entwicklung des Familienrechts seit Mitte 1996, NJW 1997, 2787; *Weinreich,* Das Stiefkind in der HausratsVO und im Gewaltschutzgesetz, FPR 2004, 88; *Wiesner,* Die Kompetenz des Vormundschaftsgerichts bei der Abwendung von Gefahren für das Kindeswohl – Bemerkungen zur Auslegung und Anwendung von § 1666 a BGB, ZBlJugR 1981, 509; *ders.,* Das Kinder- und Jugendhilfegesetz unter besonderer Berücksichtigung familienunterstützender und -ergänzender Leistungen, FuR 1990, 325; *ders.,* Schutzauftrag des Jugendamtes bei Kindeswohlgefährdung, FPR 2007, 6; *ders.,* Rechtliche Grundlagen, in: *Wiesner-Zarbock* (Hrsg.), Das neue Kinder- und Jugendhilfegesetz (KJHG) und seine Umsetzung in die Praxis, 1991, S. 1 ff.; *ders.,* SGB VIII – Kinder- und Jugendhilfe, 3. Aufl. 2006; *ders.,* Schutzauftrag des Jugendamtes bei Kindeswohlgefährdung, FPR 2007, 6; *ders.,* Leistungen der Kinder- und Jugendhilfe nach dem SGB VIII, FPR 2008, 608; *Will,* Der Anwalt des Kindes im Sorgerechtsverfahren – Garant des Kindeswohls?, ZfJ 1998, 1; *Willutzki,* Kindeswohl zwischen Elternrecht und staatlichem Wächteramt, DAVorm. 2000, 377; *ders.,* Kindschaftssachen im neuen FamFG – Ein Überblick, FPR 2009, 327; *Wölk,* Der minderjährige Patient in der ärztlichen Behandlung, MedR 2001, 80; Zentralkomitee der deutschen Katholiken, Stellungnahme zum Entwurf eines Gesetzes zur Neuregelung des Rechts der elterlichen Sorge, FamRZ 1977, 610; *Zenz,* Kindesmißhandlung und Kindesrechte, 1979; *Zorn,* Das Recht der elterlichen Sorge, 2. Aufl. 2008; *Zimmermann,* Das neue FamFG, 2009.

Übersicht

A. Normzweck

I. Konkretisierung des Wächteramtes der staatlichen Gemeinschaft

§ 1666 als Ausprägung des staatlichen Wächteramtes aus Art. 6 Abs. 2 S. 2 GG setzt den Verfassungsauftrag des Kindesschutzes auf der Ebene des bürgerlichen Rechts um. Die Norm beschränkt das Elternrecht aus Art. 6 Abs. 2 S. 1 GG und markiert die Grenze, ab der der Staat zur Wahrung des Kindeswohles einschreiten darf.[1] Die Vorschrift hat doppelte Grundrechtsrelevanz: Wenn der Staat zum Schutze des Kindeswohls tätig wird, greift er zugleich in das grundgesetzlich geschützte Elternrecht auf Pflege und Erziehung aus Art. 6 Abs. 2 S. 1 GG ein.[2] Von den dabei geltenden allgemeinen Grundrechtsschranken ist insbesondere der **Verhältnismäßigkeitsgrundsatz** zu beachten, der in § 1666 a zusätzlich eine bürgerlich-rechtliche Ausprägung gefunden hat (vgl. die Erl. dort). 1

§ 1666 bezweckt den Schutz des Kindes gegen ein solches **Eltern- oder Drittverhalten** im Bereich der Personen- und der Vermögenssorge,[3] das sein **Wohl gefährdet.** Die Norm gestattet deshalb **familiengerichtliche Eingriffe** in das Recht der elterlichen Sorge und auch Maßnahmen gegen Dritte, Abs. 4. Auf der Rechtsfolgenseite wird § 1666 von § 1666 a und § 1667 ergänzt, die konkrete Vorgaben für das Tätigwerden des Gerichts enthalten (vgl. die Erl. dort). Regelungen über Eingriffe in die elterliche Sorge finden sich darüber hinaus in verschiedenen familienrechtlichen Einzelbestimmungen, etwa in den §§ 1628, 1671 f., 1693, die § 1666 teils als leges speciales vorgehen, zum Teil aber auch daneben anwendbar sind (zur Abgrenzung näher RdNr. 7–21). 2

II. Entstehungsgeschichte

§ 1666 wurde zunächst am 16. 12. 1997 im Zuge des **KindschaftsRG**[4] neu strukturiert, wodurch die Bedeutung der Norm als **zentrale Kindesschutzbestimmung** des BGB noch deutlicher hervortrat.[5] Eine inhaltliche Änderung der Rechtslage strebte der Gesetzgeber mit dieser Neufassung nicht an. Vielmehr sollte der Kindesschutz gem. §§ 1666, 1667 aF übersichtlicher gestaltet werden.[6] Hierzu wurde der in § 1667 aF 3

---

[1] Vgl. *Bamberger/Roth/Veit* RdNr. 1; *Staudinger/Coester* RdNr. 3; *Hohmann-Dennhardt* FPR 2008, 476, 477.
[2] Zum Verfassungsrecht Vor § 1626 RdNr. 31.
[3] Zur Neustrukturierung der Norm im Zuge der Kindschaftsreform vgl. RdNr. 3.
[4] Vgl. zum früheren Rechtszustand Vor § 1626 RdNr. 11 f. mwN.
[5] Zum vorherigen Rechtszustand vgl. 3. Aufl., RdNr. 3.
[6] Vgl. BT-Drucks. 13/4899 S. 64 f.

separat geregelte **Schutz des Kindesvermögens** in den Tatbestand von § 1666 aufgenommen, so dass die Norm seitdem ebenso wie § 1626 Abs. 1 S. 2 die beiden Elemente des Sorgerechtsbegriffes in sich vereint.[7] Die möglichen **Gefährdungsursachen** sind unverändert geblieben, ebenso das sog. elterliche **Gefahrabwendungsprimat** in **Abs. 1. Abs. 2** enthält in der Neufassung durch das KindschaftsRG eine Aufzählung von Tatbeständen, bei deren Verwirklichung eine Gefährdung des **Kindesvermögens** in der Regel vorliegt.[8] Die **gerichtliche Ersetzungsbefugnis** ging im damaligen **Abs. 3** auf. Der **Abs. 4 nF** entspricht dem früheren Abs. 1 S. 2. **Verfahrensrechtlich** ist schließlich die Verlagerung der gerichtlichen Zuständigkeit im Zuge der Kindschaftsreform bedeutsam: Während nach der alten Gesetzesfassung die Kompetenz für Eingriffe in die elterliche Sorge beim **Vormundschaftsgericht** lag, ist nunmehr das **Familiengericht** ausschließlich zuständig § 111 FamFG (§ 621 Abs. 1 Nr. 1 ZPO aF). Dies hat u. a. Konsequenzen für den **Instanzenzug.**[9]

4 Schließlich wurde § 1666 in seinen **Abs. 1** und **3** am 4. 7. 2008 sowohl tatbestandlich als auch auf Rechtsfolgenseite durch das „Gesetz zur Erleichterung familiengerichtlicher Maßnahmen bei Gefährdung des Kindeswohls" (vom 4. 7. 2008, BGBl. I S. 1188 ff.) novelliert.[10] Der Gesetzesinitiative ging eine Häufung von Misshandlungen und Vernachlässigungen sowie Gewalttaten gegen Kinder, insbesondere im Jahre 2006, voraus. Deshalb ist die Regierungskoalition mit der Einsetzung einer **Experten-Arbeitsgruppe** „Familiengerichtliche Maßnahmen bei Gefährdung des Kindeswohls" einem Auftrag aus dem Koalitionsvertrag gefolgt, Möglichkeiten zu eruieren, auf erzieherische Defizite und deren Folgen besser als bisher reagieren zu können. Diese Arbeitsgruppe legte am 17. 11. 2006 ihren Abschlussbericht vor,[11] der Grundlage für den **Regierungsentwurf**[12] vom 24. 10. 2007 und schließlich für die Gesetzesreform[13] wurde. Zum einen sind **Tatbestandshürden abgebaut worden,** um ein frühzeitiges Einschalten der Familiengerichte zu ermöglichen und Kausalitätsproblemen zwischen Elternverhalten und Kindeswohlgefährdung zu begegnen. Hierfür ist das Tatbestandsmerkmal des sog. „elterlichen Erziehungsversagens", worunter die missbräuchliche Ausübung der elterlichen Sorge, durch Vernachlässigung des Kindes ebenso wie unverschuldetes Versagen fiel, aus dem Normtext des Abs. 1 gestrichen worden. Zum anderen hat der Gesetzgeber eine **Konkretisierung der Rechtsfolgen** des § 1666 durch Aufnahme eines **Maßnahmenkatalogs** vorgenommen, welcher u. a. erzieherische Weisungen vorsieht.[14] Die Novelle weist Ähnlichkeiten zum Gesetzesantrag des Freistaats Bayern vom 3. 5. 2006[15] auf, spricht sich allerdings gegen Vermutungstatbestände der Kindeswohlgefährdung auf der Tatbestandsseite aus.

---

[7] Krit. *Palandt/Diederichsen* 58. Aufl. 1999, RdNr. 11; *ders.* NJW 1998, 1977, 1985.

[8] Zu deren rechtstheoretischer Einordnung vgl. RdNr. 127.

[9] Zum Verfahrensrecht vgl. RdNr. 212 ff.

[10] Im Überblick *Veit* FPR 2008, 598 ff.

[11] http://www.bmj.bund.de/files/-/1515/AbschlussberichKindeswohl.pdf (14. 5. 2008); hierzu *Röchling* FamRZ 2007, 431 ff.

[12] BT-Drucks. 16/6815; hierzu *Röchling* FamRZ 2007, 1775 ff., *Rosenboom, Rofax* ZRP 2008, 1 ff.

[13] Vgl. BT-Drucks. 16/6815 in der Fassung der Beschlussempfehlung des Rechtsausschusses, BT-Drucks. 16/8914.

[14] Weisungen des Familiengerichts an das Kind in Anlehnung an § 10 JGG sollten nicht aufgenommen werden, da aus systematischer Sicht § 1666 nur eine Grundlage für Anordnungen an Eltern oder Dritte, nicht hingegen für Weisungen an das Kind selbst ist, BT-Drucks. 16/6815 S. 11; Gesamtüberblick vgl. *Palandt/Diederichsen* RdNr. 4.

[15] Entwurf eines Gesetzes zur Änderung des § 1666 BGB und weiterer Vorschriften, BR-Drucks. 296/06. Er sah noch eine tatbestandliche Ergänzung vor. Eine Kindeswohlgefährdung sollte nach dem Entwurf bei wiederholt schwerwiegendem Verstoß (eines Kindes/Jugendlichen) gegen Strafgesetze, aber auch bei Vorliegen von Anzeichen einer drohenden Abhängigkeit von Betäubungsmitteln und anderen Suchtmitteln vermutet werden; s. hierzu auch die krit. Anmerkungen von *Röchling* FamRZ 2006, 1732, 1738 f.

III. Verfassungsmäßigkeit

Die Verfassungsmäßigkeit des § 1666 idF des SorgeRG vom 18. 7. 1979,[16] dh. des Vor-Vorläufers der jetzigen Fassung, wurde vom BVerfG 1981 auch insoweit ausdrücklich bejaht, als Kinder selbst bei **unverschuldetem Versagen** der Eltern von der Familie getrennt werden können.[17] Die Entscheidung betont ferner vor allem den in § 1666 a positiv-rechtlich geregelten Grundsatz der **Verhältnismäßigkeit.** Die Trennung des Kindes von seiner Familie ist deshalb als stärkster Eingriff in das Elternrecht nur dann mit dem Grundgesetz vereinbar, wenn einer Gefährdung des Kindeswohles nicht auf andere Weise begegnet werden kann.[18] Verfassungsrechtliche Bedenken gegen die Möglichkeit familiengerichtlichen Einschreitens gegen die Eltern anlässlich einer Kindeswohlgefährdung durch eventuelle Dritte[19] sind im Wege verfassungskonformer,[20] dh. restriktiver Norminterpretation zu überwinden.[21] 5

B. Abgrenzung/Verhältnis zu anderen Vorschriften

I. § 1666 im System des rechtlichen Kindesschutzes

Das vierte Buch des BGB enthält eine Reihe weiterer Vorschriften, die gleichfalls gesetzliche oder gerichtliche Eingriffe in das elterliche Sorgerecht vorsehen. Darüber hinaus finden sich auch im sonstigen positiven Recht Normen und/oder Normenkomplexe, deren gemeinsamer Sinn und Zweck im Schutz des Kindeswohles besteht. Für manche dieser Fälle ist das Verhältnis zu § 1666 nicht eindeutig. 6

II. Das Verhältnis von § 1666 zu §§ 1671, 1672

1. § 1671. Bei nicht nur vorübergehendem **Getrenntleben der Eltern** kann das Familiengericht gem. § 1671 auf Antrag das vorherige **gemeinsame Sorgerecht** einem der Elternteile ganz oder teilweise allein übertragen. Die Vorschrift knüpft damit regelmäßig an eine andere Konfliktsituation als § 1666 an. Hieraus folgt, dass § 1671 der Generalklausel des § 1666 insoweit als **Sondervorschrift** vorgeht, als die mit der dauernden Trennung der Eltern verbundene Kindeswohlgefährdung bereits durch Maßnahmen des Familiengerichts nach § 1671 zu beseitigen ist.[22] Hier reicht uU die Ablehnung eines Antrages gem. § 1671 Abs. 1 aus, falls die Kindeswohlgefährdung durch die Übertragung der elterlichen Sorge auf den antragstellenden Elternteil ausgelöst würde. 7

Raum für gerichtliche Maßnahmen gem. Abs. 1 eröffnet dagegen **§ 1671 Abs. 3,** wonach einem Antrag gem. § 1671 Abs. 1 dann nicht stattzugeben ist, wenn die elterliche Sorge auf Grund anderer Vorschriften abweichend geregelt werden muss. Hierin liegt ein „stillschweigender" Verweis auf die §§ 1666, 1666 a.[23] Daraus folgt jedoch kein genereller Vorrang des § 1666 bei allen Kindeswohlgefährdungen.[24] Vielmehr weicht das Familiengericht von einem Elternvorschlag im Rahmen des Verfahrens gem. § 1671 nur ab, wenn die Kindeswohlgefährdung durch die Übertragung der elterlichen Sorge auf einen Elternteil nicht abgewendet werden kann,[25] also insbesondere dann, wenn sie von **beiden Elternteilen** ausgeht. 8

[16] Hierzu 3. Aufl. Vor § 1626 RdNr. 4 ff.
[17] BVerfG NJW 1982, 1379; dazu *Hinz* NJW 1983, 377.
[18] Zur Verfassungsmäßigkeit der Reform vom 4. 7. 2008 vgl. *Seier* FPR 2008, 483, 486 ff.
[19] *Diederichsen* NJW 1980, 1, 6 f. und *Palandt/Diederichsen* RdNr. 2.
[20] *Diederichsen* NJW 1980, 1, 6 f.
[21] Vgl. RdNr. 123 ff. zur Kindeswohlgefährdung durch Drittverhalten.
[22] So auch *Staudinger/Coester* RdNr. 28; *Schwab* RdNr. 746.
[23] BT-Drucks. 13/4899 S. 99 f.; *Palandt/Diederichsen* § 1671 RdNr. 25.
[24] Daher zumindest missverständlich *Jauernig/Berger* §§ 1666–1667 RdNr. 2.
[25] *Schlüter* RdNr. 358; *Palandt/Diederichsen* RdNr. 7.

9 Der Anwendungsbereich des § 1666 gegenüber § 1671 verengt sich noch einmal dadurch, dass § 1671 Abs. 2 Nr. 2 bereits eine Kindeswohlprüfung verlangt und damit eine Anwendung des § 1666 erübrigt. Das eigentliche Konkurrenzproblem konzentriert sich damit auf § 1671 Abs. 2 Nr. 1,[26] weil dieser Tatbestand keine Prüfung des Kindeswohls verlangt. Die Bindung des Gerichts an den übereinstimmenden Antrag entfällt, wenn die Voraussetzungen des § 1666 Abs. 1 gegeben sind. Sofern der Kindeswiderspruch beachtlich ist und kein neuer Antrag gestellt wird, eröffnet § 1671 Abs. 3 wiederum den Weg zu § 1666 Abs. 1.[27]

10 Maßnahmen des Familiengerichts gem. Abs. 1 sind ferner nicht durch § 1671 ausgeschlossen, wenn sie nach ihrer Intensität keine echten Eingriffe in das Recht der elterlichen Sorge darstellen, zB im Falle von bloßen Ermahnungen, Ge- oder Verboten.[28] Entsprechende Anordnungen können also auch nach einer Sorgerechtsentscheidung des Familiengerichts gem. § 1671 noch auf § 1666 gestützt werden, sofern die Sorgerechtsentscheidung nicht gem. § 1696 geändert werden muss.

11 **2. § 1672.** Die Vorschrift, der tatbestandsmäßig die **alleinige Kindessorge eines Elternteils** in den Fällen der §§ 1626 a und 1672 Abs. 2 bei **dauerndem Getrenntleben** zugrunde liegt, ermöglicht dem bisher nicht sorgeberechtigten Vater, die Alleinsorge zu erlangen. Ferner kann die gemeinsame Sorge begründet werden, wenn zuvor bereits eine Übertragung des Sorgerechts nach Abs. 1 der Vorschrift stattgefunden hatte, Abs. 2. In der ersten Variante bestehen keine Konkurrenzprobleme zu § 1666, weil ein solcher Schritt dem Kindeswohl dienen muss, § 1672 Abs. 1 S. 2.[29] Entsprechendes gilt aber auch für die Begründung der gemeinsamen elterlichen Sorge gem. § 1672 Abs. 2 S. 1: Hier sorgen sowohl das Erfordernis der Zustimmung des anderen Elternteils als auch die obligatorische gerichtliche Kindeswohlprüfung für einen ausreichenden Schutz. Treten Kindeswohlgefährdungen **nach** Begründung der gemeinsamen elterlichen Sorge gem. § 1672 Abs. 2 ein, so kann das Familiengericht durch Maßnahmen auf Antrag im Wege des § 1671 oder sonst gem. § 1666 Abs. 1 reagieren.[30] Das Gleiche gilt, wenn sich Kindeswohlgefährdungen nach einer Übertragung auf den Vater gem. § 1672 Abs. 1 ergeben.[31]

III. Meinungsstreit der Eltern

12 Meinungsverschiedenheiten der Eltern bei der Ausübung der elterlichen Sorge müssen diese in erster Linie selbst aus der Welt schaffen, § 1627. Erst wenn sie scheitern, kann das Familiengericht gem. § 1628 auf Antrag einem Elternteil die Entscheidung übertragen. Das Verfahren gem. § 1628 gewährleistet wegen seiner notwendigen Ausrichtung am Kindeswohl, § 1697 a, ausreichenden Schutz. Das Gericht überträgt **kindeswohlgerechte Entscheidungen** einem Elternteil allein. Mit dem Kindeswohl nicht zu vereinbarende Vorschläge lehnt es ab.[32] Stellt sich allerdings im Verfahren heraus, dass die Spannungen der Eltern bereits zu einer Kindeswohlgefährdung iSv. Abs. 1 geführt haben, muss das Familiengericht von Amts wegen tätig werden und die erforderlichen Maßnahmen treffen.[33] § 1628 entfaltet also keine Sperrwirkung gegenüber § 1666.

---

[26] *Staudinger/Coester* RdNr. 29; *Schlüter* RdNr. 358 aE.

[27] Ausführlich *Staudinger/Coester* § 1671 RdNr. 20, 262 ff.

[28] *Erman/Michalski* RdNr. 2 mwN; zu den möglichen Maßnahmen des FamG gem. § 1666 vgl. RdNr. 152 ff.

[29] Vgl. *Staudinger/Coester* RdNr. 34.

[30] Vgl. *Staudinger/Coester* RdNr. 35.

[31] Die Unterschiede eines familiengerichtlichen Vorgehens gem. § 1672 und § 1666 verdeutlicht noch einmal AG Tempelhof-Kreuzberg FamRZ 2002, 568.

[32] *Palandt/Diederichsen* § 1628 RdNr. 6; zur Handhabe bei Uneinigkeit der Eltern über die religiöse Erziehung ihres Kindes BGH FamRZ 2005, 1167 f.

[33] *Palandt/Diederichsen* § 1628 RdNr. 1.

IV. Ruhen der elterlichen Sorge

13 Einschränkungen in der Ausübung der elterlichen Sorge – ohne Erlöschen derselben, vgl. § 1675 – ergeben sich bei deren **Ruhen,** namentlich bei Einschränkungen der **Geschäftsfähigkeit** oder bei **tatsächlichem Hindernis** (Abwesenheit, Krankheit), §§ 1673, 1674. Die Rechtsfolgen richten sich danach, ob dem verhinderten Sorgeberechtigten das Sorgerecht allein (dann: § 1678 Abs. 1 2. HS oder Abs. 2, ggfls. § 1773) oder zusammen mit dem anderen Elternteil (dann: § 1678 Abs. 1 1. HS) zusteht. Bei **Verhinderung beider Elternteile** hat das Familiengericht von Amts wegen gem. § 1693 vorzugehen. Soweit in Fällen tatsächlicher Verhinderung, etwa bei Strafhaft oder Trunksucht des Sorgeberechtigten,[34] zugleich eine Kindeswohlgefährdung in Betracht kommt, wird das Verhältnis zu § 1666 problematisch.[35] Die Normen haben unterschiedliche Eingriffsschwellen; insbesondere sehen die §§ 1673, 1674 keine dem § 1666 a vergleichbare Verhältnismäßigkeitsprüfung vor. Im Falle einer geistigen Behinderung, die zur Geschäftsunfähigkeit oder zur beschränkten Geschäftsfähigkeit führt, § 1673 Abs. 1, Abs. 2 S. 1, wäre also der Verlust der elterlichen Sorge unausweichlich (vgl. dazu aber RdNr. 132). Die Lösung des Konkurrenzproblems liegt entweder in einer entsprechenden Anwendung des § 1666 a im Rahmen der §§ 1673, 1674[36] oder in einem generellen Anwendungsvorrang des § 1666 in Überschneidungsfällen.[37] Praktisch führen beide Lösungen zu demselben Ergebnis.

V. Tod eines Elternteils

14 Die §§ 1680, 1681 regeln die Beendigung der elterlichen Sorge bei **Tod** und Todeserklärung eines sorgeberechtigten Elternteils. Bestand vor diesem Ereignis **gemeinsame Sorge,** so erwirbt der **überlebende Elternteil** die elterliche Sorge gem. § 1680 Abs. 1 kraft Gesetzes allein. Bei **Alleinsorge** des verstorbenen oder für Tod erklärten Elternteils kann das Familiengericht diese unter den Voraussetzungen des § 1680 Abs. 2 dem **überlebenden Elternteil** übertragen. Berührungspunkte zu § 1666 können sich ergeben, wenn und soweit eine Gefährdung des Kindeswohles nach Übergang der elterlichen Sorge auf den überlebenden Elternteil gem. § 1680 Abs. 1 zu befürchten ist. Das Familiengericht muss dann nachträglich gem. Abs. 1 die erforderlichen Maßnahmen treffen.[38] In den Fällen des § 1680 Abs. 2 verhindert dagegen bereits die erneute gerichtliche Kindeswohlprüfung Gefährdungen durch den nicht sorgeberechtigten Elternteil, so dass für einen Rückgriff auf § 1666 idR kein Bedürfnis besteht. Bei erst **nachträglich** entstehenden Gefährdungslagen kommen wiederum Maßnahmen nach § 1666 in Betracht.

VI. Ersetzung der Einwilligung in eine Adoption

15 Einen besonders intensiven Eingriff in das Elternrecht stellt die gerichtliche Ersetzung der elterlichen Einwilligung in die Adoption gem. § 1748 dar. Die Norm knüpft wie § 1666 aF. an **elterliches Fehlverhalten** gegenüber dem Kind an (Störung der Eltern-Kind-Beziehung, besonders schwerer Pflichtverstoß, schwere psychische Störung), so dass tatbestandliche Überschneidungen vor der Reform denkbar erschienen. Da die Wirkungen einer Annahme des Kindes gegen den Willen der Eltern jedoch sogar über diejenigen eines möglichen Sorgerechtsentzuges gem. Abs. 1 hinausgehen, war und ist § 1748 als **Spezialfall** gegenüber § 1666 anzusehen. Die Voraussetzungen einer Einwilligungsersetzung sind daher auch nach einem Sorgerechtsentzug auf der Grundlage des § 1666 gesondert zu

---

[34] Vgl. *Palandt/Diederichsen* § 1674 RdNr. 1 m. weit. Bsp.

[35] Vgl. hierzu BayObLG 1981, 595, 597; OLG Hamm FamRZ 1996, 1029, 1030.

[36] Hierfür wohl LG Berlin FamRZ 1988, 1308, 1310 zu § 1674; zur analogen Anwendung des § 1666 a vgl. § 1666 a RdNr. 1.

[37] *Staudinger/Coester* RdNr. 43 aE.

[38] *Staudinger/Coester* RdNr. 33.

prüfen.[39] Kein Konkurrenzproblem besteht in den Fällen des § 1748 Abs. 4, weil dem betroffenen nichtehelichen Vater das Sorgerecht niemals zugestanden hat.[40]

VII. Ersetzung der elterlichen Einwilligung bei Heirat des minderjährigen Kindes

16 Einen speziellen Konflikt aus der Eltern-Kind-Beziehung regelt § 1303 Abs. 3, wenn der Sorgerechtsinhaber dem **Befreiungsantrag** eines heiratswilligen minderjährigen Kindes nach Abs. 2 widerspricht. Die **Ersetzungsbefugnis** des Familiengerichts verdrängt § 1666.[41]

VIII. Sonstige familienrechtliche Kindesschutzbestimmungen

17 **1. §§ 1629 Abs. 2 iVm. 1795.** Bei erheblicher Kollision von Eltern- und Kindesinteressen im Bereich der **gesetzlichen Vertretung** genießt das Kind familiengerichtlichen Schutz gem. § 1629 Abs. 2 S. 3, 1796 (vgl. dazu § 1629 RdNr. 62 ff.). Da die Eingriffsschwelle für familiengerichtliche Maßnahmen im Hinblick auf das elterliche Vertretungsrecht gem. § 1629 Abs. 2 S. 3 niedriger ist als bei § 1666, besteht ein grundsätzlicher **Anwendungsvorrang** dieser Normen.[42] Weitergehende Eingriffe, zB die gänzliche Entziehung des elterlichen Vertretungsrechts (vgl. RdNr. 192 u. 195), sind aber auf der Grundlage des § 1666 Abs. 1 möglich. Eine Verbindung zwischen § 1629 und § 1666 besteht insoweit, als auch im Sorgerechtsverfahren gem. § 1666 eine Entziehung des Vertretungsrechts beider Elternteile wegen erheblicher Interessenkollision gem. §§ 1629 Abs. 2 S. 3, 1796 in Betracht kommt.[43]

18 **2. § 1631 a.** Die Norm verpflichtet die Eltern, in Angelegenheiten der **Ausbildung und des Berufes** auf Eignung und Neigung des Kindes Rücksicht zu nehmen (vgl. § 1631 a RdNr. 5). Bei Verstößen greift das Familiengericht nunmehr auf der Grundlage von Abs. 1 ein; die Befugnisnorm in § 1631 Abs. 2 aF wurde im Zuge des KindschaftsRG vom 16. 12. 1997[44] gestrichen, weil ihre Notwendigkeit neben § 1666 entfallen war.

19 **3. § 1631 b.** Gegen eine nicht erforderliche und deshalb missbräuchliche, mit Freiheitsentziehung verbundene **Unterbringung** wird das Kind durch das Genehmigungserfordernis des § 1631 b geschützt. Der **missbräuchliche Unterbringungsantrag** eines Elternteiles oder beider Eltern kann Anlass für Maßnahmen gem. §§ 1666, 1666 a sein.[45]

20 **4. § 1632 Abs. 4.** Die **Verbleibensanordnung** des Familiengerichts im Herausgabestreit zwischen Eltern und **Pflegeeltern** gem. § 1632 Abs. 4 stellt eine Sonderregelung gegenüber § 1666 dar.[46] Dies ist durch die Neuregelung der Bestimmung im KindschaftsRG vom 16. 12. 1997, die die frühere Verweisung auf die Voraussetzungen des § 1666[47] beseitigt hat, noch deutlicher geworden. Soweit eine durch die beantragte Wegnahme drohende Kindeswohlgefährdung dadurch abgewehrt werden kann, bedarf es grds. keiner zusätzlichen Maßnahmen gem. Abs. 1.[48] Jedoch greift § 1666 ein, wenn darüber hinausgehende Störungen des Pflegeverhältnisses durch die Eltern unterbunden werden müssen, etwa durch eine

---

[39] OLG Hamm ZfJ 1984, 364, 366 f.; AG Kerpen ZfJ 1985, 470, 471; zu den unterschiedlich hohen Anforderungen für ein familiengerichtliches Tätigwerden gem. § 1748 und § 1666 und den daraus resultierenden Problemen im Bereich der Familienpflege *Longino* S. 59 ff.

[40] *Staudinger/Coester* RdNr. 44.

[41] *Palandt/Diederichsen* RdNr. 3.

[42] Vgl. BayObLG FamRZ 1994, 1196, 1197; *Staudinger/Coester* RdNr. 36.

[43] OLG Frankfurt/M. FamRZ 1980, 927.

[44] Vgl. BT-Drucks. 13/4899 S. 65 und 115; vgl. dazu RdNr. 3.

[45] AA *Staudinger/Coester* RdNr. 36; Maßnahmen nach §§ 1666, 1666 a sind auch dann erforderlich, wenn das Jugendamt einen Antrag nach § 1631 b stellt, das Aufenthaltsbestimmungsrecht aber den Kindeseltern obliegt, vgl. BVerfG NJW 2007, 3560 ff.

[46] *Palandt/Diederichsen* § 1632 RdNr. 17; *Soergel/Strätz* §§ 1666/1666 a RdNr. 10; zu dem Konflikt im Einzelnen vgl. RdNr. 159 u. 196.

[47] Hierzu *Lipp/Wagenitz* § 1632 RdNr. 2; ferner § 1632 RdNr. 43.

[48] BayObLG DAVorm. 1983, 78, 81 ff.; *Palandt/Diederichsen* § 1632 RdNr. 17.

Entziehung des Sorgerechts[49] oder des Umgangsrechts.[50] Ein Vorgehen gem. § 1632 Abs. 4 ist auch dann erforderlich, wenn mangels Sorgeerklärung für ein Kind unverheirateter Eltern keine gemeinsame Sorge besteht, das Kind aber jedenfalls vorübergehend beim Vater verbleiben soll.[51] Hieran zeigt sich, dass die schwache Rechtsposition nichtehelicher Väter, derjenigen von Pflegeeltern entspricht.[52] Von einer Auseinandersetzung zwischen Pflegeeltern und Eltern ist die Konstellation zu unterscheiden, dass ein Kind auf Initiative des Jugendamtes als Inhaber des Aufenthaltsbestimmungsrechts in einer **anderen** Pflegefamilie untergebracht werden soll. Hier gilt § 1632 Abs. 4 über die Verweisvorschriften der §§ 1915 Abs. 1, 1800 entsprechend.[53]

5. § 1682. Die **Verbleibensanordnung** gem. § 1682 zum Schutz der **Stieffamilie**[54] 21 ähnelt derjenigen gem. § 1632 Abs. 4, so dass die vorstehenden Grundsätze entsprechend gelten.[55] Zu einer Anwendung des § 1666 im Rahmen der von § 1682 erfassten Fälle kommt es zusätzlich, wenn das Herausgabeverlangen des sorgeberechtigten Elternteils mit Rücksicht auf das Kindeswohl nicht nur kurzfristig, sondern dauerhaft ungerechtfertigt erscheint. Dann kann das Familiengericht gem. §§ 1666, 1666 a die elterliche Sorge ganz oder teilweise entziehen.[56]

IX. SGB VIII

1. Fehlen gerichtlicher Eingriffsbefugnisse. Die Leistungen der **Kinder- und Jugendhilfe** nach dem achten Buch des SGB (KJHG) stehen in keinem Konkurrenz-, 22 sondern in einem **Komplementärverhältnis** zu § 1666.[57] Sie unterstützen Eltern, auch wenn die Eingriffsschwelle des Abs. 1 noch nicht überschritten wird, und sollen jungen Menschen ein Hineinwachsen in die Gesellschaft erleichtern.[58] Das KJHG hat die Erziehungsbeistandschaft, § 57 JWG, und die Fürsorgeerziehung, §§ 64 ff. JWG, abgeschafft und auf eigenständige gerichtliche Eingriffstatbestände in die elterliche Sorge verzichtet. Da der Leistungskatalog des SGB VIII damit auf **freiwilliger Inanspruchnahme** der Personensorgeberechtigten beruht (Arg. § 27 SGB VIII), kann Hilfe zur Erziehung gegen ihren Willen nur noch nach Abs. 1, Abs. 3 Nr. 1 angeordnet werden.[59] Die Leistungen nach SGB VIII behalten dabei Bedeutung auf der Rechtsfolgenseite des § 1666. So kann das Familiengericht als „erforderliche Maßnahme" iSv. Abs. 1 den Eltern die Weisung erteilen, vom Jugendamt angebotene Hilfen nach Maßgabe der §§ 27 ff. SGB VIII in Anspruch zu nehmen,[60] Abs. 3 Nr. 1. § 1666 a Abs. 1 normiert darüber hinaus aus Gründen der Verhältnismäßigkeit einen **Vorrang öffentlicher Hilfen** gegenüber einer Trennung des Kindes von der elterlichen Familie.[61]

---

[49] OLG Bamberg DAVorm. 1987, 664 ff.

[50] AG Karlsruhe DAVorm. 1978, 386; zum Ganzen auch *Siedhoff* FamRZ 1995, 1254 ff.

[51] Vgl. AG Fulda FamRZ 2002, 900 m. Anm. *Doukkani-Bördner.*

[52] Zu diesbezüglichen verfassungsrechtlichen Problemen vgl. u. a. BGH KindPrax 2001, 124; BVerfG NJW 2003, 954.

[53] Vgl. OLG Rostock FamRZ 2001, 1633. Zu der Problematik, ob der bloße Entzug des Aufenthaltsbestimmungsrechts den Eltern gleichzeitig das Recht nimmt, Leistungen der Jugendhilfe für ihr Kind zu beantragen, vgl. BVerwG JAmt 2002, 668 = NJW 2002, 232; DIJuF-Gutachten JAmt 2001, 76 sowie die Ergänzung zu den RdNr. 169–172.

[54] Zur ratio legis vgl. BT-Drucks. 13/4899 S. 104.

[55] So auch *Staudinger/Coester* RdNr. 40.

[56] *Palandt/Diederichsen* § 1682 RdNr. 3.

[57] Zur Neuordnung des Kinder- und Jugendhilferechts durch das KJHG vgl. 3. Aufl. Vor § 1626 RdNr. 9 a.

[58] Vgl. BT-Drucks. 11/5948 S. 1.

[59] So auch schon nach aF. *Wiesner* FuR 1990, 325/331; *Palandt/Diederichsen* Einf. Vor § 1626 RdNr. 16; BT-Drucks. 11/5948 S. 66 f.

[60] Auch nach aF *Staudinger/Coester* RdNr. 186; *Palandt/Diederichsen* 67. Aufl. 2008 § 1666 a RdNr. 1; vgl. RdNr. 188; *Wiesner* FPR 2008, 608, 609 ff.

[61] Vgl. § 1666 a RdNr. 2 – Zur Frage der Anordnungsbefugnis des Familiengerichts gegenüber dem Jugendamt bezüglich der Erziehungshilfen vgl. RdNr. 175.

23 **2. Jugendamtsbefugnisse.** Das Jugendamt darf ohne Rücksicht auf elterliche Zustimmung und ohne familiengerichtliche Regelung gem. Abs. 1 nur in den Fällen der §§ 8 Abs. 3 und 42 SGB VIII tätig werden. § 8 Abs. 3 SGB VIII ermöglicht es Kindern und Jugendlichen, vgl. § 7 Abs. 1 SGB VIII, sich ohne Kenntnis des Personensorgeberechtigten vom Jugendamt **beraten zu lassen,** wenn die Beratung „auf Grund einer Not- und Konfliktlage erforderlich ist, und solange durch die Mitteilung an den Personensorgeberechtigten der Beratungszweck vereitelt würde". Die daneben vorgesehene **Sofortmaßnahme** der **Inobhutnahme** eines Kindes oder Jugendlichen bedeutet nach der Neufassung[62] vornehmlich dessen vorläufige Unterbringung, § 42 Abs. 1 S. 2 1. HS SGB VIII. Eine entsprechende Verpflichtung des Jugendamtes besteht, wenn das Kind oder der Jugendliche darum bittet, Abs. 1 S. 1 Nr. 1 aaO, oder eine dringende Gefahr für das Wohl des Kindes sie erfordert, Abs. 1 S. 1 Nr. 2 aaO. Im letzteren Fall kommt auch die Wegnahme eines Kindes oder Jugendlichen von einer anderen Person als zweite Form der Inobhutnahme, Abs. 1 S. 2 2. HS aaO, in Betracht. Zu einer solchen sog. **Herausnahme** des Kindes war das Jugendamt in der vorherigen Fassung des § 43 SGB VIII befugt, wenn es sich mit Zustimmung des Personensorgeberechtigten bei einer anderen Person oder in einer anderen Einrichtung aufhielt und Tatsachen bekannt wurden, welche die Annahme rechtfertigten, dass die Voraussetzungen des Abs. 1 vorlagen.[63] Mit der heutigen Fassung besteht auch eine gesetzliche Grundlage für die Inobhutnahme eines Kindes oder Jugendlichen aus dem Einflussbereich des Personensorgeberechtigten selbst.[64] Die Anwendung unmittelbaren Zwangs bleibt aber dem polizeilichen Vollzugsdienst vorbehalten, vgl. § 42 Abs. 6 SGB VIII. **Dauerhafte Maßnahmen** gegen den Willen der Eltern werden allerdings erst durch § 1666 legitimiert.[65]

X. Landesrechtliche Bestimmungen

24 Vereinzelt existieren auf Landesebene **öffentlich-rechtliche Spezialnormen,** die ebenfalls dem Kindesschutz iwS dienen. So gestattet etwa Art. 7 BayLStVG die Verhängung von Maßnahmen gegen Eltern, wenn deren Kinder auf Grund unzureichender Beaufsichtigung und Erziehung straffällig werden.[66] Art. 14 Abs. 1 BayGDVG regelt verpflichtende Vorsorgeuntersuchungen für alle Kinder. In anderen Bundesländern existieren vergleichbare Vorschriften oder werden jedenfalls diskutiert.

XI. Strafrechtlicher Kindesschutz, §§ 170 ff., 174, 176 ff., 180, 225, 235 StGB

25 Der bürgerlich-rechtliche Kindesschutz wird durch die **strafrechtlichen Kindesschutznormen** des StGB ergänzt. Eine tatbestandliche Nähe zu § 1666 weisen insbesondere § 170 StGB, Verletzung der Unterhaltspflicht, § 171 StGB, Verletzung der Fürsorge- und Erziehungspflicht, und § 225 StGB, Misshandlung von Schutzbefohlenen, auf. Die Verwirklichung dieser Straftatbestände hat deshalb **Indizwirkung** für eine Kindeswohlgefährdung. Der Verhinderung kindeswohlgefährdenden Verhaltens dienen ferner § 174 StGB (sexueller Missbrauch von Schutzbefohlenen), § 176 StGB (sexueller Missbrauch von Kindern), § 180 StGB (Förderung sexueller Handlungen Minderjähriger) sowie § 235 StGB (Entziehung Minderjähriger). Die Eltern haben außerdem als Garanten iSv. § 13 StGB strafrechtlich für das Wohl ihres Kindes einzustehen.[67]

---

[62] Neugefasst durch G. zur Weiterentwicklung der Kinder- und Jugendhilfe v. 8. 9. 2005, BGBl. I S. 2729, 2732 f.

[63] *Coester* FamRZ 1991, 253, 258 f.; Zum Verhältnis von §§ 42, 43 SGB VIII aF zu §§ 1666, 1666 a siehe DIJuF-Gutachten vom 8. 5. 2000, DAVorm. 2000, 389.

[64] Vgl. *Fieseler/Hannemann* ZKJ 2006, 117, 120.

[65] OLG Köln NJW-RR 2001, 221, 222; AnwK-BGB/*Rakete-Dombek* RdNr. 1.

[66] Näher *Staudinger/Coester* RdNr. 2.

[67] Vgl. hierzu *Schönke/Schröder/Stree*, § 13 RdNr. 18 mwN; zu den Aufgaben und einem möglichen „Case-Management" des Familiengerichts, insbesondere bei sexuellem Missbrauch und körperlicher Misshandlung, vgl. *Raack* KindPrax 2002, 39. Er zeigt u. a. auf, wie in der Praxis Vielfachvernehmungen

XII. Maßnahmen nach JGG

Im **Jugendstrafverfahren** kann der Richter gem. §§ 9 ff. JGG **Erziehungsmaßregeln** 26
gegen jugendliche Straftäter verhängen. Neben Weisungen iSv. §§ 9 Nr. 1, 10 JGG kommen Erziehungshilfen in Betracht, nämlich **Erziehungsbeistandschaft** iSv. § 30 SGB VIII oder **Heimerziehung** gem. § 34 SGB VIII.[68] Gem. § 53 JGG darf der Strafrichter dem Familiengericht Auswahl und Anordnung von Erziehungsmaßregeln überlassen und ihm die Sache hierzu überweisen.[69]

XIII. Internationale Schutzbestimmungen

1. Die sog. Brüssel II a-VO und das Haager Minderjährigenschutzabkommen. 27
Bei **Auslandsbezug** richtet sich die Zuständigkeit des Gerichtes nicht nur nach den §§ 99 ff. FamFG (§§ 43 Abs. 1, 35 a Abs. 1 Nr. 2, 35 b FGG aF), sondern es gilt ergänzend die sog. Brüssel II a-VO[70] (EG-Verordnung Nr. 2201/2003 vom 27. 11. 2003), die am 1. 3. 2005 in Kraft getreten ist und die **innerhalb der Mitgliedstatten der EU**[71] gem. Art. 1 Abs. 1 b) sowie Abs. 2 die internationale Zuständigkeit für alle Entscheidungen über die elterliche Verantwortung primär regelt, vgl. Art. 60 lit. a. Danach ist vorrangig auf den **gewöhnlichen** (Art. 8), letztlich nach Art. 13 auf den **schlichten Aufenthalt** des Kindes[72] abzustellen, sofern keine Vereinbarung über die Zuständigkeit von den Parteien gem. Art. 12 getroffen worden sind.[73]

Daneben behält das **Haager Minderjährigenschutzabkommen [MSA]** vom 5. 10. 28
1961 (BGBl. 1971 II S. 219) praktische Relevanz im Verhältnis zu denjenigen Vertragsstaaten des MSA, die **nicht Mitgliedstaaten der EU** sind, also Schweiz, Türkei und Macao-China (Art. 21 Anh. I EGBGB RdNr. 20). Hat das Kind seinen gewöhnlichen Aufenthalt in einem dieser Staaten, so kann sich über Art. 14 Brüssel II a-VO eine Restzuständigkeit der deutschen Behörden nach dem MSA (zB Art. 4, 9) ergeben (Art. 21 Anh. I EGBGB RdNr. 121). In der Literatur wird darüber hinaus die Auffassung vertreten, das MSA sei auch auf Kinder mit gewöhnlichem Aufenthalt im Inland anwendbar, wenn sie einem dieser Staaten angehören (Art. 21 Anh. I EGBGB RdNr. 20). Ein Vertragspartner des MSA könne sich nicht einseitig gegenüber einem anderen Vertragspartner des MSA von seinen staatsvertraglichen Verpflichtungen lösen. Anerkannt ist schließlich, dass das MSA für die Annerkennung von Entscheidungen der betreffenden Staaten maßgeblich bleibt.[74]

Das MSA bestimmt neben dieser reduzierten **internationalen Zuständigkeit** auch – 29
soweit es anwendbar ist (ansonsten gilt unbestritten Art. 21 EGBGB[75]) – das anwendbare **Sachrecht** für Kindesschutzmaßnahmen[76] (künftig gilt das am 19. 10. 1996 durch die Haager Session beschlossene reformierte MSA, das sog. KSÜ = **Kindesschutzübereinkommen,**[77]

---

traumatisierter Kinder vermieden, etwaige Interventionen geplant und die zahlreichen Hilfen zum Wohl des Kindes zusammengeführt werden können.

[68] *Erman/Michalski* RdNr. 35.

[69] Näher zum Verfahren *Diemer/Schoreit* § 53 RdNr. 11.

[70] Teilweise auch Brüssel II-VO 2003 oder EheVO II genannt.

[71] Mit Ausnahme Dänemarks, vgl. Art. 2 Nr. 3 Brüssel II a-VO. Allerdings gilt die Brüssel II a-VO für dänische Kinder mit gewöhnlichem Aufenthalt im Mitgliedstaat Deutschland, s. Art. 21 Anh. I EGBGB RdNr. 121.

[72] Auffällig ist die fehlende Definition des Kindesbegriffs, Näheres dazu *Siehr* Art. 21 Anh. I EGBGB RdNr. 27.

[73] Zu innerstaatlichen Ausführungsvorschriften vgl. Internationales Familienrechtsverfahrensgesetz, G. zur Aus- und Durchführung bestimmter Rechtsinstrumente auf dem Gebiet des internationalen Familienrechts, BGBl. 2005 I S. 162.

[74] *Palandt/Heldrich* Anh. zu Art. 24 EGBGB RdNr. 2.

[75] *Staudinger/Coester* RdNr. 241 aE.

[76] BayObLG FamRZ 1991, 1218, 1219; 1994, 913; NJW 1999, 293; OLG Köln NJW-RR 2001, 221; näher *Andrae* RdNr. 484 ff.

[77] In Bezug auf Zuständigkeitsfragen wird die Brüssel II a-VO weiterhin Vorrang genießen, vgl. Art. 61 Brüssel II a-VO. Deutschland hat am 1. 4. 2003 mit den damals noch fehlenden EG-Staaten das KSÜ gezeichnet, eine Ratifikation steht allerdings noch aus. Diese gestaltet sich umso schwieriger, als das eine

vgl. Art. 51 KSÜ), wohingegen die Brüssel II a-Verordnung **keinerlei kollisionsrechtliche Regelungen** kennt.[78] Gem. Art. 1 MSA (demnächst Art. 5 KSÜ) sind die Behörden des Landes, in dem der Minderjährige seinen gewöhnlichen Aufenthaltsort hat, für Maßnahmen zum Schutz der Person und des Vermögens zuständig.[79] Diese richten sich gem. Art. 2 Abs. 1 MSA nach dem **innerstaatlichen Recht** des **Aufenthaltsortes,** dh. auch nach § 1666. Umstritten ist allerdings, ob die Interessenwertung dieser Vorschriften auch dann eingreift, wenn die Zuständigkeit aus einer anderen Rechtsquelle, namentlich aus der Brüssel II a-VO folgt, so dass nicht Art. 2 MSA (bzw. Art. 15 Abs. 1 KSÜ), sondern Art. 21 EGBGB eingriffe.[80]

30 Soweit sich die internationale Zuständigkeit noch nach dem MSA richtet, ist gem. Art. 3 MSA ein **Gewaltverhältnis** anzuerkennen, das vom Heimatrecht des Minderjährigen begründet wird.[81] Unterschiedliche Ansichten gibt es zu der Frage, ob sich daraus Konsequenzen für die Anwendung des Art. 1 MSA ergeben. Nach der sog. **Schrankentheorie** ist Art. 1 MSA bereits ausgeschlossen, wenn das Recht des Heimatortes überhaupt ein „ex-lege" Gewaltverhältnis regelt.[82] Dann würde über Art. 2 MSA nicht mehr § 1666 gelten, sondern es käme Heimatrecht zur Anwendung. Nach der sog. **Heimatrechtstheorie** sperrt ein „ex-lege" Gewaltverhältnis die Anwendung innerstaatlichen Rechts allein dann, wenn das innerstaatliche Recht des Heimatstaates überhaupt keine Schutzmaßnahmen für den Minderjährigen zuließe.[83] Die Gerichte des Aufenthaltsortes können demgegenüber tätig werden, wenn das Recht des Heimatstaates grundsätzlich Eingriffe in das Gewaltverhältnis vorsieht. Schließlich stellt Art. 3 MSA nach der sog. **Anerkennungstheorie** gar keine Schranke des Art. 1 MSA dar. Stattdessen soll die Behörde des Aufenthaltsortes bei ihrem Tätigwerden nur die Gewaltverhältnisse des Heimatrechts beachten.[84] Deshalb ist das Recht des Aufenthaltsortes „im Lichte" des Heimatstaatrechtes anzuwenden.

31 Die letztgenannte Betrachtungsweise erscheint deshalb vorzugswürdig, weil nur sie die Beschleunigung erzielt, die mit dem MSA beabsichtigt war. Komplizierte und langwierige Vergleiche, ob und wie das Heimatrecht des Kindes auf Kindeswohlgefährdungen reagieren würde, schwächen seinen Schutz, der zentrales Anliegen des Abkommen ist (vgl. Art. 1 des MSA). Auch wird auf diese Weise dem Kind die Integration in sein soziales Umfeld erleichtert, ein Gedanke, der ebenfalls der Anwendung des Aufenthaltsrechtes zugrunde liegt.[85]

32 Gem. Art. 8, 9 MSA kann unabhängig von den o. g. Theorien stets im Wege der **Eilzuständigkeit** eine Zuständigkeit der Gerichte des Aufenthaltsortes begründet werden, und zwar auch für **vorläufige Anordnungen** (dazu allg. RdNr. 234 ff.). Daraus folgt, dass in der BRD befindliche Ausländerkinder regelmäßig den Schutz des deutschen Familien-

---

gemeinsame Hinterlegung der Ratifizierungsurkunde aller noch ausstehenden EG-Mitgliedern in Fragen der Drittstaatenbeziehungen gefordert wird. Für eine schrittweise Ratifikation mit unmittelbarer Wirkung *Schulz* FamRZ 2006, 1309, 1311.

[78] Mit Ausnahme von Art. 20 Abs. 1 Brüssel II a-VO bei einstweiligen Maßnahmen.

[79] *Weber* NJW 1997, 2787, 2794.

[80] Überzeugend mit Einschränkungen zugunsten von Art. 21 EGBGB *Looschelders* JR 2006, 45, 47 f.; *Palandt/Heldrich* Art. 24 EGBGB Anh. RdNr. 16; *Schulz* FPR 2004, 299, 301; für eine generelle Anwendung von Art. 2 MSA bzw. künftig Art. 15 Abs. 1 KSÜ AG Leverkusen FamRZ 2003, 1569; *Coester-Waltjen* FamRZ 2005, 241, 247; *Solomon* FamRZ 2004, 1409, 1416.

[81] So auch *Staudinger/Coester* RdNr. 241.

[82] BGHZ 60, 68, 74; BGH FamRZ 1973, 138; BayObLG NJW 1974, 1052; OLG Hamm NJW 1975, 1083; OLG Karlsruhe NJW 1976, 485; OLG Köln IPRax 1989, 311; AG Solingen FamRZ 1982, 738.

[83] BGH NJW 1984, 2761; OLG Koblenz FamRZ 1990, 552 f.; *Jayme* FamRZ 1976, 361 f.; *Palandt/Heldrich* Art. 24 EGBGB Anh. RdNr. 7, 25; *Schurig* FamRZ 1975, 459 ff.; *Staudinger/Kropholler* Vor Art. 18 EGBGB RdNr. 356.

[84] OLG Hamburg MDR 1973, 52 f.; OLG Stuttgart NJW 1985, 566; *Abramowski* S. 8 ff.; vgl. auch *Siehr* Art. 21 Anh. I EGBGB RdNr. 165.

[85] KG FamRZ 1985, 97.

rechts, einschließlich § 1666, genießen.[86] Dies relativiert die Bedeutung des Meinungsstreites.[87] Er könnte sich dadurch erledigen, dass das MSA durch das angesprochene KSÜ (siehe oben RdNr. 29) novelliert wird, das keine Regelung wie den heutigen Art. 3 MSA mehr kennt.[88]

2. Weitere internationale Rechtsquellen. Zu erwähnen bleiben das **Haager Abkommen** über die zivilrechtlichen Aspekte internationaler Kindesentführung vom 25. 10. 1980[89] sowie das **Europäische Übereinkommen** über die Anerkennung und Vollstreckung von Entscheidungen über das Sorgerecht für Kinder und die Wiederherstellung des Sorgeverhältnisses vom 25. 8. 1980.[90] Schließlich enthält die **UN-Kinderrechtskonvention** aus dem Jahre 1989, die in der BRD seit 1992 in Kraft ist (BGBl. II S. 990), den Gestaltungsauftrag an die Vertragsstaaten, alle geeigneten Gesetzgebungs- und Verwaltungsmaßnahmen zum Schutz des Kindeswohles zu treffen.[91] 33

C. Die Tatbestandsvoraussetzungen des § 1666

I. Allgemeines

§ 1666 bildet eine einheitliche Eingriffsgrundlage für **familiengerichtliche** Maßnahmen zum Schutz sowohl des **Kindeswohles** als auch des **Kindesvermögens.**[92] Die Norm kommt immer dann zum Zuge, wenn Eingriffe in die elterliche Sorge nicht durch andere Vorschriften spezielle Regelungen erfahren (vgl. RdNr. 6 ff.). Sie erfordert eine **Kindeswohlgefährdung** (Person oder Vermögen). Die Eingriffsbefugnis des Familiengerichtes knüpft § 1666 ferner daran, dass die Eltern **nicht gewillt** oder **nicht in der Lage** sind, die Gefahr selbst abzuwenden. Als **Rechtsfolge** ermächtigt Abs. 1 das Familiengericht, die zur Abwendung der Gefahr **erforderlichen Maßnahmen** zu treffen. Eine beispielhafte Auflistung möglicher Maßnahmen findet sich in dem neu gefassten Abs. 3.[93] Ferner hat das Gericht bei seiner Entscheidung die Ergänzungsvorschriften der §§ 1667, 1666 a sowie allgemeine Grundsätze, insbesondere das Prinzip der Verhältnismäßigkeit, zu beachten (i. e. vgl. RdNr. 155 ff.). 34

II. Verzicht auf ein „elterliches Erziehungsversagen"

Während der Tatbestand nach früherer Rechtslage ein elterliches Fehlverhalten (Sorgerechtsmissbrauch, Vernachlässigung oder unverschuldetes Versagen) bzw. ein das Kindeswohl gefährdende Verhalten eines Dritten voraussetzte, nimmt der neu gefasste Abs. 1[94] vom Erfordernis eines „elterlichen Erziehungsversagens" Abstand. Der Abbau dieser nach Ansicht des Gesetzgebers unnötigen Tatbestandshürde bezweckt, durch stärkere Betonung des Kindeswohles den Schutz gefährdeter Kinder zu verbessern.[95] Um „Schutzlücken" zu verhindern, dürfe allein die Gefährdung des Kindes den entscheidenden Anknüpfungspunkt für 35

[86] BayObLG FamRZ 1999, 178; LG Bochum ZfJ 1993, 212; *Staudinger/Coester* RdNr. 46, zur Reform des MSA vgl. *Siehr* RabelsZ 62 [1998], 464 ff.; *Roth/Döring* FuR 1999, 195 ff., zu Einzelfragen vgl. RdNr. 55 ff.

[87] *Staudinger/Kropholler* Vor Art. 19 EGBGB RdNr. 169 ff.

[88] Vgl. RabelsZ 62 (1998), 464; vgl. auch *v. Hoffmann* IPR 6. Aufl. 1999 RdNr. 95 a.

[89] BGBl. 1990 II S. 206; hierzu *Palandt/Heldrich* Art. 24 EGBGB Anh. RdNr. 52 ff.; *Andrae* § 6 RdNr. 10; aus rechtspsychologischer Sicht *Balloff* FPR 2004, 309 ff.

[90] BGBl. 1990 II S. 220; vgl. hierzu *Palandt/Heldrich* Art. 24 EGBGB Anh. RdNr. 86; *Andrae* § 6 RdNr. 11.

[91] *Mühlens* S. 25.

[92] *Lipp/Wagenitz* § 1632 RdNr. 2.

[93] Durch Gesetz zur Erleichterung familiengerichtlicher Maßnahmen bei Gefährdung des Kindeswohls v. 4. 7. 2008, BGBl. I S. 1188 ff.

[94] Gesetz zur Erleichterung familiengerichtlicher Maßnahmen bei Gefährdung des Kindeswohls v. 4. 7. 2008, BGBl. I S. 1188 ff.; s.o. RdNr. 4.

[95] Begründung zum Regierungsentwurf BT-Drucks. 16/6815 S. 1, 10.

staatliche Maßnahmen darstellen.[96] Der Verzicht auf die häufig problematische Feststellung eines konkreten elterlichen Fehlverhaltens sowie eines Ursachenzusammenhangs zwischen diesem und der Kindeswohlgefährdung ermögliche eine frühe Anrufung und ein zeitnahes Handeln des Familiengerichtes.[97] Schließlich verhindere die Neufassung, dass der darin enthaltene Vorwurf die Kooperationsbereitschaft der Eltern beeinträchtige.[98]

36 Der Verzicht auf das „elterliche Erziehungsversagen" erledigt eine Vielzahl von Meinungsverschiedenheiten. Da nunmehr alleine eine Kindeswohlgefährdung staatliche Eingriffe in das Erziehungsrecht rechtfertigt, stellen sich künftig die Fragen nach einem **schuldhaften** oder **pflichtwidrigen Elternverhalten,** einer **Erziehungsunfähigkeit** sowie eines **Kausalzusammenhangs** zwischen Erziehungsversagen und Kindeswohlgefährdung nicht mehr.[99]

37 Andererseits wurde durch Streichung der Fallgruppen des Abs. 1 aF eine für die Rechtsanwendung wesentliche **Orientierungshilfe** aufgegeben.[100] Dementsprechend war das Erfordernis eines „elterlichen Erziehungsversagens" bereits in der Vergangenheit, insbesondere im Vorfeld des KindschaftsRG vom 16. 12. 1997, diskutiert, aber aus Gründen der Bestimmtheit der Norm beibehalten worden.[101] Um eine Einbuße an **Rechtssicherheit** trotz Ausgestaltung des Abs. 1 als Generalklausel zu verhindern, sollte sich die Rechtsanwendung bei der Feststellung einer Kindeswohlgefährdung auch künftig an der **umfangreichen Rechtsprechung** orientieren, die im Laufe der Jahre zu den einzelnen Kategorien elterlichen Fehlverhaltens ergangen ist (s. u. RdNr. 57 ff.).

III. Anwendungsbereich

38 **1. Sorgerechtsinhaber.** § 1666 ermöglicht Maßnahmen gegen **jeden Sorgerechtsinhaber,** beschränkt sich also nicht auf die leiblichen Eltern.[102] Es ist ferner nicht notwendig, dass das Sorgerecht der betreffenden Person vollständig zusteht. Abs. 1 berechtigt das Familiengericht auch dann zu Eingriffen, wenn die Kindeswohlgefährdung den ihr zustehenden Teil des Sorgerechts betrifft. Als mögliche Adressaten richterlichen Handelns kommen demnach zunächst beide Elternteile des Kindes in Betracht, aber auch **sonstige Sorgeberechtigte,** unabhängig davon, auf Grund welcher Vorschrift sie die elterliche Sorge ausüben (etwa §§ 1626, 1626 a Abs. 1 Nr. 1, 1672, 1673, 1678 Abs. 2, 1680), ferner **Adoptiveltern,** § 1754 Abs. 3.[103] Bei Ausübung der elterlichen Sorge durch einen Vormund bleiben allerdings spezielle gerichtliche Eingriffsbefugnisse unberührt, etwa gem. § 1837 Abs. 2. § 1666 erfasst hingegen keine Sorgerechtsverletzungen der **Pflegeeltern,** für die § 1630 Abs. 2, 3 gilt.[104] Sie können aber Kindeswohlgefährdungen durch die leiblichen Eltern geltend machen.[105] Personen, die lediglich **tatsächliche Einwirkungsmöglichkeiten** auf das Kind haben (zB Geschwister, Stiefeltern), fallen unter die Ermächtigung des Abs. 4.[106] Für Sorgerechtsverstöße des **Vormundes** und des **Pflegers** gilt § 1666 entsprechend, vgl. § 1837 Abs. 4 und §§ 1909, 1915 Abs. 1 S. 1. Die lediglich analoge Anwendung hat **verfahrensrechtliche Auswirkungen.**[107]

---

[96] Begründung zum Regierungsentwurf BT-Drucks. 16/6815 S. 10.

[97] Begründung zum Regierungsentwurf BT-Drucks. 16/6815 S. 10, 14; krit. *Röchling* FamRZ 2007, 1775, 1776 ff. sowie *Veit* FPR 2008, 598, 599 f.; zu alternativen Lösungsansätzen vgl. *Zorn* RdNr. 310.

[98] Begründung zum Regierungsentwurf aaO.

[99] Zum Streitstand nach alter Rechtslage vgl. 4. Aufl. (RdNr. 34 ff.).

[100] So auch *Röchling* FamRZ 2007, 431, 433.

[101] Vgl. die Begründung zum Regierungsentwurf BT-Drucks. 13/4899 S. 64 f.

[102] *Staudinger/Coester* RdNr. 12.

[103] BayObLG FamRZ 1999, 1155; *Erman/Michalski* RdNr. 5; *Staudinger/Coester* RdNr. 12; *Soergel/Strätz* RdNr. 3; vgl. hierzu OLG München JFG 15, 177 sowie kraft Verweisung Vormund und Pfleger, §§ 1837 Abs. 4, 1915 Abs. 1 S. 1; vgl. auch OLG Köln FamRZ 2009, 724.

[104] *Soergel/Strätz* RdNr. 3.

[105] OLG Hamm FamRZ 1994, 391.

[106] Zu Maßnahmen gegen ausländische Elternteile gem. § 1666 vgl. RdNr. 27 ff. und RdNr. 53 ff.

[107] *Keidel/Kuntze/Kahl* § 19 FGG RdNr. 87; zum Verfahren insgesamt vgl. RdNr. 212 ff.

2. Kind. a) Geborenes Kind. Die Vorschrift setzt voraus, dass das Wohl eines **Kindes** gefährdet ist, eine Einordnung, die sich aus den §§ 1, 2 ergibt. Der Status des Kindes beginnt grundsätzlich mit der Vollendung der **Geburt** und endet mit Eintritt der **Volljährigkeit** oder mit dem vorherigen **Tod.** Letzterer erledigt das Verfahren vor dem Familiengericht gem. § 1666 in der Hauptsache.[108] Zwar setzt sich danach die elterliche Sorge noch als **Totensorgerecht** der nächsten Angehörigen fort,[109] aber es liegt dann nicht mehr die spezielle Situation der Gefährdung des Kindeswohles vor, die § 1666 erfasst. Vielmehr steht das postmortale Personensorgerecht im Vordergrund und folgt den gleichen Regeln wie beim Tode eines Erwachsenen. Dies gilt auch für die Entscheidung über eine Organspende. 39

b) Ungeborenes Kind. Probleme bereitet die Anwendung des § 1666 auf den **nasciturus.** Die Wortauslegung spricht gegen seine Einbeziehung in den Schutzbereich.[110] Andererseits ist zu berücksichtigen, dass das BGB selbst Rechtspositionen des ungeborenen Kindes kennt, sei es in § 1923 Abs. 2, § 1912 Abs. 1 oder in § 844 Abs. 2 S. 2.[111] Viele andere Gesetze gehen ebenfalls vom Schutz des ungeborenen Lebens aus, zB das Strafrecht in den §§ 218 ff. StGB und nicht zuletzt das Embryonenschutzgesetz vom 13. 12. 1990 (BGBl. I S. 46). Vor allem aber hat auch das **BVerfG** in mehreren Entscheidungen die Schutzwürdigkeit des ungeborenen Lebens betont.[112] Wenngleich die Grenze des möglichen Wortsinns erreicht ist, bleibt daher festzuhalten, dass das ungeborene Kind unter § 1666 fällt.[113] 40

Allerdings besteht bis heute Unklarheit darüber, ob das Familiengericht der Mutter Verhaltensweisen **während der Schwangerschaft** auferlegen kann, um das Kindeswohl zu schützen.[114] Rechtsprechung zu dieser Frage ist nicht ersichtlich. Dass solche Maßnahmen grundsätzlich nicht ausgeschlossen sind, bedarf keiner näheren Begründung, wenn man das ungeborene Kind unter § 1666 fasst (vgl. RdNr. 40). Allerdings wird man der Mutter einen großen Ermessensspielraum in der eigenen Lebensführung einräumen müssen. Das Kind unterliegt während der Schwangerschaft wie in seinem späteren Leben (vgl. RdNr. 44) einem Risiko bezüglich seiner Eltern. Es geht nicht darum, ihm über § 1666 eine optimale Schwangerschaft zu ermöglichen, sondern nur Gefährdungen für seine Entwicklung abzuwenden. Drogenkonsum, Alkoholmissbrauch und Sportarten, die die Gefahr von Fehlgeburten oder Schädigungen des ungeborenen Kindes drastisch vergrößern, könnten jedoch Eingriffe des Familiengerichtes begründen, wenngleich die praktischen Möglichkeiten begrenzt sein dürften.[115] Ein Rauchverbot für die Mutter eines geborenen Kindes hat die Rechtsprechung[116] abgelehnt, so dass bezweifelt werden muss, ob man während der Schwangerschaft anders entscheiden würde. Besondere Bedeutung hat die Fragestellung, ob 41

---

108 *Keidel/Kuntze/Kahl* § 19 FGG RdNr. 87.

109 *Staudinger/Coester* RdNr. 13.

110 3. Aufl. RdNr. 36 a; gegen AG Celle FamRZ 1987, 738 f. mit zust. Anm. *Geiger* FamRZ 1987, 1177; *Mittenzwei* MedR 1988, 43, sowie abl. Anm. *Vennemann* FamRZ 1987, 1068 f.; weit. Nachw. aus der älteren Rspr. bei *Staudinger/Coester* RdNr. 14. Eine Anwendbarkeit des § 1666 auf den nasciturus wird auch durch ein DIJuF-Gutachten (JAmt 2002, 248) mit der Begründung abgelehnt, dass die elterliche Sorge mit Geburt des Kindes entstehe und Eingriffe folglich auch erst dann möglich seien. Jedoch hält das DIJuF eine sog. „Vorratsentscheidung" für rechtmäßig, durch die die elterliche Sorge im Zeitpunkt der Geburt entzogen wird.

111 *Staudinger/Bienwald* § 1912 RdNr. 1.

112 BVerfGE 39, 135 f. = NJW 1975, 573 f.; BVerfGE 88, 203 ff. = NJW 1993, 1751, 1753; vgl. auch *Stürner* JZ 1990, 709, 718 ff.; krit. zum Lebensrecht des nasciturus *Hoerster* JuS 1989, 172 ff.

113 AnwK-BGB/*Rakete-Dombek* RdNr. 3.

114 Zu den Maßnahmen des Familiengerichtes im Allgemeinen vgl. RdNr. 149 ff.

115 Mit der Frage, welche Maßnahmen neben einem Vorgehen gem. § 1666 noch zum Schutz des ungeborenen Kindes bei Drogenmissbrauch durch die Mutter in Betracht kommen, beschäftigt sich das DIJuF-Gutachten JAmt 2001, 34. Als denkbar, wenn auch wenig Erfolg versprechend, werden bei Vorliegen der entsprechenden Voraussetzungen eine Pflegschaft für die Leibesfrucht, § 1912, die Betreuung der Mutter, § 1896, oder ein Vorgehen nach dem einschlägigen Landesrecht über die Unterbringung psychisch Kranker erachtet.

116 BayObLG FamRZ 1993, 1350 ff.

der Körper einer klinisch toten schwangeren Frau bis zur Reife des nasciturus versorgt werden soll. Hier gebührt aber dem Lebensrecht des ungeborenen Kindes Vorrang vor dem postmortalen Persönlichkeitsrecht der Toten.[117] Dafür spricht auch, dass im Bereich der Transplantation die kurzfristige Erhaltung eines hirntoten Menschen zur Konservierung lebenswichtiger Organe akzeptiert wird.[118]

42 **3. Kindeswohl. a) Definition.** Gegenstand der Gefährdung ist in Abs. 1 das „Kindeswohl", dh. das „körperliche, geistige oder seelische Wohl".[119] Das **seelische Wohl** wurde durch das SorgeRG vom 18. 7. 1979 eingefügt.[120] Auch vorher haben die Vormundschaftsgerichte jedoch bereits psychische Gefährdungen der Kindesentwicklung beachtet, nicht zuletzt, weil sie in einer Wechselwirkung zur physischen Beeinträchtigung stehen.[121]

43 Zum Kindeswohl zählt die Möglichkeit, zu einer **selbständigen** und **verantwortungsbewussten Person** heranwachsen zu können, § 1626 Abs. 2, vor allem auch die Fähigkeit zum Zusammenleben in der Gemeinschaft, vgl. § 1 Abs. 1 SGB VIII. **Stabilität** und **Kontinuität** der Beziehungen zum Sorgeberechtigten sind dabei ein wesentlicher Faktor, wie das Gesetz an verschiedenen Stellen zeigt, zB in den §§ 1632 Abs. 4, 1666 a, 1682, 1684 Abs. 4, 1685. Daneben erlangen die **Vorstellungen des Kindes** mit zunehmendem Alter erhebliche Bedeutung. Dies verdeutlichen neben § 1626 Abs. 2 auch § 1631 a und § 1671 Abs. 2 Nr. 1.

44 Die **Elterninteressen** hingegen sind einerseits vom Kindeswohl abzugrenzen und treten andererseits bei einer Kollision beider Interessenssphären hinter denen des Kindes zurück. Gleichwohl beeinflussen sich Eltern- und Kindesinteresse in zweierlei Hinsicht. §§ 1618 a und 1619 begründen **Pflichten des Kindes** im Familienverband, so dass die Verwirklichung ausschließlich seiner eigenen Interessen nicht ausschlaggebend für die Kindeswohlbeurteilung sein kann. § 1612 zeigt ebenfalls, dass sich ein Minderjähriger grundsätzlich in die Familie einfügen muss. Insoweit steht den Eltern ein erheblicher Gestaltungsspielraum hinsichtlich ihrer Lebensverhältnisse zu, so dass dem Minderjährigen nicht über § 1666 die „besten Eltern" verschafft werden können.[122]

45 **b) Beachtlichkeit des Kindeswillens.** Mit zunehmendem Alter des Kindes hat sein **Wille** immer stärkere Bedeutung für die Feststellung des Kindeswohls.[123] Dies hat den Gesetzgeber in § 159 FamFG (§ 50 b FGG aF) bewogen, in allen Verfahren, in denen Personen- oder Vermögenssorgeentscheidungen zu treffen sind, grundsätzlich eine **Anhörung** des Kindes anzuordnen.[124] Der Kindeswille beeinflusst bzw. begrenzt ferner auf der Rechtsfolgenseite die Maßnahmen des Familiengerichtes. Eine Ausnahme von seiner Beachtlichkeit sehen die Gerichte in Fällen der **Manipulation.**[125]

46 Soweit die Rechtsprechung für die Beachtlichkeit des Kindeswillens nicht selten eine **„vernünftige Begründung"** fordert,[126] wirkt dieses Kriterium deshalb problematisch, weil es auf einem Vorverständnis beruht, bei emotionalen Entscheidungen häufig ohnehin

[117] Vgl. *Gernhuber/Coester-Waltjen* § 57 RdNr. 114.

[118] Besondere Relevanz für den Schutz des nasciturus im Rahmen des § 1666 besteht beim Schwangerschaftsabbruch; vgl. dazu RdNr. 63 ff.

[119] Ausführlich zum Kindeswohlbegriff AG Dann FamRZ 2008, 1879 f.; *Balloff* FPR 2004, 309, 310 ff.

[120] Zur Gesetzesentwicklung vgl. 3. Aufl. Vor § 1626 RdNr. 3 ff.

[121] Vgl. im Einzelnen zur älteren Rspr. 3. Aufl. RdNr. 22.

[122] BVerfGE 60, 79, 94; BVerfG FamRZ 2008, 2185, 2186; OLG Hamm FamRZ 2006, 1476, 1477; OLG Brandenburg FamRZ 2008, 713; s. auch AnwK-BGB/*Rakete-Dombek* RdNr. 9 u. RdNr. 42; PWW/*Ziegler* RdNr. 3: Kein Anspruch des Kindes auf „Idealeltern".

[123] BVerfGE 55, 171; BVerfG NJW 1981, 217 f. zu § 1671.

[124] Vgl. RdNr. 225 ff. und zu § 50 b FGG aF BVerfGE 55, 171, 182: entspricht einem verfassungsrechtlichen Gebot.

[125] OLG Frankfurt/M. NJOZ 2005, 3605 ff.; OLG München FamRZ 2003, 1957; OLG Dresden FamRZ 2003, 397; AG Dann FamRZ 2008, 1879, 1881; ausf. *Fegeler* 84 ff.; *Staudinger/Coester* RdNr. 76 f.

[126] Dazu BGH FamRZ 1980, 131, 133; OLG Bamberg FamRZ 1989, 890, 891; 1998, 1462; OLG Düsseldorf FamRZ 1994, 1277.

untauglich ist und bei Volljährigen auch nicht verlangt wird.[127] Geht allerdings der Kindeswille auf **Selbstschädigung,** so deutet dies auf seine Unbeachtlichkeit hin,[128] weil dem Minderjährigen die Einsichtsfähigkeit und Reife für seine Entscheidung fehlen.

Sehr kontrovers wird die Frage diskutiert, ob vor Eintritt der Volljährigkeit der **Kindeswille allein entscheidend** sein kann, so dass eine Elternbeteiligung bei zentralen Entscheidungen gar nicht mehr stattfindet. Darüber streitet man vor allem im Zusammenhang mit **Heileingriffen** und **Schwangerschaftsabbrüchen,**[129] während kleinere Entscheidungskonflikte jedenfalls nicht zu den Gerichten gelangt sind, sondern offenbar von den Eltern nach Maßgabe der §§ 1626 Abs. 2 und 1631 a selbst geregelt werden. Die Spannweite des Meinungsstandes reicht vom **Alleinentscheidungsrecht der Eltern** vor Eintritt der Volljährigkeit bis zu einem **Alleinentscheidungsrecht des Jugendlichen,** wobei die Altersgrenze wiederum unterschiedlich beurteilt wird.[130] 47

4. Gefährdung des Kindeswohls. a) Definition. Die Kindeswohlgefährdung iSv. Abs. 1 liegt dann vor, wenn eine **gegenwärtige**[131] oder zumindest **unmittelbar bevorstehende Gefahr** für die Kindesentwicklung abzusehen ist, die bei ihrer Fortdauer eine **erhebliche Schädigung** des körperlichen, geistigen oder seelischen Wohls des Kindes mit ziemlicher Sicherheit **voraussehen lässt.**[132] Um dies festzustellen, muss sich das Familiengericht unter Ausnutzung seiner Erkenntnismöglichkeiten ein Bild von den gegenwärtigen Verhältnissen des Kindes machen und dann versuchen, sich dessen Zukunft vorzustellen.[133] 48

Der Richter hat die Gefährdung unabhängig davon zu beurteilen, ob das Sorgerecht verheirateten, geschiedenen oder nicht verheirateten Eltern zusteht. Das KindschaftsRG vom 16. 12. 1997 und die dadurch entstandenen neuen Sorgerechtsvorschriften zeigen die Entscheidung des Gesetzgebers, verschiedene Sorgerechtsformen gleichermaßen anzuerkennen.[134] Bei der Frage, wem das Sorgerecht zu übertragen ist, wird das Kindeswohl berücksichtigt; danach gilt ein einheitlicher Gefährdungsbegriff für alle Sorgerechtsformen.[135] 49

Die Gefährdung muss **nachhaltig und schwerwiegend** sein.[136] Dies folgt daraus, dass der Vorrang elterlicher Sorge vor staatlicher Einmischung in Art. 6 Abs. 2 S. 1 GG ebenso wie in § 1666 a Abs. 1 S. 1 aE und in § 1 Abs. 2 SGB VIII vorgeschrieben ist.[137] Es bedeutet konkret, dass das Kind **keinen Schutz** vor **sämtlichen Verhaltensweisen** seiner Eltern erlangen kann, die unter **objektiven Gesichtspunkten zu missbilligen** sind.[138] 50

Dazu gehört, dass ein Kind nicht über § 1666 Abs. 1 vor einer **ungesunden Ernährungsweise** durch die Eltern geschützt werden kann. Die Rechtsprechung hat auch das **Rauchen** der Eltern grds. nicht als Gefährdung des Kindeswohls angesehen, es sei denn, das 51

---

[127] *Fegeler* S. 86.

[128] OLG Bamberg ZfJ 1996, 194, 196; aA *Fegeler* S. 87.

[129] Vgl. dazu RdNr. 63 ff. zum Schwangerschaftsabbruch und RdNr. 77 ff. zu Heileingriffen.

[130] Vgl. aber auch AG Hannover FamRZ 2000, 1241: 15-jährige lehnt Rückkehr zu ihrer Mutter kategorisch ab (Adoleszenz-Konflikt als Grund für die Entziehung der Personensorge).

[131] OLG Brandenburg FamRZ 2008, 1556; AG Meschede FamRZ 1997, 958; zum Begriff der Gegenwärtigkeit vgl. auch KK-FamR/*Ziegler* RdNr. 3.

[132] BGH FamRZ 1956, 350; OLG Hamm FamRZ 2006, 1476; BayObLG in stRspr., zuletzt DAVorm. 1983, 78, 81; vgl. auch *Bamberger/Roth/Veit* RdNr. 4 f. sowie *Scherer* ZfJ 1999, 86, 89; krit. zum Gefährdungsbegriff *Röchling* FamRZ 2007, 431 ff.

[133] Hk-FamR/*Hüßtege* RdNr. 4; ähnlich Hk-BGB/*Kemper* RdNr. 2.

[134] Zur Personsorge des nichtehelichen Vaters vgl. auch BVerfG FamRZ 1995, 789 ff., wo allerdings keine völlige Gleichbehandlung gefordert wird.

[135] *Staudinger/Coester* RdNr. 86; vgl. aber AG Melsungen FamRZ 1993, 108, 110.

[136] Vgl. dazu BVerfGE 60, 79, 91; BVerfG FamRZ 2008, 492; BayObLG FamRZ 1993, 846, 847; 1993, 1350, 1351; 1997, 954, 955; 1998, 1044, 1045.

[137] BVerfGE 60, 79, 94; vgl. auch *Trenczek* S. 125 f., nach dem aus einem – präventiven – Bedarf nach Erziehungshilfen iSd. §§ 27 ff. SGB VIII noch nicht auf eine Kindeswohlgefährdung geschlossen werden kann.

[138] BVerfG FamRZ 2008, 492.

Passivrauchen stellt für das Kind auf Grund außergewöhnlicher Veranlagungen oder Krankheit (zB Asthma) eine besondere gesundheitliche Belastung dar.[139] Ebenso muss das Kind einen **Wohnsitzwechsel** der Eltern in Kauf nehmen, vor allem im jüngeren Lebensalter (vgl. dazu RdNr. 91). Desgleichen hat man die Zugehörigkeit der Eltern zu einer **Religionsgemeinschaft** oder Sekte dann nicht als Kindeswohlgefährdung bewertet, wenn das Kind nicht über die religiöse Betätigung hinaus von den prägenden Grundlagen der Glaubensgemeinschaft betroffen ist.[140] Ferner erachtete die Rechtsprechung den Aufenthalt der Sorgerechtsinhaber in einer **alternativen Wohngemeinschaft** nicht ohne weiteres als Kindeswohlgefährdung, auch nicht in einer sog. „sexualisierten Atmosphäre".[141] Anders wäre bei **Geschlechtsverkehr in Gegenwart des Kindes** zu entscheiden.[142]

52 Eine Kindeswohlgefährdung wurde bejaht, als ein Sorgeberechtigter das Jugendamt ganz oder teilweise zur Ausübung der elterlichen Sorge **„ermächtigt"** hatte, das **Jugendamt** mit dieser „Übernahme" aber nicht einverstanden war.[143] Umgekehrt entschied man bei einem Sorgeberechtigten, der sich zwar in der Vergangenheit nicht um das Kind gekümmert hatte, es aber dann in die **Pflege** einer dazu geeigneten **Großmutter** gab.[144] Sofern das Kind nach seiner Geburt in einer **Strafanstalt** verbleibt (vgl. §§ 80, 142 StVollzG), ist im Einzelfall und vor allem altersbedingt abzuwägen, ob dadurch sein Wohl gefährdet wird. Ab dem 2. Lebensjahr werden Isolationsschäden befürchtet, die evtl. die Nachteile einer Trennung von den Eltern überwiegen.[145]

53 **b) Besonderheiten ausländischer Familien.** In den Zusammenhang des elterlichen Erziehungsprivilegs gem. Art. 6 Abs. 2 S. 1 GG gehören auch Besonderheiten, die sich in ausschließlich oder gemischt **ausländischen Familien** durch ihren abweichenden kulturellen, sozialen oder religiösen Hintergrund ergeben.[146] Damit muss sich ein Kind grundsätzlich abfinden, weil das Aufwachsen in der eigenen Familie prinzipiell dem Kindeswohl mehr entspricht als eine Trennung von ihr. Deshalb sind Reglementierungen der **Alltagsgestaltung,** zB durch Bekleidungsvorschriften, Rauch- oder Schminkverbote, noch nicht ohne weiteres kindeswohlgefährdend.[147] Anders verhält es sich, wenn die Eltern das Kind auf diese Weise unter Missachtung des § 1626 Abs. 2 **völlig isolieren.**[148] Außerdem gibt es eine Reihe typischer Konflikte, die regelmäßig aus den Vorgaben des **islamischen Rechtes** abgeleitet werden, insbesondere bezüglich der Erziehung von Töchtern. Dazu zählen zunächst die teilweise schwerwiegenden körperlichen **Züchtigungen,** die auch bei Ausländern, gleich welcher Herkunft, regelmäßig als Kindeswohlgefährdung anzusehen sind (vgl. im Einzelnen RdNr. 59). Daneben treten Einschränkungen der **sozialen Kontakte.**[149] Hierher gehört auch, dass Mädchen der Kontakt zu gleichaltrigen Jungen verboten wird, und die Eltern sie auf den Aufenthalt und die Mithilfe im Haushalt beschränken. Dies soll auf die spätere Stellung als Hausfrau und Mutter vorbereiten sowie die geschlechtliche Unversehrtheit bis zur Eheschließung ge-

[139] BayObLG FamRZ 1993, 1350, 1351.

[140] Zur Verweigerung medizinischer Heileingriffe aus religiösen Gründen vgl. RdNr. 80; Zugehörigkeit zur Bagwan-Sekte reicht nicht, OLG Hamburg FamRZ 1985, 1284, ebenso wenig Zugehörigkeit zu den Zeugen Jehovas, OLG Saarbrücken FamRZ 1996, 561; AG Meschede FamRZ 1997, 958; *Palandt/Diederichsen* RdNr. 18; vgl. aber auch OLG Frankfurt/M. zit. bei *Abel* NJW 1997, 426, 428 Fn. 18 und *Oelkers/Kraeft* FuR 1997, 161 m. krit. Auseinandersetzung bei *Hessler* Sonderdruck RSG 2005, 293 ff. mwN aus der Rspr.; zur Scientology-Sekte OLG Frankfurt/M. FamRZ 1997, 573; dazu *Abel* NJW 1997, 426, 428.

[141] OLG Stuttgart FamRZ 1985, 1470, 1471: einmaliger Vorgang; vgl. aber auch BayObLG FamRZ 1996, 1031: sexuelle Freizügigkeit der Mutter.

[142] Vgl. BGH NStZ 1995, 178 zu § 170 d StGB aF; *Staudinger/Coester* RdNr. 114.

[143] KG FamRZ 1979, 1060 f.

[144] LG Freiburg FamRZ 1985, 95, 96; vgl. RdNr. 99 ff.

[145] LG Freiburg FamRZ 1985, 95, 96.

[146] Insgesamt *Ehringfeld*; zum Verfahren vgl. RdNr. 27 ff.

[147] Ausf. *Abramowski* S. 210 ff.

[148] AG Korbach FPR 2003, 334, 335; *Abramowski* S. 216; *Staudinger/Coester* RdNr. 145.

[149] Vgl. zum Aufenthaltsbestimmungs- und Umgangsrecht der Eltern RdNr. 85 ff. u. 91 ff.; ferner BayObLG FamRZ 1984, 1259, 1260 f.; 1991, 1218, 1220.

währleisten.[150] Solche Verhaltensweisen sind Kindeswohlgefährdungen, wenn sie zur **Isolation** führen.[151]

Weitere Restriktionen – wiederum in erster Linie für weibliche Jugendliche – finden sich im Bereich schulischer **Ausbildung und Berufswahl.** Bezüglich der **Schulpflicht** bestehen keine Unterschiede zwischen ausländischen und inländischen Jugendlichen.[152] Hinsichtlich der **Berufswahl** ist § 1631 a zu beachten, der auf **Eignung** und **Neigung** abstellt (vgl. auch RdNr. 105 ff.). Diese Kriterien sind je nach Kulturkreis jedoch nicht immer entscheidend.[153] Vielmehr steht teilweise das Sozialprestige des jeweiligen Berufes im Vordergrund, teilweise auch die Familienplanung, evtl. unter Berücksichtigung der Rückkehr in das Heimatland.[154] Daneben wird wiederum insbesondere **weiblichen Jugendlichen** im Hinblick auf die spätere Heirat teilweise eine Berufsausbildung vollständig verweigert.[155] Hinsichtlich der Kindeswohlgefährdung ist in allen Fällen zu beachten, dass die Eltern einen gewissen Ermessensspielraum haben, der aber die Vorgaben des § 1631 a nicht außer Acht lassen darf. Besondere Bedeutung kommt dem **Kindeswillen** zu, da die Entscheidung im heranwachsenden Alter, regelmäßig nach dem 10. Schuljahr, getroffen werden muss (vgl. RdNr. 45). Hat sich der/die Jugendliche stark an die hiesigen Gegebenheiten angepasst und verlangt nach einer selbstgewählten Ausbildung, so kommt dem zwar nicht die alleinige, wohl aber entscheidende Bedeutung zu, und die Weigerung der Eltern stellt häufig eine Kindeswohlgefährdung dar.[156] 54

Diese Gesichtspunkte gelten auch für den Konflikt, der häufig durch die geplante **Rückkehr der Eltern in ihr Heimatland** entsteht. Unstreitig stellt die Rückkehr zum Zwecke der **Zwangsheirat** eine Kindeswohlgefährdung dar.[157] Der Tatbestand des Abs. 1 ist ebenso verwirklicht, wenn dem Kind im Falle einer Rückkehr in sein Heimatland die **Beschneidung** droht.[158] Nicht ausreichend ist hingegen der bloße Wohnsitzwechsel, da die Eltern das Aufenthaltsbestimmungsrecht haben (vgl. RdNr. 91 ff.). Ein Eingriff auf der Grundlage des Abs. 1 kommt in erster Linie dann in Betracht, wenn das Kind in Deutschland in seinem Umfeld fest verankert erscheint und kurz vor Eintritt der Volljährigkeit steht,[159] allerdings unter Berücksichtigung des Umstandes, ob der Minderjährige für diesen (kurzen) Zeitraum entsprechend untergebracht werden kann.[160] Dementsprechend hat die Rechtsprechung es abgelehnt, einen 17-jährigen Jungen gegen seinen Willen in die Türkei zu seinem Vater zurückzuführen. Vorangegangen war, dass sich der Sohn auf Wunsch des Vaters bereits einmal in die Türkei begeben hatte, und der Vater dann in die Bundesrepublik zurückgekehrt war, jetzt aber erneut in die Türkei reisen wollte. Dies hätte einen dritten Aufenthaltsortswechsel des Jugendlichen in kurzer Zeit mit sich gebracht.[161] 55

Zusammenfassend lässt sich feststellen, dass Besonderheiten von Ausländerfamilien als sozialer Hintergrund ebenso Beachtung finden, wie spezifische Faktoren in deutschen 56

[150] Vgl. BayObLG FamRZ 1993, 229, 230 und ausf. *Abramowski* S. 130 ff.

[151] Vgl. BayObLG FamRZ 1993, 229, 230: auch mit einer Darstellung, wie insoweit Druck auf ein 15-jähriges türkisches Mädchen ausgeübt wurde.

[152] Vgl. *Abramowski* S. 188 ff. u. RdNr. 93; ferner KG NJW 1985, 68, wo ein 15-jähriges türkisches Mädchen wiederholt vom Schulbesuch abgehalten wurde, um die Hausarbeiten für ihre kranke Mutter zu übernehmen, während in Wirklichkeit aber nur die islamischen Erziehungsziele verwirklicht werden sollten.

[153] Ausf. *Abramowski* S. 168 ff.

[154] *Abramowski* S. 185.

[155] Vgl. OLG Köln NJW-RR 2001, 221; KG FamRZ 1985, 97, 98; LG Berlin FamRZ 1983, 947 m. Anm. *John* FamRZ 1983, 1274.

[156] OLG Köln NJW-RR 2001, 221; *Abramowski* S. 187; *Staudinger/Coester* RdNr. 147.

[157] *Staudinger/Coester* RdNr. 145; *John* FamRZ 1983, 1274; *Scherer* ZfJ 1999, 87, 92; nicht entscheidungserheblich für AG Ingolstadt IPRax 1992, 326, 327: Dort waren Schläge und die versuchte Einweisung in eine geschlossene psychiatrische Klinik die Grundlage für den Eingriff gem. § 1666; ausf. *Abramowski* S. 161 ff., auch zu den Zahlen der Beeinflussung von Töchtern durch die Familie (S. 162).

[158] BGH NJW 2005, 672 ff.; Zur Problematik s. auch OLG Karlsruhe 2009, 575 ff.; zur Eingriffsbefugnis des Familiengerichts im Falle medizinisch nicht indizierter Beschneidung *Putzke*, FS Herzberg S. 669, 708, Fn. 216.

[159] *Abramowski* S. 205.

[160] Vgl. zum Ganzen *Staudinger/Coester* RdNr. 147.

[161] BayObLG FamRZ 1997, 954, 955.

Familien zu berücksichtigen sind, die die Lebensumstände eines Kindes prägen. Der Staat hat unabhängig von der Herkunft des Kindes eine Wächterfunktion aus Art. 6 Abs. 2 S. 2 GG. Religion und kultureller Hintergrund bilden damit „die Umstände des Einzelfalles", die das Familiengericht bei der Beurteilung der Kindeswohlgefährdung und bei der Auswahl der zu treffenden Maßnahmen beachten muss. Die Ansicht, die eine Tolerierung ausländischer Erziehungsmaßstäbe bis zur Grenze des „ordre public" des Art. 6 EGBGB bzw. 16 MSA akzeptiert, ist abzulehnen. Sie trifft nur zu, wenn es um die Anerkennung fremden Rechtes geht, während hier die Berücksichtigung ausländischer Herkunft bei der Anwendung deutschen Rechtes in Frage steht.[162]

57 c) **Fallgruppen.** Die Ausgestaltung des Abs. 1 als **Generalklausel**[163] kann im Einzelfall zu **Rechtsunsicherheit** hinsichtlich der Feststellung einer **Gefährdung** des **körperlichen, geistigen** oder **seelischen Wohls** des Kindes führen (s. o. RdNr. 37). Eine **Orientierungshilfe** bieten sowohl die auf Grundlage des Abs. 1 aF entwickelte Rechtsprechung als auch die einschlägigen Literaturquellen zum **Sorgerechtsmissbrauch,** zur **Vernachlässigung,** zum **unverschuldeten Versagen** sowie zum kindeswohlgefährdenden **Drittverhalten.** Da die Gesetzesreform einen verstärkten Schutz gefährdeter Kinder bezweckt (s. o. RdNr. 35), müssen die von Abs. 1 aF erfassten **Fallgruppen** auch nach neuer Rechtslage als reaktionspflichtige Kindeswohlgefährdungen angesehen werden.

58 aa) **Misshandlung.** Als schwerwiegenden Eingriff nicht nur in das körperliche, sondern regelmäßig auch in das seelische Wohlergehen stellen **Kindesmisshandlungen** stets einen Anwendungsfall des Abs. 1 dar.[164] Das Problem steht in engem Zusammenhang mit § 1631 Abs. 2, der die Einschränkung von Erziehungsmaßnahmen im Rahmen des Personensorgerechts regelt. Das SorgeRG vom 18. 7. 1979 hatte 1980 die Fassung eingeführt „Entwürdigende Erziehungsmaßnahmen, insbesondere körperliche und seelische Misshandlungen, sind unzulässig". Der Gesetzgeber wählte die Formulierung, „um mit einer Verstärkung des allgemeinen Bewusstseins zu einer angstfreien, auf unangemessene Repressionen verzichtenden Erziehung, die Vielfalt darauf abzielender pädagogischer Erkenntnisse auf breiter Ebene langfristig durchzusetzen".[165] Im Zuge der Entstehung des KindschaftsRG vom 16. 12. 1997 wurde ausführlich über die **gewaltfreie Erziehung** diskutiert, die vor allem der **Bundesrat** forderte.[166] Ein entsprechender Antrag konnte sich jedoch deshalb nicht durchsetzen, weil man – wie der Bericht des Rechtsausschusses wiedergibt[167] – eine zu starke Eingrenzung des Erziehungsrechtes der Eltern fürchtete. Verfassungsrechtliche Bedenken traten hinzu. Auch in der Literatur fanden sich nur wenige Stimmen für ein generelles Verbot von Körperstrafen.[168] Das Recht der Kinder auf **gewaltfreie Erziehung** wurde dennoch im Jahre 2000 in § 1631 Abs. 2 nach kontroverser Diskussion anerkannt, allerdings ohne dass Rechtsfolgen bei einer Verletzung vorgesehen wären.[169] Dennoch kann die Entscheidung des Gesetzgebers im Rahmen des § 1666 Abs. 1 nicht folgenlos bleiben. Die frühere Betrachtungsweise, wonach Körperstrafen **im Rahmen des Erziehungszweckes** nicht als Kindeswohlgefährdung ange-

---

[162] AA wohl LG Berlin FamRZ 1983, 943 ff. und 947; wie hier *Staudinger/Coester* RdNr. 145.

[163] Durch Gesetz zur Erleichterung familiengerichtlicher Maßnahmen bei Gefährdung des Kindeswohls v. 4. 7. 2008, BGBl. I S. 1188 ff.

[164] Zu den zT schwerwiegenden psychischen und physischen Folgen der Kindesmisshandlung vgl. OLG Stuttgart KindPrax 2002, 97: „psychosozialer Minderwuchs"; *Pfeiffer/Lehmkuhl/Frank* FPR 2001, 28 ff.; die erhöhten Risiken einer delinquenten Entwicklung von misshandelten Jugendlichen untersuchen *Enzmann/Wetzels* FPR 2001, 246 ff.; zur Kindesmisshandlung in Gestalt des sog. „MünchhausenbyproxySyndroms" OLG Celle FamRZ 2006, 1478 mit Anm. *Luthin*; OLG Dresden FamRZ 2008, 712 f.; *Mertens* NJOZ 2009, 1665 ff.; s. auch Hk-FamR/*Hüßtege* RdNr. 7.

[165] BT-Drucks. 8/2788 S. 35.

[166] BT-Drucks. 13/4899 S. 152 f.

[167] BT-Drucks. 13/8511 S. 64 f.

[168] Vgl. *Fegeler* S. 94 ff. mwN.

[169] Eingehende Problemdarstellung in der Begründung des Rechtsausschusses BT-Drucks. 14/1247 S. 3 ff.; zur Gesetzesentstehung vgl. auch *Baltz* ZfJ 2000, 210; *Kellner* NJW 2001, 796; ausf. empirische Analysen zum Recht auf gewaltfreie Erziehung finden sich bei *Bussmann* FPR 2002, 289 ff.

sehen wurden,[170] lässt sich nicht mehr halten. Daraus folgt zwar noch nicht, dass in Zukunft jede körperliche Einwirkung eine Kindeswohlgefährdung darstellt.[171] Aber die Schwelle, deren Überschreitung einen solchen Tatbestand auslöst, ist deutlich niedriger geworden. Man kann also sicher davon ausgehen, dass die zum früheren Rechtszustand ergangenen Entscheidungen in vergleichbaren Fällen jetzt umso eher Maßnahmen des Familiengerichtes hervorrufen werden.[172] Nach Ansicht des Gesetzgebers soll dabei allerdings nach wie vor die Hilfe für Kinder und Eltern im Vordergrund stehen.[173] In diesem Zusammenhang bleibt schließlich darauf hinzuweisen, dass es auch eine Kindeswohlgefährdung darstellt, wenn der andere Sorgerechtsinhaber einer Gewaltanwendung gegen das Kind nicht entgegentritt.[174]

Die geschilderten Grundsätze gelten unabhängig von der **Nationalität der Sorgerechts- 59
inhaber.**[175] Dies mag für die Betroffenen deshalb schwer zu akzeptieren sein, weil die Körperstrafe als Erziehungsmittel unterschiedlich eingeschätzt wird, und einige fremde Kulturkreise Züchtigungsrechte begründen. Sicher ist auch, dass man deren Wertvorstellungen bei der Auslegung von Generalklauseln (Kindeswohl) in gewissem Maß berücksichtigen muss (vgl. Art. 6 EGBGB und RdNr. 53 ff.). Wenn das Gesetz aber ausdrücklich – wie bei der Neufassung des § 1631 Abs. 2 – eine Tendenzwende im Hinblick auf gewaltfreie Erziehung einleiten will, bleibt für unterschiedliche Vorstellungen insoweit kein Raum.[176] Auch der früher teilweise vorgenommenen Differenzierung von Gewaltanwendung nach dem Lebensalter des Kindes[177] kommt nach der Gesetzesnovelle keine Bedeutung mehr zu.

Schließlich können nicht nur körperliche Misshandlungen, sondern auch **seelische Ver- 60
letzungen** und andere **entwürdigende Maßnahmen** eine Kindeswohlgefährdung begründen, spielen aber in der Rechtsprechung kaum eine Rolle.[178]

bb) Sexueller Missbrauch. Dass der **sexuelle Missbrauch** von Kindern eine besonders 61
schwere Form der Kindeswohlgefährdung darstellt, bedarf keiner näheren Begründung,[179] da er zumindest ohne „seelische Verletzungen" iSd. § 1631 Abs. 2 kaum denkbar erscheint. Das Problem liegt in der **Beweislage.** Seitdem Väter vermehrt das Sorgerecht wünschen, wird die Behauptung sexuellen Missbrauchs auch als Waffe im Sorgerechtsstreitverfahren eingesetzt. Man spricht sogar vom „Missbrauch des Missbrauchs".[180] Untersuchungen aus den 90er Jahren haben gezeigt, dass die Zahl der Gutachten zum sexuellen Missbrauch sich innerhalb von zehn Jahren prozentual nahezu verzehnfacht hat[181] und die gerichtlichen Maßnahmen – regelmäßig vorläufige Anordnungen (vgl. RdNr. 234 ff.) – oftmals auf wenig überprüften Verdachtsmomenten beruhten.[182] Teilweise wurde dafür plädiert, zu Gunsten des Verdächtigten Polygraphen als Beweismittel zuzulassen, andere verweisen auf den Einsatz

[170] Vgl. 3. Aufl. RdNr. 32; zuletzt *Scherer* ZfJ 1999, 86, 90; krit. *Staudinger/Coester* RdNr. 94 f.

[171] Vgl. BT-Drucks. 14/1247 S. 5; zur Rechtsfolge der Neuregelung *Huber/Scherer* FamRZ 2001, 797.

[172] Vgl. die Nachw. in der 3. Aufl. RdNr. 32; ferner BayObLG FamRZ 1993, 229 f.: körperliche Züchtigung einer 15-jährigen durch Misshandlungen und Verletzungen mit einem Schraubenzieher; FamRZ 1992, 90 f.: übermäßige körperliche Züchtigung; FamRZ 1994, 975: übermäßige körperliche Züchtigung einer 13-jährigen durch ihre Mutter ohne nähere Einzelheiten im Tatbestand; FamRZ 1997, 572 f.: wiederholte Misshandlungen; FamRZ 1999, 178; Misshandlungen (ohne Einzelheiten im Tatbestand); LG Bochum ZfJ 1993, 212 f.: Prügel der Mutter u. „Ausrasten des Vaters" unter Alkoholeinfluss.

[173] Vgl. RdNr. 155; BT-Drucks. 14/1247 S. 5 ff.

[174] BayObLG FamRZ 1994, 1413; Hk-FamR/*Hüßtege* RdNr. 12.

[175] AA LG Berlin FamRZ 1983, 943 f.; vgl. auch *Scherer* ZfJ 1999, 86; BayObLG FamRZ 1984, 1259 f.: Akzeptanz bis zur Grenze des ordre public; wie hier *Staudinger/Coester* RdNr. 93; *Trenczek* S. 128.

[176] Zur alten Fassung: vgl. § 1631 RdNr. 16 ff., wie hier schon BayObLG FamRZ 1993, 229 ff.; OLG Düsseldorf NJW 1985, 1291.

[177] Vgl. die Nachw. bei *Staudinger/Coester* 13. Bearb. 2000 RdNr. 66.

[178] Vgl. BGH NJW 1953, 1440; dazu auch *Kunz* ZfJ 1990, 52 ff.

[179] LG Köln FamRZ 1992, 712; vgl. zu den tatsächlichen Hintergründen auch *Menne,* Hinw. zu Rechtsfragen bei Kindesmisshandlung und sexuellem Missbrauch, ZfJ 1993, 291, 294.

[180] *Rakete-Dombek* AnwBl. 1997, 469, 473.

[181] Vgl. im Einzelnen: *Rakete-Dombek* AnwBl. 1997, 469, 470 mwN; ferner *Schütz* AnwBl. 1997, 466 ff.; allgemein zur Kindesmissbrauchsverdächtigung auch *Ollmann* ZfJ 1996, 486 ff.

[182] Vgl. etwa den Sachverhalt zu OLG Bamberg NJW 1995, 1684 oder OLG Düsseldorf NJW 1995, 1970; BayObLG NJW 1992, 1971 f.

von Sachverständigen.[183] Eine generelle Lösung dieses schwierigen Problems gibt es nicht, jedoch ist auf Folgendes hinzuweisen:

62 Während im **Strafverfahren** die **Unschuldsvermutung** gilt, steht in Abs. 1 das Kindeswohl im Vordergrund.[184] Bei dessen Beurteilung ist zu bedenken, dass die Trennung vom Elternhaus und der gewohnten Umgebung einen sehr schwerwiegenden Eingriff darstellt, wenn sich die entsprechenden Vorwürfe später als unzutreffend erweisen.[185] Um dies zu vermeiden, muss das Gericht die ihm zugänglichen Erkenntnismöglichkeiten gem. § 26 FamG (§ 12 FGG aF) vollständig ausschöpfen, vor allem die **Beteiligten** und insbesondere auch den **Vater anhören.**[186] Erst dann vermag sich das Familiengericht eine Meinung zu bilden. Die alleinige Heranziehung des Jugendamtsberichtes reicht selbst im Verfahren vorläufiger Anordnungen nicht aus.[187] Sollten Zweifel bleiben, muss der Richter abwägen, was für das Kind das Beste ist. Dabei hat er zu beachten, dass die Kindeswohlgefährdung nicht zwingend auf einen unbewiesenen Verdacht gestützt werden muss, sondern sich aus der Gesamtschau der Umstände ergeben kann, so dass es letztlich für die Notwendigkeit einer Maßnahme uU gar nicht mehr darauf ankommt, ob der sexuelle Missbrauch vorlag.[188]

63 **cc) Schwangerschaftsabbruch.** Da der nasciturus gem. § 1666 Abs. 1 geschützt wird, kann sich der Abbruch der Schwangerschaft als reaktionspflichtige Gefährdung des Kindeswohles darstellen. Dabei ist zwischen der Schwangerschaft einer **volljährigen** und einer **minderjährigen Mutter** zu differenzieren.

64 **(1) Volljährige Mutter.** Ist die **Mutter volljährig,** geht es allein darum, ob familiengerichtliche Maßnahmen gegen den Schwangerschaftsabbruch getroffen werden sollen. Die **Austragung** des Kindes gefährdet sein Wohl im Rechtssinne selbst dann nicht, wenn es möglicherweise behindert zur Welt kommt.[189]

65 Der **Schwangerschaftsabbruch** stellt hingegen die denkbar intensivste Form der Kindeswohlgefährdung dar,[190] so dass das Familiengericht einschreiten müsste, wenn es das ungeborene Kind in gleicher Weise schützen wollte wie das geborene. Dem steht aber entgegen, dass die §§ 218 ff. StGB unter bestimmten Voraussetzungen Schwangerschaftsabbrüche entweder nicht für rechtswidrig erklären oder jedenfalls nicht unter Strafe stellen. Zwar waren die Bindungswirkungen dieser Regelungen für den zivilrechtlichen Schutz des ungeborenen Kindes lange Zeit umstritten. Aber nach der Entscheidung des BVerfG[191] kann daran kein Zweifel mehr bestehen.[192] Dies gilt insbesondere für die **medizinisch-soziale** und die fristgebundene **kriminologische Indikation** des § 218 a Abs. 2, 3 StGB, sollte darüber hinaus jedoch auch für das sog. **Beratungskonzept** gelten, §§ 218 a Abs. 1, 219 StGB, und zwar auch ohne dass das Familiengericht die Richtigkeit der Indikation überprüfen könnte. Lediglich die formellen Voraussetzungen der **Beratungsbescheinigung** gem. §§ 218 a Abs. 1 Nr. 1, 219 Abs. 2 S. 2 StGB müssen gegeben sein. Die Konflikte zwischen dem Persönlichkeitsrecht der Frau einerseits und dem Lebensrecht des

---

183 Gegen den Einsatz von Polygraphen OLG Bremen Streit 2001, 122; *Schütz* AnwBl. 1997, 466, 468; *Undeutsch* FamRZ 1996, 329 ff.

184 Vgl. RdNr. 34, 44; *Staudinger/Coester* RdNr. 96; aA offenbar LG Köln FamRZ 1992, 712, 713, wo das Kind allerdings von den Eltern bereits getrennt in Familienpflege untergebracht war und es nur noch um eine Umgangsbegrenzung ging. Wie hier: OLG Düsseldorf FamRZ 1992, 205, bezüglich des Umgangsverbotes gegen den wegen sexuellen Missbrauchs verdächtigten zweiten Ehemanns der Kindesmutter; vgl. dazu AG Düsseldorf FamRZ 1995, 499; *Storsberg* FamRZ 1994, 1543; *Carl* FamRZ 1995, 1183, 1191.

185 Aus psychologischer Sicht vgl. *Kühne/Kluck* FamRZ 1995, 981 mit statistischen Angaben; ähnlich auch *Carl* FamRZ 1995, 1183 ff.; *Rösner/Schade* FamRZ 1993, 1133 ff.; weitere Literatur bei *Hummel* ZfJ 1996, 417.

186 Zu § 50 a FGG aF AG Düsseldorf DAVorm. 1995, 1005, 1007; zur Anhörung RdNr. 224 ff.

187 Vgl. dazu *Ollmann* FamRZ 1997, 321, 322.

188 *Storsberg* FamRZ 1994, 1543.

189 *Gernhuber/Coester-Waltjen* § 57 IX 4.

190 Vgl. aber auch den krit. Ansatz von *Hoerster* JuS 1989, 172 ff.

191 BVerfGE 88, 203 ff. = NJW 1993, 1751 ff.

192 Eingehend *Staudinger/Coester* RdNr. 16 ff.

Kindes andererseits sind bei diesen Regelungen berücksichtigt worden. Deshalb wäre es nicht einsichtig, über zivilrechtliche Vorschriften Zustände zu verändern, die das Strafrecht nach langer Auseinandersetzung und Überprüfung durch das BVerfG detailliert geregelt hat.[193] Die früheren Differenzen, die meist die allgemeine Notlagenindikation betrafen, haben sich durch die Neufassung des Gesetzes im Schwangeren- und Familienhilfeänderungsgesetz vom 21. 8. 1995 erledigt.[194] Damit bleibt für Maßnahmen des Familiengerichtes gem. § 1666 nur Raum, wo entweder die Abtreibung strafbar wäre, oder aber die Strafbarkeit nur an der mangelnden Schuld der Mutter bzw. an einem Strafausschließungsgrund scheitert, § 218 a Abs. 4 StGB.[195] Soweit hingegen das Strafrecht der Mutter die Entscheidung überlässt, muss das Zivilrecht dem folgen.[196] Die mit der Abtreibung verbundene „Kindeswohlgefährdung" des nasciturus ist dann wegen der gesetzgeberischen Grundentscheidung hinzunehmen.

(2) Minderjährige Mutter. Schwieriger gestaltet sich die Rechtslage bei einer **minderjährigen Mutter,** da das Kindeswohl des ungeborenen Kindes mit ihrem eigenen kollidiert. Dabei ist zum einen von Bedeutung, ob sich Sorgerechtsinhaber und minderjährige Mutter bezüglich der geplanten Abtreibung in Übereinstimmung befinden oder nicht, zum anderen, ob der Wille darauf abzielt, das Kind auszutragen oder abzutreiben. 66

Sofern Sorgeberechtigte und minderjährige Tochter die **Austragung** des Kindes **übereinstimmend** wollen, kann ein Eingreifen des Familiengerichtes nur in Betracht kommen, wenn die Fortsetzung der Schwangerschaft den Tatbestand des § 218 a Abs. 2 StGB erfüllen würde, also Leib oder Leben der Schwangeren auf andere Weise nicht geschützt werden können.[197] Dann allerdings sollte das Familiengericht auch nicht gehindert sein, unter Berücksichtigung des Grundsatzes der Verhältnismäßigkeit als letztes Mittel einen Schwangerschaftsabbruch anzuordnen.[198] 67

Wenn beide, dh. Personensorgeberechtigte und minderjährige Mutter den **Schwangerschaftsabbruch** wollen, entfaltet das System der §§ 218 ff. StGB Wirkung. In den Fällen des straflosen Schwangerschaftsabbruchs gem. § 218 a Abs. 2, 3 StGB kann die auf der Grundlage des Zivilrechts zusätzlich erforderliche Einwilligung der Eltern nicht die Rechtsfolgen des Abs. 1 auslösen. Das Gleiche gilt auch in den Fällen des § 218 a Abs. 1 StGB, dh. beim Beratungsmodell, da Eltern und Kind gemeinsam von einem Letztentscheidungsrecht Gebrauch machen, das ihnen der Staat einräumt.[199] Nur wenn eine Abtreibung strafbar wäre oder aber die Strafbarkeit allein an der fehlenden Schuld der Mutter scheitert, bzw. ihr nur ein persönlicher Strafausschließungsgrund des § 218 a Abs. 4 StGB zur Seite steht, muss das Familiengericht zum Schutz des nasciturus tätig werden, dessen Schutzbedürfnis dann in den Vordergrund tritt.[200] 68

Schwieriger ist die Situation bei **Divergenzen zwischen Sorgerechtsberechtigten und minderjähriger Mutter.** Die Frage, wem das Entscheidungsrecht zusteht, ob ausgetragen oder abgetrieben werden soll, wird unterschiedlich beantwortet. Die Meinungen reichen von der Notwendigkeit einer gemeinsamen Entscheidung bis hin zum Alleinentscheidungsrecht der Eltern oder der minderjährigen Mutter.[201] 69

---

193 Wie hier AG Schlüchtern NJW 1998, 832; *Staudinger/Coester* RdNr. 22; aA *Mittenzwei* AcP 187 (1987), 247, 270, 282 f.

194 Zur älteren Lit. vgl. *Staudinger/Coester* RdNr. 24.

195 *Stürner* JZ 1990, 709, 723; so auch *Staudinger/Coester* RdNr. 23; *Gernhuber/Coester-Waltjen* § 57 RdNr. 112; aA für § 218 a Abs. 4 StGB AG Schlüchtern NJW 1998, 832.

196 So im Ergebnis auch 3. Aufl. RdNr. 36 a.

197 *Staudinger/Coester* RdNr. 105.

198 Dagegen *Scherer* FamRZ 1997, 589, 594; zweifelnd *Staudinger/Coester* RdNr. 105; für den Fall mangelnder Einsichtsfähigkeit *Schönke/Schröder/Eser*/StGB § 218 a RdNr. 61.

199 *Staudinger/Coester* RdNr. 104; aA *Moritz* ZfJ 1999, 92, 98; *Scherer* FamRZ 1997, 589, 593.

200 AG Celle MedR 1988, 41 mit zust. Anm. *Mittenzwei*; *Deutsch/Spickhoff* RdNr. 741 m. Fn. 51.

201 Nachw. bei *Fegeler* S. 125 ff.; ferner bei *Scherer* FamRZ 1997, 589, 590; ausf. zur Problematik *Belling*, FS Bub S. 455, 481 ff.

70 Bei der Lösung ist zu berücksichtigen, dass das BGB selbst das Sorgerecht der Eltern gem. § 1626 Abs. 1 bis zum **Eintritt der Volljährigkeit,** § 2, vorsieht.[202] Es gibt zwar Beschränkungen und Ausübungsgrenzen, zB in den §§ 1626 Abs. 2, 1631 Abs. 2 und eben auch in § 1666, aber **keine vorzeitige Beendigung.** Andererseits fordert § 1626 Abs. 2 die Eltern auf, der wachsenden Reife des Kindes Rechnung zu tragen.[203] Mangels Rechtsfolgenbestimmung ist diese Norm dahingehend zu verstehen, dass der Gesetzgeber den Eltern als Leitbild vorgeben wollte, eine einvernehmliche Regelung mit heranwachsenden Kindern herbeizuführen.[204] Ein Verlust ihres Entscheidungsrechtes kann man der Vorschrift hingegen nicht entnehmen. Dennoch wird ein Alleinentscheidungsrecht der Minderjährigen bei entsprechender Einsichtsfähigkeit teilweise bejaht.[205] Wann diese vorliegt, bleibt allerdings umstritten.[206] Manche schlagen unter Hinweis auf § 5 RelKErzG das Alter von 14 Jahren vor,[207] manche in Anlehnung an § 1303 Abs. 2 16 Jahre,[208] andere stellen auf die entsprechende Reife im Einzelfall ab.[209]

71 Das BGB kennt allerdings kein Verfahren zur Feststellung dieser **Einsichtsfähigkeit.** Es verwendet den Begriff zwar in § 828 Abs. 3. Die **deliktische Einsichtsfähigkeit** erlangt ihre praktische Bedeutung jedoch regelmäßig in einem Haftungsprozess und unterliegt dort den normalen Beweisregeln. Die Aufnahme einer entsprechenden Vorschrift in das Kindschaftsrecht wurde im Rahmen des SorgeRG vom 18. 7. 1979 trotz eines dahingehenden Vorschlages abgelehnt.[210] Dies zeigt eine bewusste Entscheidung des Gesetzgebers gegen eine partielle Aufgabe des elterlichen Sorgerechts vor Eintritt der Volljährigkeit.

72 Der Begriff der Einsichtsfähigkeit hat im Übrigen im **Strafrecht** Bedeutung, wo die **Einwilligung** des einsichtsfähigen Minderjährigen als **Rechtfertigungsgrund** u. a. für die mit einem ärztlichen Heileingriff verbundene Körperverletzung angesehen wird.[211] Diese nicht am Kindeswohl orientierte Fragestellung ist jedoch im Rahmen des § 1666 nicht aussagekräftig. Dort geht es um die **Rechtfertigung** eines Arztes, hier um die **Beschränkung der Personensorge.** Daraus folgt, dass das Gesetz keine Grundlage für ein Alleinentscheidungsrecht des Minderjährigen enthält.

73 Dies steht auch in Einklang mit dem **Verfassungsrecht.**[212] Der in diesem Zusammenhang verwendete Begriff der **Grundrechtsmündigkeit** führt iRd. § 1666 nicht weiter. Man versteht darunter eine allmählich einsetzende Fähigkeit des Kindes, seine Grundrechte selbst wahrzunehmen. Der Begriff ist jedoch weder im Grundgesetz verankert noch allgemein anerkannt.[213] Wenn das Kind überhaupt ein Alleinentscheidungsrecht in persönlichen Angelegenheiten hat, gründet sich dies auf das allgemeine Persönlichkeitsrecht, das spätestens mit der Geburt entsteht. Aber auch dafür gilt der einfache **Gesetzesvorbehalt der verfassungsmäßigen Ordnung.**[214] Die Vorschriften des BGB über die elterliche Personensorge in den §§ 1626 ff. konkretisieren das elterliche Erziehungsrecht des Art. 6

---

[202] OLG Hamm NJW 1998, 3424, 3425; *Belling/Eberl* FuR 1995, 287, 291; *Scherer* FamRZ 1997, 589, 591 f.; ZfJ 1999, 86 ff.

[203] *Belling/Eberl* FuR 1995, 287, 291.

[204] *Scherer* FamRZ 1997, 589, 591 mit Verweis auf BT-Drucks. 8/2788 S. 45.

[205] *Schwerdtner* NJW 1999, 1525, 1526; *Belling/Eberl* FuR 1995, 287, 292; *Staudinger/Coester* RdNr. 101.

[206] Ausf. *Scherer* FamRZ 1997, 589, 590; *Scherer* nimmt ein Alleinentscheidungsrecht der Mutter zur Austragung in Analogie zu § 5 RelKEG an, FamRZ 1997, 589, 593.

[207] *Reiserer* FamRZ 1991, 1136, 1140.

[208] *Trockel* NJW 1972, 1493, 1496; vgl. auch *Schönke/Schröder/Eser* § 218 a StGB RdNr. 61 mit zahlreichen Nachw.

[209] AG Schlüchtern NJW 1998, 832; *Schwerdtner* NJW 1999, 1525, 1526 mwN; wohl auch *Moritz* ZfJ 1999, 92, 97.

[210] BT-Drucks. 8/2788 S. 4 f. und 45; ausf. zum Problem *Belling/Eberl/Michlik* S. 115 ff.

[211] *Schönke/Schröder/Eser* § 218 a StGB RdNr. 61.

[212] BVerfGE 79, 51, 61 = NJW 1989, 519 zum allgemeinen Persönlichkeitsrecht des Minderjährigen.

[213] *Dreier* Grundgesetz Band I 2. Aufl. 2004 Vorb. RdNr. 114; *Sachs* Vor Art. 1 RdNr. 75; *Jarass/Pieroth* 8. Aufl. 2006 Art. 19 RdNr. 13 f.; teilweise wird der Begriff für die Prozessfähigkeit des Minderjährigen im Verfassungsbeschwerdeverfahren verwendet, so *Dreier* aaO; abl. *Sachs* aaO.

[214] Vgl. *Sachs/Murswiek* Art. 2 RdNr. 103.

Abs. 2 S. 1 GG und füllen damit den Gesetzesvorbehalt kindeswohlorientiert aus.[215] Bei der so verstandenen Ausübung der elterlichen Sorge liegt auch eine Verletzung der **Menschenwürde** gem. Art. 1 Abs. 1 GG fern.[216] Zwar hat das BVerfG entschieden, die Personensorge der Eltern trete bei zunehmender Reife des Kindes zurück.[217] Es wollte damit aber nur dem Gesetzgeber ermöglichen, Teilmündigkeitsregelungen zu schaffen. So ist es vielfach auch geschehen, allerdings nicht im Recht der Personensorge: § 1626 Abs. 2 schließt das Sorgerecht der Eltern gerade nicht aus.

Die entgegengesetzte Betrachtungsweise steht außerdem vor dem Problem, wie der 74 notwendige **Arzt- bzw. Krankenhausvertrag** geschlossen werden könnte, wenn die minderjährige Mutter den Schwangerschaftsabbruch verlangt, während die Eltern ihn ablehnen.[218] Hierzu reicht eine Erklärung der minderjährigen Mutter allenfalls im Bereich gesetzlicher Krankenversorgung, dh. wenn die ärztliche Maßnahme als Sozialleistung beansprucht werden kann, § 36 SGB I. Dann genügt ein Alter von 15 Jahren zur Anspruchsberechtigung.[219] Bei privater Krankenversorgung hilft nur ein Verfahren nach Abs. 3 Nr. 5.

Insgesamt zeigt sich, dass die Annahme eines **Alleinentscheidungsrechts** des Minder- 75 jährigen vor Eintritt der Volljährigkeit nicht in das System des BGB passt.[220] Da aber seiner zunehmenden Reife und Eigenverantwortlichkeit gem. § 1626 Abs. 2 Rechnung zu tragen ist, muss eine **gemeinsame Entscheidung** der Beteiligten herbeigeführt werden.[221] Diese Lösung hat den Vorteil, dass eine Einschaltung des Familiengerichtes erreicht werden kann; sie wäre ausgeschlossen, wenn die Personensorge der Eltern nicht mehr bestehen würde.

Ob Austragung oder Schwangerschaftsabbruch dann in Betracht kommen, ist nach den 76 gleichen Grundsätzen zu beurteilen, wie sie auch bei übereinstimmenden Willen der Sorgerechtsinhaber und der minderjährigen Mutter gelten.[222] Der Richter hat die notwendige Erklärung der Eltern gegebenenfalls gem. Abs. 3 Nr. 5 zu ersetzen, wenn er auf Antrag der Eltern oder auf Anregung sonstiger Personen eingeschaltet wird.[223] Das Gericht muss bei seiner Anordnung die oben dargestellten Vorgaben des Strafrechts beachten und in diesem Rahmen die Kindeswohlgefährdung ausräumen. Dies sollte in erster Linie durch den Versuch geschehen, eine einvernehmliche Regelung herbeizuführen. Nur soweit die Voraussetzungen des § 218 a Abs. 2 StGB vorliegen, muss das Gericht die Gefahr für die Mutter beseitigen, notfalls auch gegen ihren Willen. Bei den jüngeren OLG-Entscheidungen[224] zu Abs. 1 aF überzeugt nicht, dass im Falle des § 218 a Abs. 1 StGB unter Hinweis auf die Rechtswidrigkeit der Abtreibung ein Sorgerechtsverstoß durch die verweigerte Zustimmung der Eltern kategorisch abgelehnt wurde, ohne die Folgen der ausbleibenden Abtreibung für die Kindsmutter zu berücksichtigen. Es erscheint vielmehr angebracht, eine reaktionspflichtige Kindeswohlgefährdung dann anzunehmen, wenn die Ablehnung der Sorgeberechtigten weder auf Gewissensgründen beruht, noch sie der Schwangeren geeignete sowie zumutbare Hilfsangebote im Hinblick auf die spätere Versorgung des Kindes machen.[225]

dd) Medizinische Betreuung. Die Problematik der Kindeswohlgefährdung stellt sich 77 weiterhin im Zusammenhang mit **medizinischen Maßnahmen.** Schwierigkeiten entste-

---

[215] BVerfGE 75, 201, 218 f. = NJW 1988, 125, 126.

[216] Vgl. *Fegeler* S. 72 ff.

[217] BVerfGE 59, 360, 387 f. = NJW 1982, 1375, 1376.

[218] Vgl. zur parallelen Problematik bei Heileingriffen RdNr. 77 ff. und BGHZ 29, 33, 37; LG München I NJW 1980, 646; RGRK/*Nüßgens* § 823 Anh. II RdNr. 70; *Fegeler* S. 125.

[219] *Staudinger/Coester* RdNr. 136 mwN.

[220] LG München I NJW 1980, 646; *Staudinger/Hager* § 823 RdNr. I 97; *Gernhuber/Coester-Waltjen* § 57 RdNr. 79.

[221] Vgl. AG Celle NJW 1987, 2308; aA neben den o. a. LG München I NJW 1980, 646; AG Schlüchtern FamRZ 1998, 968.

[222] Vgl. RdNr. 67; ein anderes Modell entwickelt *Scherer* FamRZ 1997, 589 ff.; krit. dazu *Siedhoff* FamRZ 1998, 8 mit Replik von *Scherer* FamRZ 1998, 11.

[223] Zur Antragsbefugnis vgl. RdNr. 213 f.

[224] OLG Hamm NJW 1998, 3424, 3425; OLG Naumburg FPR 2004, 512 f.

[225] *Belling*, FS Bub, S. 455, 482 ff.

hen regelmäßig auch hier nicht, wenn Kind und Eltern eine übereinstimmende Auffassung vertreten, sei es, einen Heileingriff vornehmen zu lassen oder nicht, sei es, die belastende Behandlung, zB die Chemotherapie im Falle der Krebserkrankung, fortzusetzen oder zu beenden. Eine generelle gerichtliche Überprüfung findet dann – anders als im Betreuungsrecht gem. § 1904 – nicht statt.[226] Aber auch in den Fällen, in denen Kinder und Eltern unterschiedlicher Ansicht sind, werden die Gerichte offenbar nicht häufig konsultiert, wenn das 1995 bei den Vormundschaftsgerichten der Freien und Hansestadt Hamburg festgestellte Bild weiterhin aussagekräftig ist.[227]

78 Ein zentrales Problem liegt – ebenso wie beim Schwangerschaftsabbruch (vgl. RdNr. 63 ff.) – bei der **eigenen Entscheidung des/der Minderjährigen.** Der Unterschied besteht darin, dass Heilbehandlungen nur das Kind selbst betreffen, während beim Schwangerschaftsabbruch zugunsten oder zulasten des ungeborenen Kindes entschieden wird. Die Rechtslage zu dieser Problematik ist kontrovers. Ausgehend von BGHZ 29, 33, 36 wird in der Literatur teilweise die Ansicht vertreten, bei bestehender Einsichtsfähigkeit sei dem Minderjährigen ein Alleinentscheidungsrecht zuzubilligen.[228] Nach der hier befürworteten Auffassung besteht ein **gemeinsames Entscheidungsrecht** von Eltern und Kind, damit das Familiengericht und damit auch seine Aufklärungsmittel in den Ablauf einbezogen werden können.[229] Dies entlastet auch den Arzt, der im Streit um die Einwilligungsfähigkeit des Minderjährigen die **Beweislast** für dieses Tatbestandsmerkmal trägt, etwa im Arzthaftungsprozess.[230]

79 Bei Meinungsverschiedenheiten zwischen den Sorgeberechtigten ist neben § 1666 auch § 1628 zu beachten. Letzterer stellt in Fällen, in denen die Auffassung eines Elternteils dem Kindeswohl entspricht, die speziellere Eingriffsbefugnis dar.

80 **Einzelfälle:** Die **verweigerte Zustimmung** der Eltern zu einer objektiv erforderlichen und „gefahrlosen" Operation stellt sich als Kindeswohlgefährdung dar. Dazu gehört – was die Praxis bisher am meisten beschäftigt hat –, dass erforderliche **Bluttransfusionen** nicht aus religiöser Überzeugung verhindert werden dürfen.[231] Solche Tatbestände rechtfertigen auch eine **einstweilige Anordnung** (vgl. dazu im Einzelnen RdNr. 234 ff.). Die Sachverhalte wurden regelmäßig von Zeugen Jehovas vor die Gerichte getragen, nach deren Lehre von der Heiligkeit des Blutes der Tod einer Fremdblutspende vorzuziehen ist.[232] Der Minderjährige kann gem. § 8 Abs. 1 Nr. 1 a) TPG nicht wirksam in eine **Lebendorganspende** einwilligen. Demzufolge können die Eltern ihn im Rahmen ihrer Personensorge auch nicht wirksam vertreten. Eine entgegenstehende Einwilligung des Sorgerechtsinhabers rechtfertigt Maßnahmen des Familiengerichts gemäß Abs. 1.[233]

81 Außerhalb dieses Bereiches sind **Gefahren** und **Erfolgsaussichten** eines Eingriffs oder einer Heilbehandlung gegeneinander **abzuwägen.**[234] Der Vorrang elterlicher Sorge begrün-

---

[226] *Dierks/Diederichsen* S. 101 f.

[227] *Dierks/Schertzinger* S. 120.

[228] *Deutsch/Spickhoff* RdNr. 789; *Kern* NJW 1994, 753, 755 f.; zust. *Kothe* AcP 185 (1985), 105, 143 ff.; *Wölk* MedR 2001, 80, 83 ff.; *Bender* MedR 1999, 260, 264. *Laufs/Uhlenbruck/Laufs,* Handbuch des Arztrechts, 3. Aufl. 2002, § 66 RdNr. 9 empfiehlt dem Arzt, die Einwilligung der Eltern jedenfalls einzuholen, soweit die Schweigepflicht nicht entgegensteht. Eine zusätzliche Einwilligung der gesetzlichen Vertreter neben der Einwilligung des Minderjährigen verlangen hingegen BGH NJW 1972, 335, 337; *Staudinger/Hager* § 823 RdNr. I 97; *Soergel/Zeuner* § 823 RdNr. 231; RGRK/*Nüßgens* § 823 Anh. II RdNr. 72; *Hessler/Glockentin* MedR 2000, 419, 422; nach § 823 RdNr. 669 überwiegt im Falle eines Dissenses der Wille des Minderjährigen, wenn er bei entspr. Reife und Einsicht gegen den Willen seiner Eltern entscheidet; für ein Vetorecht des Minderjährigen bei lediglich relativ indizierten Eingriffen BGH VersR 2007, 66, 67.

[229] Vgl. RdNr. 75 f., 78 und wohl auch *Dierks/Diederichsen* S. 98.

[230] *Dierks/Diederichsen* S. 98; *Rothärmel/Wolfslast/Fegert* MedR 1999, 293, 295.

[231] OLG Hamm FamRZ 1968, 221; OLG Celle NJW 1995, 792 f.; vgl. auch BVerwG NVwZ 2001, 924 f.; Hk-FamR/*Hüßtege* RdNr. 11; *Bender* MedR 1999, 260, 265; krit. Stellungnahme von *Hessler/Glockentin* MedR 2000, 419 ff.; dazu wieder *Bender* MedR 2000, 422 f.

[232] *Oelkers/Kraeft* FuR 1997, 161, 164; die bloße Sektenzugehörigkeit reicht allerdings für die Annahme einer Kindeswohlgefährdung nicht aus, vgl. RdNr. 51 und OLG Oldenburg NJW 1997, 2962 mit zust. Anm. von *Hessler* NJW 1997, 2930; OLG Saarbrücken FamRZ 1996, 561; BayObLG FamRZ 1976, 43, 45.

[233] Vgl. dazu *Walter* FamRZ 1998, 201 ff.

[234] *Dierks/Diederichsen* S. 106 ff.; *Dierks/Scherzinger* S. 126.

det für die Sorgerechtsinhaber einen gewissen Spielraum bei der Entscheidung, da der Staat als Folge seiner bloßen Überwachungsfunktion auf die Nachvollziehbarkeit der Begründungen beschränkt ist.[235] Dementsprechend kann der Familienrichter nicht ohne weiteres die Entscheidung der Sorgerechtsinhaber übergehen.[236] Viel hängt vom Einzelfall ab, etwa von den Heilungschancen und der Belastung durch den Eingriff oder die Heilbehandlung.[237]

Das Kindeswohl ist ferner gefährdet, wenn die stationäre Behandlung **psychischer Erkrankungen** von den Sorgeberechtigten abgelehnt wird,[238] auch wenn psychiatrische Untersuchungen zu deren Feststellung verweigert werden.[239] Ebenso hat die Rechtsprechung den Tatbestand des Abs. 1 aF bei einem **schlecht ernährten Säugling** bejaht, dessen Einweisung in die Klinik die Eltern verhindern wollten.[240] Uneinsichtigkeiten bei der Befolgung ärztlich angeordneter **Medikation** gehören ebenfalls in diesen Zusammenhang.[241] 82

Diagnosemaßnahmen dürfen die Eltern nicht verweigern, jedenfalls soweit sie sich nach den Erkenntnissen der Medizin als gefahrlos darstellen.[242] **Risikobehaftete Diagnosemaßnahmen** sind vom Familiengericht gegen den Widerstand der Personensorgeberechtigten zu veranlassen, wenn die Eltern der darauf aufbauenden Behandlung wegen ihrer Erfolgschancen ebenso zustimmen müssten.[243] 83

Demgegenüber wird durch die Ablehnung **kosmetischer Operationen** das Kindeswohl regelmäßig nicht gefährdet, jedenfalls wenn der zu Grunde liegende Umstand keine besonders starke **seelische Beeinträchtigung** des Kindes mit sich bringt.[244] Gleiches gilt, wenn die Eltern einer **gerichtspsychologischen Begutachtung** zustimmen[245] oder **Impfungen** verweigern, die ärztlicherseits nur empfohlen werden. Man wird aber dieses Ergebnis auch auf **gesetzlich vorgeschriebene Impfungen** ausdehnen können, die der Volksgesundheit dienen, weil insofern das Bundesseuchengesetz spezielle Eingriffsbefugnisse vorsieht.[246] Etwas anderes könnte allenfalls gelten, wenn die Eltern bei Fernreisen Kinder in gefährdete Gebiete mitnähmen, ohne die erforderlichen Schutzimpfungen vornehmen zu lassen.[247] Offen gelassen wurde die Frage, ob eine **Blutentnahme** zum Zwecke der **Vaterschaftsfeststellung** bei einem Kind über Abs. 1 erzwungen werden kann, wenn die Mutter die Zustimmung verweigert, weil die Möglichkeit von Zwangsmaßnahmen im insoweit spezielleren § 178 Abs. 2 FamFG (§ 372 a Abs. 2 S. 2 ZPO aF) geregelt sind.[248] 84

ee) Umgangsbeschränkungen. Das Kindeswohl kann ferner durch **Umgangsuntersagungen** beeinträchtigt werden. Hierbei steht das Interesse des Kindes an der Kontaktaufnahme zu Bezugspersonen im Spannungsverhältnis zum **Umgangsbestimmungsrecht** des Sorgerechtsinhabers gem. § 1632 Abs. 2. Aus § 1626 Abs. 3 iVm. §§ 1684, 1685 lässt sich jedoch seit dem KindschaftsRG vom 16. 12. 1997 deutlicher als vorher entnehmen, dass der Gesetzgeber dem Umgang des Kindes mit Bezugspersonen zentrale Bedeutung beimisst, weil die persönliche Bindung die Entwicklung eines Kindes maßgeblich beein- 85

---

[235] Speziell zur Problematik operativer Eingriffe bei Intersexualität des Kindes *Krüger,* in: *Finke/Höhne* Intersexualität bei Kindern, 55, 59.

[236] *Dierks/Diederichsen* S. 108; zum Ermessensspielraum der Eltern, lebenserhaltende medizinische Maßnahmen bei einem im Koma liegenden Kind zu beenden vgl. OLG Hamm NJW 2007, 2704 ff. m. Anm. *Balloff.*

[237] Vgl. *Dierks/Tautz* S. 23 ff. mit Zusammenstellung schwerwiegender Fälle aus der Praxis.

[238] BayObLG FamRZ 1984, 829 f.

[239] BayObLG ZfJ 1996, 106, 107; FamRZ 1991, 214 u. KG FamRZ 1972, 646.

[240] AG Kamen DAVorm. 1995, 258 f.

[241] KG NJW-RR 1990, 716 für eine Sorgerechtsentscheidung; vgl. dazu *Dierks/Schertzinger* S. 124.

[242] *Dierks/Diederichsen* S. 105; Hk-FamR/*Hüßtege* RdNr. 11 und für den Aids-Test bei Anhaltspunkten für eine Infizierung des Minderjährigen *Tiedemann* NJW 1988, 729, 735.

[243] *Dierks/Diederichsen* S. 106; dazu auch KG FamRZ 1970, 491 für eine neurologische Untersuchung bei dem Verdacht einer Hirnschädigung.

[244] *Staudinger/Coester* RdNr. 98.

[245] BayObLG FamRZ 1987, 87.

[246] *Staudinger/Coester* RdNr. 99.

[247] *Staudinger/Coester* RdNr. 99.

[248] Zu § 372 a ZPO aF vgl. OLG München FamRZ 1997, 1170 sowie OLG Karlsruhe Beschl. v. 10. 10. 2006, Az. 2 UF 197/06 (unveröff.).

flusst. Eine Kindeswohlgefährdung, welche ein Einschreiten des Familiengerichtes gem. Abs. 1 erforderlich macht, ist aus diesem Grunde immer dann zu bejahen, wenn dem Kind der Umgang zum besagten Personenkreis **ohne sachlichen Grund** untersagt wird.[249] Dies gilt insbesondere dann, wenn der sorgeberechtigte Elternteil durch die von ihm ausgehende Umgangsvereitelung zu einer Entfremdung des Kindes vom anderen Elternteil beiträgt.[250]

86 Der früher häufige Streit, inwieweit dem Kind nahe stehenden Personen unter dem Aspekt des Kindeswohls ein Umgangsrecht zusteht,[251] muss daher seit der Reform der §§ 1684, 1685 Abs. 1 nicht mehr entschieden werden.[252]

87 Die Vorschriften zeigen aber, dass die jetzt geregelte Rechtsposition der betroffenen Personengruppen **nur kindeswohlabhängig** ausgeübt werden kann.[253] Das dort[254] **spezialgesetzlich** geregelte Kindeswohl ist vom Familiengericht also zu prüfen, wenn die Anspruchsinhaber ihr Recht geltend machen, etwa bei entsprechenden Umgangsverboten der Sorgerechtsinhaber.

88 Daneben bleiben aber Maßnahmen auf der Grundlage des Abs. 1 möglich, wenn der **Sorgerechtsinhaber** dem Kind den **Umgang** zu seinen Bezugspersonen **erschwert** oder vereitelt, während diese Bezugspersonen von sich aus nicht tätig werden.

89 **Einzelfälle:** Die Gerichte haben es nicht als ausreichende Begründung für ein **Umgangsverbot** angesehen, dass es **Spannungen zwischen Eltern und Großeltern** gab, obwohl die Großeltern sogar eine Strafanzeige gegen die Kindesmutter erstattet hatten.[255] Entsprechende Grundsätze sind anzuwenden, wenn es sich um andere Personen handelt, zu denen der Minderjährige eine besondere Beziehung hat, etwa zu Gleichaltrigen. Auch durch unbegründete **Ausgehverbote** ist das Kindeswohl uU gefährdet.[256] Diese können jedoch dann berechtigt sein, wenn die Sorgerechtsinhaber verpflichtet sind, schädlichen Umgang des Kindes zu verhindern.[257]

90 Keine Kindeswohlgefährdung aufgrund eines **Sorgerechtsmissbrauchs** gem. **Abs. 1 aF** wurde angenommen, als eine Mutter durch eine **„neurotische Fehlhaltung“** dem Vater jeglichen Umgang mit einem Kleinkind verwehrte, es aber im Übrigen ordnungsgemäß betreute.[258] Das **Nichteinhalten einer Umgangsvereinbarung** der Kindesmutter mit dem nichtehelichen Vater hat man ebenfalls nicht als tatbestandsmäßig angesehen, es sei denn, dieses ruft einen Loyalitätskonflikt auf Seiten des Kindes hervor.[259] Entsprechendes gilt für Umgangsuntersagungen durch die Mutter mit der Begründung, **mit einem neuen Partner eine Familie aufgebaut** zu haben, deren Zusammenleben durch die Existenz

---

[249] Vgl. BayObLG DAVorm. 1982, 360, 363; 600, 602; 1983, 377; FamRZ 1984, 614; OLG Frankfurt/M. FamRZ 1998, 1042, 1443; FamRZ 2001, 638, 639; LG Kassel FamRZ 1997, 1552; *Bamberger/Roth/Veit* RdNr. 6.4; Hk-FamR/*Hüßtege* RdNr. 9; *Gottschalk* FPR 2007, 308, 310; aA *Scherer* ZfJ 1999, 86, 88.

[250] Sog. „PA-Syndrom“; OLG Koblenz FamRZ 2008, 1973 ff.; vgl. OLG Zweibrücken NJW-RR 2007, 730 ff.; OLG Frankfurt/M. NJOZ 2005, 3605 ff.; FamRZ 2001, 638; OLG Dresden FamRZ 2003, 397; OLG Brandenburg JAmt 2002, 205 m. abl. Anm. *Meysen*; OLG Karlsruhe JAmt 2002, 135; ausf. zum „PAS“ auch AG Fürstenfeldbruck FamRZ 2002, 118.

[251] Die §§ 1684, 1685 zeigen, dass jedenfalls der von § 1626 Abs. 3 betroffene Personenkreis keinen Anspruch hat, also auch der nichteheliche Lebenspartner nicht. Hier kann § 1666 helfen; vgl. OLG Zweibrücken FamRZ 1999, 1161, 1162.

[252] Vor der Reform wurde besagtes Umgangsrecht teilweise auf den Familienbegriff des Art. 6 Abs. 1 GG gestützt, s. BayObLG FamRZ 1984, 614 mwN; andere zogen zur Begründung Art. 8 Abs. 1 EMRK heran, vgl. OLG Frankfurt/M. FamRZ 1998, 1042.

[253] Vgl. BT-Drucks. 13/4899 S. 106 f.: „begrenztes Umgangsrecht“; OLG Köln FamRZ 1998, 695; *Rauscher* FamRZ 1998, 329 ff.; § 1684 steht im Zusammenhang mit der Aufhebung des § 1634, vgl. BT-Drucks. aaO.

[254] § 1684 Abs. 3, 4; § 1685 Abs. 1, 3.

[255] LG Kassel FamRZ 1997, 1552; OLG Frankfurt/M. FamRZ 1998, 1040, 1043.

[256] OLG Köln FamRZ 1996, 1027, 1028: Kein Besuch und kein Ausgang nach 18.00 Uhr für eine 16 jährige.

[257] OLG Hamm FamRZ 1997, 1550, 1551; Einzelheiten dazu vgl. § 1632 RdNr. 62 ff.

[258] BayObLG FamRZ 1998, 1044.

[259] BayObLG FamRZ 1997, 1108; OLG Brandenburg FamRZ 2007, 577 ff.; zum Loyalitätskonflikt des Kindes wegen starker Bindungsintoleranz der Mutter vgl. OLG Hamm FamRZ 2007, 1677 f. sowie um drohenden Konflikt wegen der Unfähigkeit der Mutter, dem Kind einen unbeschwerten Umgang mit dem auch sorgeberechtigten Vater zu ermöglichen vgl. OLG München FamRZ 2007, 1902 f.

„zweier Väter" gestört wurde.[260] Auch wurde der Tatbestand des Abs. 1 bei einem Umgangsverbot mit den Großeltern verneint, die den elterlichen **Erziehungsvorrang nicht beachten** wollten.[261] Die gleiche Entscheidung trafen die Gerichte, als das Kind in einem Alter, in dem auf seinen Willen Rücksicht zu nehmen ist,[262] selbst den **Kontakt zu den Großeltern verweigerte.**[263]

ff) Ausübung des Aufenthaltsbestimmungsrechts. § 1631 Abs. 1 weist dem Inhaber des Personensorgerechtes u. a. auch das **Aufenthaltsbestimmungsrecht** zu, da die **Kontinuität** seiner Erziehung auch in **räumlicher Hinsicht** für die Förderung eines Kindes besondere Bedeutung hat.[264] Der Wechsel seiner Umgebung kann für ein Kind zu einer Belastung durch Umstellungsschwierigkeiten führen.[265] Dennoch erfüllt nicht jeder **Wohnsitzwechsel** der Eltern den Tatbestand des § 1666 Abs. 1 (vgl. RdNr. 55). Im Falle des **häufigen Wohnsitzwechsels** kann jedoch ein Einschreiten des Familiengerichts auf Grundlage des Abs. 1 geboten sein.[266] 91

Meist geht es aber darum, dass der Sorgerechtsinhaber das Kind aus seiner **gewohnten Umgebung** herausnehmen will, wozu ihm § 1631 Abs. 1 grundsätzlich das Recht gibt. Die Rechtsprechung hat es jedoch als sorgerechtsmissbräuchlich erachtet, dass die Mutter das Kind abrupt aus dem väterlichen Haushalt entfernte.[267] 92

Die meisten Konflikte treten zwischen leiblichen **Eltern** und **Pflegeeltern** auf. Sie beruhen darauf, dass § 1632 Abs. 4[268] das Aufenthaltsbestimmungsrecht der Sorgerechtsinhaber bei längerem Aufenthalt des Kindes in **Familienpflege** beschränkt, wenn der Verbleib bei der Pflegeperson dem Kindeswohl besser entspricht[269] als die Rückkehr zu den Eltern. Diese Vorschrift soll das Pflegekind schützen (vgl. § 1632 RdNr. 3). Der Herausgabeanspruch der Sorgerechtsberechtigten darf also nur zu dessen Wohl geltend gemacht werden,[270] nicht im Elterninteresse. Ein dagegen verstoßendes Verhalten kann die Rechtsfolgen des Abs. 1 auslösen.[271] 93

Dabei ist oft schwierig zu entscheiden, inwieweit allein der **längere Aufenthalt** in der Familienpflege einen Grund darstellt, das Kind dort zu belassen. Das Gesetz selbst geht nicht davon aus, dass jede Trennung für längere Zeit eine Kindeswohlgefährdung darstellt, wie die Formulierung des § 1632 Abs. 4 zeigt. Dennoch wurde die **vollständige Eingliederung** des Kindes in die Pflegefamilie als Grund dafür angesehen, einen Antrag auf Rückübertragung des Aufenthaltsbestimmungsrechtes durch die Sorgerechtsinhaber abzulehnen.[272] Andere Gerichte maßen selbst dem **mehrjährigen Aufenthalt** in der Pflegefamilie keine entscheidende Bedeutung bei.[273] 94

---

260 LG Köln FamRZ 1996, 433.

261 KG OLGZ 1970, 297, 300; BayObLG DAVorm. 1982, 359, 363; FamRZ 1984, 614.

262 Zur Beachtlichkeit des Kindeswillens vgl. RdNr. 45 ff.

263 OLG Frankfurt/M. FamRZ 1998, 1042, 1043: Beachtlichkeit des Kindeswillen eines 9jährigen; LG Kassel FamRZ 1997, 1552.

264 Vgl. *Fegeler* S. 141 und *Dickmeis* ZfJ 1991, 164, 165.

265 KG NJW-RR 2005, 878 ff.: Kindeswohlgefährdung durch häufigen Aufenthaltswechsel zwischen Vater und Mutter.

266 BayObLG FamRZ 1994, 781 [LS].

267 BayObLG Rpfleger 1992, 346 mwN; AG München DAVorm. 1995, 1004.

268 Vgl. zum Verhältnis der Normen RdNr. 20.

269 Eltern, denen das Personensorgerecht entzogen wurde, können der Unterbringung des Kindes in einer Pflegefamilie nicht mehr widersprechen, OLG Düsseldorf FamRZ 1997, 105.

270 OLG Schleswig DAVorm. 1980, 574; LG Hof DAVorm. 1981, 213; LG Oldenburg DAVorm. 1980, 954; allgemein zum Umgangsrecht vgl. auch § 1626 RdNr. 5.

271 OLG Hamm FamRZ 1995, 1507; OLG Düsseldorf NJW-RR 1994, 1288, 1289; dazu auch *Scherer* ZfJ 1999, 86, 88.

272 LG Aurich FamRZ 1998, 449; AG Kamenz FamRZ 2005, 124; vgl. auch OLG Stuttgart FamRZ 2005, 1273, 1274; die Pflegeeltern sind im Sorgerechtsentzugsverfahren nicht antragsberechtigt, aber anzuhören, OLG Köln FamRZ 2000, 1241.

273 BayObLG FamRZ 1998, 450, 451, auch zur Erheblichkeit des Kindeswillens; FamRZ 1995, 626, 628; vgl. auch OLG Hamm FamRZ 1997, 1550, wo der Verbleibensanordnung gem. § 1632 Abs. 4 der Vorrang

95 Das **BVerfG**[274] hat das Problem in erster Linie dem einfachen Gesetzgeber, aber auch den Gerichten zugewiesen. Damit kann eine Entscheidung nur im Einzelfall unter Berücksichtigung aller Umstände getroffen werden. Bei der Frage, ob ein **Herausgabeverlangen** durch den Sorgerechtsinhaber zu einer Kindeswohlgefährdung führt, muss man etwa berücksichtigen, inwieweit trotz Familienpflege immer noch Kontakte zu den leiblichen Eltern bestanden, die den Wechsel für das Kind erträglich erscheinen lassen.[275] Auch der **Kindeswille** (vgl. dazu RdNr. 45 ff.) ist von zentraler Bedeutung, wenngleich sich das Kind häufig in einem Loyalitätskonflikt befindet.

96 Einer Abwägung der Rechtspositionen von leiblichen Eltern und Pflegeeltern kommt dagegen weniger Bedeutung zu, wenngleich **Art. 6 Abs. 2 S. 1 GG** dem Erziehungsrecht leiblicher Eltern Vorrang einräumt.[276] Dieser Aspekt entscheidet den Konflikt zwischen den Beteiligten aber allenfalls, wenn das Kind den Wechsel zurück zu den leiblichen Eltern ohne Gefährdung seines Wohls verkraftet. Dabei gilt der Grundsatz, dass es für das Kind das Beste ist, bei seinen leiblichen Eltern aufzuwachsen (vgl. dazu RdNr. 96), in derartigen Situationen deshalb regelmäßig nicht, weil es dann nicht zur Familienpflege gekommen wäre.[277] Die Abstammung allein gibt deshalb nicht den Ausschlag.[278]

97 Die Rechtsprechung hat den Tatbestand des Abs. 1 als erfüllt angesehen, als der Vater seine 16-jährige Tochter grundlos aus dem Hause verwiesen hatte, worauf sie ein Jahr lang mit Zustimmung der Eltern bei einer Pflegefamilie untergebracht war. Danach verweigerte sie die Rückkehr.[279]

98 Anders wurde entschieden, als der leibliche Vater die **Auswanderung** seines schwerkranken Kindes mit den Pflegeeltern verhindern wollte.[280]

99 Entsprechende Grundsätze wie im Verhältnis zwischen Eltern und Pflegeeltern wurden auch angewendet, wenn das Kind längere Zeit bei der Großmutter lebte und dann in einer Pflegefamilie untergebracht werden sollte.[281] Der Aufenthalt bei den **Großeltern** war nach Ansicht des Gerichts als Familienpflege im Sinne des § 1632 Abs. 4 zu bewerten. Schließlich hat man Großeltern, die ein Kind in Pflege hatten, das Aufenthaltsbestimmungsrecht für schulische Angelegenheiten entzogen, weil sie der notwendigen Unterbringung des Kindes in einem Schulheim widersprachen.[282]

100 **gg) Vernachlässigung.** Ferner hat das Familiengericht auch nach Streichung des „elterlichen Erziehungsversagens“ in denjenigen Fällen Maßnahmen iSd. Abs. 1, 3 zu ergreifen, welche nach früherer Rechtslage den Tatbestand der **Vernachlässigung** ausfüllten. Hierunter fallen insbesondere Unzulänglichkeiten in der **persönlichen Betreuung,** dh. mangelhafte Pflege, Ernährung und Bekleidung, Aufsicht und Fürsorge,[283] aber auch **Verletzungen der Vermögenssorgepflichten,** zB wenn die Eltern die Vertretung des Kindes während eines längeren Auslandsaufenthaltes nicht garantieren,[284] oder die Unterhaltspflicht verletzen, vgl. Abs. 2.[285] Zu beachten ist allerdings, dass die **Beurteilungsmaßstäbe** bei der Prüfung

---

vor einem Sorgerechtseingriff gegeben wurde. Dies entspricht dem Prinzip der Verhältnismäßigkeit, vgl. dazu RdNr. 155 ff.

[274] NJW 1994, 183.

[275] BayObLG FamRZ 1995, 626, 628; OLG Hamm FamRZ 1998, 447, 448.

[276] BayObLG FamRZ 1995, 626, 628; demgegenüber mag die Stärke des elterlichen Erziehungsrechtes die Dauer der Familienpflege beeinflussen, so dass darauf zu achten ist, dass sich die Beziehung zu den Pflegeeltern nicht (unnötig) so verfestigt, dass die Rückkehr zu den leiblichen Eltern unmöglich gemacht wird: OLG Hamm DAVorm. 1991, 1080, 1088; FamRZ 1995, 1507; 1998, 447, 448.

[277] Vgl. aber BayObLG FamRZ 1995, 626, 628; OLG Hamm FamRZ 1995, 1507; FamRZ 1998, 447, 448 unter Hinweis auf BVerfG NJW 1985, 423, 424.

[278] So auch OLG Hamm FamRZ 1998, 447, 448.

[279] BayObLG FamRZ 1998, 1040.

[280] OLG Karlsruhe NJW-RR 1994, 1229.

[281] BayObLG FamRZ 1991, 1080.

[282] BayObLG FamRZ 1999, 1154.

[283] KK-FamR/*Ziegler* RdNr. 20.

[284] OLG Köln FamRZ 1992, 1093, 1094; zur Vermögenssorge vgl. auch RdNr. 120 ff.

[285] OLG Düsseldorf FamRZ 1964, 456.

einer Kindeswohlgefährdung nicht zu eng angelegt werden dürfen.[286] Das **Milieu der Eltern,** in dem ein Kind aufwächst und dessen positiven und negativen Gegebenheiten es ausgesetzt ist, muss Berücksichtigung finden. Andernfalls würde bestimmten Bevölkerungsschichten, zB Absolventen von Sonderschulen, Sozialhilfeempfängern, Bewohnern von Obdachlosenunterkünften und ähnlichen Personen das Personensorgerecht uU grundsätzlich abgesprochen. Dies wäre offensichtlich rechtswidrig. Es geht deshalb nicht an, eine Kindeswohlgefährdung allein aufgrund des Umstandes zu bejahen, dass dem Kind etwa in einer Pflegefamilie günstigere Entwicklungsmöglichkeiten geboten werden könnten (vgl. RdNr. 100).

Einzelfälle: Bereits vor einigen Jahren wurde es nicht als Vernachlässigung angesehen, 101
dass die Mutter sich in einer **nichtehelichen Lebensgemeinschaft** befand.[287] Ebenso stellt es keine Vernachlässigung dar, wenn das Kind ordnungsgemäß – etwa während der Arbeitszeit – **bei dritten Personen untergebracht** wird.[288] Auch das **Unterlassen einer religiösen Erziehung** erfüllt den Tatbestand nicht.[289] Schließlich stellt auch der **Läusebefall** des Kindes – selbst wenn er mehrfach auftritt – nicht ohne weiteres eine zum Sorgerechtsentzug berechtigende Vernachlässigung dar.[290]

Demgegenüber wurde eine Vernachlässigung angenommen, weil die Kindesmutter **häufig** ihre **Partner** und den Wohnsitz **wechselte** sowie ein **Alkoholproblem** hatte, wodurch die Versorgung nicht mehr gewährleistet werden konnte.[291] **Tätliche Auseinandersetzungen** unter Alkoholeinfluss des Vaters mit Verletzungen der Mutter, die die Versorgung der Kinder verhinderten, wurden ebenfalls als tatbestandsmäßig angesehen.[292] Die **Weigerung,** die **Kinder ärztlich untersuchen** zu lassen, **die unterlassene Anmeldung zum Kindergarten** trotz entsprechender Aufforderung durch den Sozialdienst, die **emotionale Vernachlässigung der Kinder** und **mangelnde Zuwendung** beurteilten die Gerichte ebenfalls in ihrer Summe als Vernachlässigung.[293] 102

hh) Drittverhalten. Bis zur Neufassung des Abs. 1[294] wurde das **Verhalten eines Dritten** neben dem „elterlichen Erziehungsversagen" als mögliche Gefährdungsursache aufgeführt.[295] Da sich die gerichtliche Prüfung nach Streichung der Fallgruppen des Abs. 1 aF allein am Vorliegen einer Kindeswohlgefährdung orientiert, erübrigt sich eine Differenzierung zwischen einem Fehlverhalten der Eltern oder eines Dritten auf Ebene des Tatbestandes.[296] Diese kann jedoch im Rahmen der **Rechtsfolgen** relevant werden (vgl. RdNr. 149 ff.). 103

ii) Sonstige Fälle der Kindeswohlgefährdung. Auch in anderen Fällen, die nach früherer Rechtslage als Fallgruppe des **Sorgerechtsmissbrauchs** diskutiert wurden, kann das Kindeswohl gefährdet sein. 104

So kommt ein Einschreiten des Familiengerichts in Betracht, wenn die Eltern im Hinblick auf die **Ausbildung** nicht gem. § 1631 a S. 1 auf Eignung und Neigung des Kindes Rücksicht nehmen, indem sie es entweder in eine **ungeeignete Schulform oder Ausbildung** drängen oder es andererseits von einer **geeigneten abhalten.** Ein **sachlicher Grund** für 105

---

[286] LG Mannheim DAVorm. 1964, 9; zust. *Soergel/Strätz* RdNr. 29, vgl. zur Gefährdung des Kindeswohls RdNr. 48 ff.

[287] BayObLG ZfJ 1990, 313 f.

[288] BayObLG ZfJ 1990, 313 f.; JFG 7, 57; OLG Stuttgart JFG 9, 47.

[289] Ebenso *Soergel/Strätz* RdNr. 27, vgl. auch RdNr. 51 u. 107 f.

[290] OLG Hamm FamRZ 2002, 691 f.

[291] AG Kamen DAVorm. 1995, 996 f.; BayObLG NJW 1999, 293.

[292] LG Leipzig DAVorm. 1996, 620 f.

[293] OLG Hamm FamRZ 2000, 1239; DAVorm. 1991, 1080; zur emotionalen Vernachlässigung vgl. auch OLG Oldenburg DAVorm. 1998, 934; weit. Bsp. bei *Trenczek* S. 136.

[294] Durch Gesetz zur Erleichterung familiengerichtlicher Maßnahmen bei Gefährdung des Kindeswohls v. 4. 7. 2008, BGBl. I S. 1188 ff.; s. o. RdNr. 4.

[295] Vgl. ie. 5. Aufl. RdNr. 123 ff.

[296] Begründung zum Regierungsentwurf BT-Drucks. 16/6815 S. 14; vgl. auch *Meysen* NJW 2008, 2673.

ein derartiges Verhalten liegt aber zum Beispiel darin, dass in bestimmten Bereichen **keinerlei Berufschancen** bestehen.[297]

106 In diesen Zusammenhang gehört ferner, dass die Eltern für den **Schulbesuch** ihrer Kinder zu sorgen haben.[298] Die Möglichkeiten des **Schulzwanges**[299] stehen einem Vorgehen gem. Abs. 1, 3 Nr. 2 (s. u. RdNr. 179) nicht entgegen, wenn die Eltern dieser Verpflichtung nicht Rechnung tragen.[300] Das Kindeswohl kann auch dadurch gefährdet werden, dass die Eltern keine Behandlung des Kindes gegen seine **krankhafte Schulangst** einleiten.[301]

107 In **Religionsangelegenheiten** verbietet Art. 4 GG den Gerichten grundsätzlich Eingriffe in das Personensorgerecht, die sich allein auf die **Zugehörigkeit** zu einer Religionsgemeinschaft gründen.[302] Gem. § 5 S. 1 RelKErzG kann darüber hinaus das Kind mit 14 Jahren seine Religion frei wählen. Maßnahmen des Familiengerichtes sind demgemäß nur erforderlich, wenn die Sorgerechtsinhaber mit dem Kind vor dessen 14. Lebensjahr in eine Glaubensgemeinschaft eintreten, die das Kindeswohl gefährdet.[303] Bejaht wurde der Tatbestand des Sorgerechtsmissbrauchs gem. Abs. 1 aF aber vor allem bei einem schroffen und nicht vorbereiteten **Religionswechsel** der Eltern.[304]

108 Hat das Kind das **14. Lebensjahr** vollendet, so kommen elterliche Maßnahmen gegen einen Glaubenswechsel des Kindes nur noch dann in Frage, wenn es sich nicht um ein religiöses Bekenntnis iSd. § 5 RelKErzG handelt. Allerdings müssen die Eltern weiterhin ihr Aufenthaltsbestimmungsrecht so ausüben, dass Kindeswohlgefährdungen vermieden werden, also zB verhindern, dass das Kind in das Haus einer Sekte übersiedelt. In den gleichen Zusammenhang gehört der Schutz vor **Gesundheitsgefährdungen,** die bei bestimmten Weltanschauungen vorhanden sein mögen, zB durch Fasten oder Drogenkonsum.[305]

109 Eine Gefährdung des Kindeswohls kann auch darin liegen, dass der Sorgerechtsinhaber die **Kinderbetreuung übertreibt.** Dies hat uU zur Folge, dass die Entwicklung des Kindes durch Isolierung und fehlenden Kontakt mit Dritten negativ beeinflusst wird.[306]

110 Die Notwendigkeit familiengerichtlicher Maßnahmen versteht sich von selbst, wenn das Kind zu **strafbaren Handlungen** oder etwa zur **Prostitution** angehalten oder seine Arbeitskraft über den Rahmen der §§ 1618 a, 1619 hinaus ausgenutzt wird **(Ausbeutung).**[307]

111 Die von der Mutter verweigerte **Anfechtung des Vaterschaftsanerkenntnisses** wurde nach alter Rechtslage als Sorgerechtsmissbrauch angesehen, wenn die Feststellung der Vaterschaft für das Kindeswohl unerlässlich ist.[308] Das Problem ist seit dem KindschaftsRG vom 16. 12. 1997 in § 1600 a Abs. 4 geregelt. Eine Maßnahme nach § 1666 gegen die Mutter, welche den Namen des Vaters verschweigt, erscheint unter verfassungsrechtlichen

---

[297] Neuere Rechtsprechung zu dieser Frage ist jedoch nicht ersichtlich, so dass man nur auf die ältere zu § 1631 a Abs. 2 aF in der 3. Aufl. hinweisen kann. Zur Problematik auch *Zorn* RdNr. 317.

[298] BGH FamRZ 2008, 45 ff.; OLG Köln FamRZ 1992, 1093, 1094 mwN; hier kommen auch Geldbußen in Betracht, vgl. OLG Düsseldorf ZfJ 1996, 533; OLG Koblenz NJW-RR 2005, 1164, 1165; BayObLG NJW 1984, 928; insbesondere unter Berücksichtigung verfassungsrechtlicher Aspekte OLG Hamm NJW 2006, 237 ff., OLG Brandenburg NJW 2006, 235 ff. sowie *Raack* FPR 2007, 478, 480 ff.; *Palandt/Diederichsen* RdNr. 19; zur Abmeldung von der Schule vgl. OLG Karlsruhe FamRZ 1974, 661; BayObLG ZfJ 1996, 106, 107.

[299] Vgl. OLG Düsseldorf ZfJ 1996, 533.

[300] BayObLGZ 1983, 231, 238; *Staudinger/Coester* RdNr. 123.

[301] BayObLG ZfJ 1996, 106 f.

[302] So auch *Streitwieser* ZKJ 2006, 141, 142 insbesondere unter Rückgriff auf das aus Art. 4 Abs. 1 GG folgende staatliche Neutralitätsgebot; vgl. auch RdNr. 51.

[303] BayObLG NJW 1963, 590, 591.

[304] BayObLG NJW 1963, 590, 591.

[305] Vgl. *Staudinger/Coester* RdNr. 115.

[306] BayObLG FamRZ 1987, 1080; vgl. auch FamRZ 1997, 387 f.; OLG Frankfurt/M. NJOZ 2005, 3605 ff.; OLG Köln FamRZ 1996, 1027; AG Moers ZfJ 1986, 113 ff.

[307] Vgl. BayObLG FamRZ 1984, 1259 f. und DAVorm. 1981, 898 f.; OLG Dresden FamRZ 2003, 1038, ferner die Kommentierung zu den genannten §§.

[308] Vgl. OLG Karlsruhe FamRZ 1991, 1337, 1338.

Gesichtspunkten gerechtfertigt, lässt sich doch aus dem Recht des Kindes auf informationelle Selbstbestimmung (Art. 2 Abs. 1 iVm. Art. 1 Abs. 1 GG) ein entsprechender Auskunftsanspruch herleiten.[309]

Ebenfalls wurde ein Sorgerechtsmissbrauch bejaht, als ein Vater seine 16-jährige Tochter **112**
zwang, in der allein von ihnen bewohnten 2-Zimmerwohnung mit ihm in einem Bett zu schlafen.[310] Dies ist dahingehend verallgemeinerungsfähig, dass die **Intimsphäre eines Kindes** mit zunehmendem Alter in immer stärkerem Maße berücksichtigt und respektiert werden muss.[311]

Eine **Orientierungshilfe** bei der Feststellung einer Kindeswohlgefährdung bieten **113**
schließlich die Fälle, welche im Rahmen des Abs. 1 aF dem Auffangtatbestand des **unverschuldeten Versagens** zugeordnet wurden.[312]

Eine wichtige Fallgruppe bilden zunächst die **Alkohol-**[313] sowie die **Drogenabhängig-** **114**
keit der Sorgeberechtigten.[314] Meist gehen damit **chaotische Wohnverhältnisse** einher.[315] Auch häufige **Streitigkeiten** und **Schlägereien** zwischen den Eltern in Gegenwart des Kindes sowie **Straftaten gegen den anderen Elternteil** können zu einer Gefährdung des Kindeswohles führen.[316] Dies gilt ferner bei Unreife, totaler **Abhängigkeit** vom Kindesvater und dadurch bedingter **Erziehungsunfähigkeit.**[317] Schließlich können familiengerichtliche Maßnahmen erforderlich werden, wenn die Sorgeberechtigten die **Bedürfnislage ihrer Kinder** über einen langen Zeitraum hinweg **missachten,** etwa wenn sie sich überhaupt **nicht** in ihre Kinder **hineinversetzen** können und **keinen emotionalen Zugang** zu ihnen finden.[318]

Zuletzt stellt sich die Frage, inwiefern **Erkrankungen der Eltern** das Kindeswohl **115**
gefährden und damit Maßnahmen nach Abs. 1 rechtfertigen können. Die **Infektion** beider Eltern mit **Aids-Viren** soll ohne konkrete Ansteckungsgefahr des Kindes keine Trennung von den Eltern begründen können.[319] Eine wichtige Fallgruppe liegt weiterhin im Bereich **psychischer Krankheiten** bzw. **geistiger Behinderungen** der Eltern.[320] Soweit es um geistig behinderte Eltern geht, hat das **BVerfG** ausgeführt, es handle sich um einen Umstand, den das Kind grundsätzlich hinnehmen müsse, selbst wenn es dadurch in seiner Entwicklung benachteiligt werde.[321] Seine Trennung von den Eltern könne man allein damit nicht begründen.[322] Regelmäßig werden die in diesem Bereich notwendigen Maßnahmen der Gerichte auf § 1666 gestützt, während die ebenfalls in Betracht kommenden §§ 1673,

---

309 Vgl. nur BVerfGE 108, 82, 105 sowie BVerfG, Urt. vom 13. 2. 2007, Az. 1 BvR 421/05 (unveröff.); *Staudinger/Rauscher* Einl. §§ 1589 ff. RdNr. 84 ff. und ausf. *Palandt/Diederichsen* Vor § 1591 RdNr. 2 f.

310 OLG Köln FamRZ 1996, 1027.

311 *Staudinger/Coester* RdNr. 140.

312 Vgl. *5. Auflage* § 1666 aF RdNr. 115 ff.

313 BayObLG ZBlJugR 1983, 302; DAVorm. 1981, 901; OLG Hamm DAVorm. 1996, 280; LG Berlin DAVorm. 1980, 143; AG Kamen DAVorm. 1995, 258, 259; OLG Brandenburg JAmt 2001, 556.

314 LG Frankfurt/M. FamRZ 1983, 530.

315 LG Berlin DAVorm. 1980, 143, 145.

316 BayObLG DAVorm. 1981, 901; LG Leipzig DAVorm. 1996, 620, 622; OLG Hamm FamRZ 1996, 1029: Vater tötet Mutter.

317 BayObLG NJW 1999, 293, 294.

318 OLG Brandenburg FamRZ 2008, 1556 f.; AG München FamRZ 2002, 690.

319 Vgl. OLG Hamm NJW 1989, 2336; *Tiedemann* NJW 1988, 729, 730; *Staudinger/Coester* RdNr. 106.

320 Vgl. dazu OLG Brandenburg FGPrax 2008, 103; LG Berlin DAVorm. 1980, 143; LG Berlin FamRZ 1988, 1308, 1310: Vater debil u. Mutter zwischen Debilität u. Imbezilität; OLG Hamm FamRZ 2006, 1478 f.: extreme psychische Belastungssituation der Mutter; BayObLG FamRZ 1995, 502, 503: psychische Erkrankung, Antriebsschwäche, mangelnde Anteilnahme, Vater inhaftiert; 1995, 948, 950: Depressionen; 1995, 1438: Psychose; 1996, 1031: Schizophrenie; 1997, 956: Psychose, Schizophrenie; 1999, 318 ff.: körperlicher und seelischer Ausnahmezustand, ständige Erkrankungen; auch eine nur in Schüben auftretende psychische Erkrankung kann die Entziehung der Personensorge rechtfertigen, vgl. OLG München FamRZ 2004, 1597; zum Zusammenhang zwischen seelischen Erkrankungen und Kindeswohlgefährdung auch aus psychiatrischer Sicht *Häfele* FPR 2003, 307 ff.

321 BVerfGE 60, 79 ff. = NJW 1982, 1379: Mutter, Schwachsinn 1. bis 2. Grad; Vater, erheblich minderbegabt u. Epileptiker.

322 BVerfG NJW 1982, 1379, 1381.

1674 in der Praxis offenbar wenig Bedeutung haben.[323] Insgesamt fällt auf, dass diesbezügliche Probleme meist ohne förmliches Verfahren gelöst werden.[324]

116 **5. Die Subsidiaritätsklausel. a) Allgemeines und Voraussetzungen.** Als weitere Voraussetzung familiengerichtlicher Maßnahmen zur Abwehr von Kindeswohlgefährdungen muss festgestellt werden, dass die Eltern nicht gewillt oder nicht in der Lage sind, die Gefahr abzuwenden. Das zusätzliche Eingriffskriterium in Form einer Subsidiaritätsklausel stellt eine **negative Tatbestandsvoraussetzung** dar.[325] Mit ihr soll gewährleistet werden, dass gerichtliche Maßnahmen nur dann und in dem Maße ergriffen werden, wie sie bei **Gesamtwürdigung des Elternverhaltens** vor und während des familiengerichtlichen Verfahrens einerseits und unter Berücksichtigung der Prognose des Familienrichters für die Zukunft des Kindes andererseits notwendig erscheinen. Sie sind es nicht, wenn die Bereitschaft und Fähigkeit der Eltern zur Beseitigung eingetretener Beeinträchtigungen feststeht, ebenso bei **Fehlen einer Wiederholungsgefahr.**[326] Die Gesetzesformulierung legt also besonderen Wert auf die **subsidiäre Gefahrenabwehrzuständigkeit** des Staates, die auch nach elterlichem Fehlverhalten sinnvoll bleibt: Wer seinen Pflichten in der Vergangenheit nicht nachgekommen ist, hat sich damit noch nicht endgültig als unfähig oder unwillig zur Folgenbeseitigung erwiesen.[327] Hierzu sind vielmehr im Einzelfall genaue Feststellungen zu treffen.[328] Demnach muss das Familiengericht in einer Weise vorgehen, die verhindert, dass die Eltern „übergangen" werden. Stattdessen soll es die Sorgerechtsinhaber zur **Selbsthilfe** bewegen.[329] Auf Grund der Geltung des **Verhältnismäßigkeitsgrundsatzes** im Rahmen des § 1666 (vgl. RdNr. 155 ff.) einerseits und durch § 1666 a andererseits kommt der Subsidiaritätsklausel jedoch eine vergleichsweise geringe Bedeutung zu.[330]

117 **b) Tatsachenfeststellung.** In **tatsächlicher Hinsicht** müssen der **mangelnde Wille** und die **mangelnde Fähigkeit** der Eltern zur Gefahrenabwehr neben der Kindeswohlgefährdung **festgestellt** werden, wobei Letztere selbst ein Indiz für ihre Fortdauer ist. Die **Eltern** sind im Rahmen der **Anhörung** dazu ausführlich zu befragen, § 160 FamFG (§ 50 a FGG aF), und zwar uU auch vom Beschwerdegericht, wenn die bisherige Aktenlage nicht verdeutlicht, welche Möglichkeiten zur Abwendung der Gefahr mit ihnen erörtert wurden und welchen Eindruck sie dabei hinterlassen haben.[331] Dabei kommt es nicht auf die elterlichen Motive an. **Hilflosigkeit** steht vielmehr der **Unwilligkeit** oder **Unfähigkeit** zur Wahrnehmung der Personensorge gleich.[332] Diese Betrachtungsweise folgt aus dem Vorrang der Kindeswohlbewahrung für das Vorgehen des Familiengerichtes.

118 Hinweise auf **mangelnde Abwendungsmöglichkeiten** der Eltern ergeben sich oft aus deren bisherigem Verhalten, insbesondere auch aus der Einstellung zum **Angebot öffentlicher Hilfen,** dessen Vorrang aus § 1666 a Abs. 1 S. 1 folgt. Die Einschätzung kann dazu führen, dass das Familiengericht sofort tätig werden muss, so dass es nicht erst zu einer für das Kind uU gefährlichen Übergangszeit kommt. Etwas anderes gilt, wenn die Eltern zB erst vom Gericht auf das kindesgefährdende Verhalten eines Dritten aufmerksam gemacht wurden.[333]

119 Die **Wiederholungsgefahr** bzw. Fortdauer der Kindeswohlgefährdung wurde angenommen und die Abwendungsmöglichkeit der Eltern verneint, wenn diese **Alkohol- und**

---

[323] Ausf. *Münder* FuR 1995, 89 ff.
[324] *Münder* FuR 1995, 93.
[325] Allg. Meinung: vgl. *Staudinger/Coester* RdNr. 151; aA *Schlüter* RdNr. 404.
[326] OLG Frankfurt/M. NJW 1981, 2524; vgl. auch OLG Brandenburg FamRZ 2008, 1557, 1558; aA *Schlüter* RdNr. 404.
[327] *Trenczek* S. 126.
[328] Vgl. OLG Düsseldorf NJW 1995, 1970; *Gernhuber* Familienrecht 3. Aufl. 1980 § 49 VIII 3.
[329] *Palandt/Diederichsen* RdNr. 37; *Bamberger/Roth/Veit* RdNr. 11; BT-Drucks. 8/2788 S. 59.
[330] Eine Streichung wurde anlässlich des KindschaftsRG vom 16. 12. 1997 zwar erneut diskutiert, im Ergebnis aber abgelehnt, BT-Drucks. 13/4899 S. 64 f.
[331] Zu § 50 a FGG aF BayObLG FamRZ 1980, 1150 f.; 1981, 1105; zum Verfahren vgl. RdNr. 212 ff.
[332] Hk-FamR/*Hüßtege* RdNr. 3; *Fieseler/Hannemann* ZKJ 2006, 117, 119; *Trenczek* S. 137.
[333] Vgl. KG NJW 1985, 68, 70 f.; *Soergel/Strätz* RdNr. 34.

Drogenabhängigkeit immer wieder erlagen.[334] In derartigen Fällen, also bei **dauerhaften Verhaltensweisen,** erwähnen die Gerichte in ihren Begründungen oft nicht einmal die Möglichkeit einer Gefahrabwendung durch die Eltern. Meist handelt es sich um Situationen, in denen auf Grund des Vorverhaltens der Eltern eine Änderung nicht mehr zu erwarten und den Kindern deshalb ein Abwarten auch nicht zuzumuten ist. Insgesamt scheint das negative Tatbestandsmerkmal der Subsidiaritätsklausel eine größere dogmatische als praktische Bedeutung zu haben.

IV. Schutz des Kindesvermögens, § 1666 Abs. 1, 2. Var. BGB

1. Allgemeines. Das KindschaftsRG vom 16. 12. 1997 hat die familiengerichtlichen Maßnahmen zum Schutz des Kindesvermögens in § 1666 integriert (vgl. RdNr. 3). Zuvor ermächtigte § 1666 aF lediglich zu Personensorgemaßnahmen, während das Kindesvermögen im Wesentlichen über § 1667 geschützt wurde.[335] Grundlegende inhaltliche Änderungen waren damit nach dem Willen des Gesetzgebers[336] nicht verbunden.[337] Der Wegfall einiger Eingriffstatbestände im Bereich der Vermögenssorge durch die Neuregelung (vgl. § 1667 RdNr. 3) rechtfertigt keine andere Beurteilung,[338] da diese von der Generalklausel des neuen Abs. 1 erfasst werden.[339] 120

2. Anforderungen an die elterliche Vermögensfürsorge. Die Anforderungen an die elterliche Vermögenssorge sind in den §§ 1626, 1639–1646 und 1649 geregelt. Gem. § 1642 hat sich die Vermögensverwaltung an **wirtschaftlichen Grundsätzen** zu orientieren. Über den Wortlaut der Norm hinaus gilt dieser Anlagemaßstab nicht nur für Geld und Wertpapiere, sondern für das **gesamte Vermögen.**[340] Was als wirtschaftliche Vermögensverwaltung gilt, richtet sich nach der **Verkehrsanschauung.** Sinn und Zweck einer jeden Vermögensanlage müssen die **Sicherung und Mehrung** des Kindesvermögens sein,[341] damit das Kind bei Eintritt der Volljährigkeit darauf zurückgreifen kann.[342] Von den Eltern dürfen allerdings keine speziellen Anlagekenntnisse erwartet werden, so dass nur der Wissensstand eines **wirtschaftlich denkenden Laien** den Maßstab ihres Handelns bildet.[343] Eine wichtige Aufgabe der Eltern besteht darin, zwischen Sicherheits- und Gewinninteressen abzuwägen (vgl. § 1828 RdNr. 20). Gewinnbringende und damit zur Mehrung des Kindesvermögens geeignete Anlageformen sind nicht selten risikobehaftet, während insgesamt im Vordergrund der Elternüberlegungen eine **sichere Vermögensanlage** unter Vermeidung finanzieller Risiken stehen sollte.[344] Sofern sie ganz sichergehen wollen, können sie eine **mündelsichere Anlageform** gem. §§ 1806, 1807 wählen, die in jedem Fall den Anforderungen des § 1642 entspricht. 121

3. Der Vermögensbegriff. Der **Vermögensbegriff** umfasst alle dem Kind zustehenden Vermögenswerte (vgl. § 1626 RdNr. 55 ff.). Dazu gehören sämtliche **Anlagewerte,** vor allem mobiliare und immobiliare **Sachwerte** sowie das **Barvermögen,** aber auch die daraus jeweils gewonnenen **Früchte** und **Zinsen.**[345] **Forderungen** des Kindes gegen Dritte 122

---

[334] BayObLG FamRZ 1995, 948, 950; OLG Oldenburg FamRZ 1999, 38; OLG Frankfurt/M. FamRZ 1983, 530.

[335] Vgl. zu den Einzelheiten § 1667 RdNr. 2 ff. Zur Frage, ob der Begriff des Kindeswohls ausschließlich einen personenrechtlichen Bezug aufweist oder auch den Bereich der Vermögenssorge bestimmt vgl. *Malik* S. 103 ff.

[336] BT-Drucks. 13/4899 S. 64.

[337] BayObLG NJW 1999, 293, 294; BayObLG FamRZ 1999, 316, 317.

[338] AA *Staudinger/Coester* RdNr. 153.

[339] BT-Drucks. 13/4899 S. 64, 97.

[340] BayObLG FamRZ 1983, 528, 530; *Soergel/Strätz* § 1642 RdNr. 3; vgl. auch § 1642 RdNr. 1 ff.

[341] *Schlüter* RdNr. 370.

[342] *Fegeler* S. 103.

[343] Vgl. § 1642 RdNr. 6; *Soergel/Strätz* § 1642 RdNr. 2.

[344] *Fegeler* S. 103; zu Abwägungsfragen vgl. auch *Malik* S. 197 ff.

[345] BayObLG FamRZ 1989, 1215, 1216.

oder gegen die Eltern werden ebenfalls erfasst.[346] Ferner stellen die dem Kind zustehenden **Unterhaltsansprüche** schützenswerte Vermögenswerte dar; gleiches gilt für **Rentenansprüche.**[347] Schließlich gehört auch das vom Kind aus abhängiger und selbständiger Arbeit erworbene **Entgelt** zum Vermögen.[348]

123 Vermögensschutzmaßnahmen gem. Abs. 1 setzen stets voraus, dass das betreffende Kindesvermögen der **elterlichen Verwaltung** unterliegt. Greifen die Eltern in einen Vermögensbestandteil ein, der nicht ihrer Verwaltung unterliegt, kann dagegen nur allgemeiner zivilrechtlicher Rechtsschutz erlangt werden.[349]

124 Von dem Grundsatz, dass sich die Vermögenssorge auf das **gesamte Kindesvermögen** erstreckt, sind folgende praktisch bedeutsame **Ausnahmen** zu erwähnen: Das vom Minderjährigen **von Todes wegen erworbene** oder ihm **unter Lebenden unentgeltlich zugewandte Vermögen** unterliegt dann nicht der elterlichen Vermögenssorge, wenn der Erblasser oder Zuwendende dies gem. § 1638 Abs. 1 bestimmt hat (vgl. § 1638 RdNr. 6 ff.). Auf Mittel, die die Eltern ihrem Kind gem. § 110 zur **freien Verfügung** überlassen, erstreckt sich ihre Vermögenssorge ebenfalls nicht. Entsprechendes gilt für Vermögen, das das Kind im Rahmen eines **eigenen Erwerbsgeschäfts** gemäß § 112 erworben hat und im Unternehmen belässt.[350]

125 **4. Die Gefährdung des Kindesvermögens. a) Allgemeines.** Die Anordnung vermögenssorgerechtlicher Maßnahmen setzt eine **Gefährdung** des Kindesvermögens im Sinne einer **gegenwärtigen Gefahr** voraus.[351] Dieser **unbestimmte Rechtsbegriff** unterliegt der tatrichterlichen Würdigung und der vollen Nachprüfung durch das Beschwerdegericht.[352] Das Kindesvermögen muss in seiner **Gesamtheit** gefährdet sein, die Verletzung einzelner Vermögensinteressen reicht also idR nicht aus.[353]

126 Eine **Vermögensgefährdung** ist unter Berücksichtigung der **Umstände des Einzelfalls**[354] anzunehmen, wenn der Eintritt eines Schadens als wahrscheinliche oder zumindest nahe liegende Möglichkeit erscheint. Eine unzureichende oder gar schädigende Vermögensverwaltung in der Vergangenheit[355] erfüllt den Gefahrbegriff ebenso wenig wie die bloße Möglichkeit einer künftigen Vermögensgefährdung.[356] In zweifelhaften Fällen muss eine eingehende Klärung des Vermögens- und Schuldenstandes gem. § 26 FamFG (§ 12 FGG aF) vorgenommen werden,[357] zunächst unter dem Aspekt, ob überhaupt Kindesvermögen vorhanden ist.[358]

127 **b) Die Regelbeispiele des Abs. 2. aa) Einordnung.** Um dem Familiengericht **Leitkriterien** zur Feststellung einer Vermögensgefährdung zu geben, hat der Gesetzgeber in Abs. 2 drei **Regelbeispielsfälle** eingeführt. Sie greifen im Wesentlichen die in § 1666 Abs. 3 aF und § 1667 Abs. 1 und 5 aF enthaltenen Eingriffsvoraussetzungen auf,[359] sind im Gegensatz dazu

---

[346] BayObLG FamRZ 1982, 640.

[347] OLG Hamm FamRZ 1974, 31.

[348] KG JFG 14, 426; *Palandt/Diederichsen* § 1626 RdNr. 19.

[349] *Staudinger/Coester* RdNr. 162.

[350] Zur Frage der vermögenssorgerechtlichen Behandlung nicht betriebsgebundener Einnahmen sowie zur Frage der Verfügungsbefugnis des Minderjährigen über die auf seinem Gehaltskonto eingehenden Beträge aus unselbständiger Arbeit oder Ausbildung vgl. § 1626 RdNr. 55 ff.

[351] BayObLG FamRZ 1991, 1339, 1340; 1989, 652 f.; 1994, 1191, 1192; *Erman/Michalski* RdNr. 23; Hk-FamR/*Hüßtege* RdNr. 16; KK-FamR/*Ziegler* RdNr. 36; *Palandt/Diederichsen* RdNr. 24; *Soergel/Strätz* § 1667 RdNr. 3; *Staudinger/Coester* RdNr. 163; RGRK/*Adelmann* § 1667 RdNr. 6.

[352] BayObLG ZBlJugR 1983, 302, 307; BayObLG FamRZ 1998, 450 zum Begriff des Kindeswohls; *Jansen,* § 27 FGG RdNr. 25; aA BayObLG FamRZ 1977, 144, 147.

[353] Vgl. auch AnwK-BGB/*Rakete-Dombek* RdNr. 19; sofern allerdings dadurch die Vermögenslage des Kindes insgesamt beeinträchtigt wird, genügt auch die Verletzung einzelner Interessen: KK-FamR/*Ziegler* RdNr. 38.

[354] BayObLG DAVorm. 1989, 153, 156.

[355] *Staudinger/Coester* RdNr. 163.

[356] BayObLG FamRZ 1999, 316, 317.

[357] Vgl. BayObLG Recht 1914 Nr. 2683 zu § 12 FGG aF.

[358] LG Münster DAVorm. 1981, 604.

[359] BT-Drucks. 13/4899 S. 97.

jedoch nicht abschließend. Nach der Neuregelung kommt dem Regelbeispielsfall „nur noch" eine **widerlegbare Indizwirkung** für eine Vermögensgefährdung zu, die jedoch **keine prozessuale Vermutungswirkung** begründet. Letztere widerspricht dem gem. § 26 FamFG (§ 12 FGG aF) im familiengerichtlichen Verfahren geltenden **Amtsermittlungsgrundsatz**. Die Eltern müssen also nicht beweisen, dass keine Vermögensgefährdung vorliegt.[360]

In **vergleichbaren Fällen** kann sie daher angenommen werden, auch ohne dass ein Regelbeispiel verwirklicht wurde.[361] Verbleiben Zweifel, so gibt allerdings die **Indizwirkung** des Abs. 2 uU den Ausschlag. 128

Die drei in Abs. 2 aufgeführten **Gefährdungsvarianten** stellen also **keine echten Tatbestandsvoraussetzungen** für familiengerichtliche Anordnungen zum Schutze des Kindesvermögens dar.[362] Bei der Gestaltung des neuen Abs. 2 hat sich der Gesetzgeber vielmehr für eine flexible Tatbestandsgestaltung durch Regelbeispiele entschieden, um ein Höchstmaß an **Einzelfallgerechtigkeit** zu erzielen. 129

Dies lassen sowohl der **Wortlaut** als auch die **amtliche Begründung** erkennen.[363] Das rechtsstaatliche Gebot, Eingriffe in das elterliche Sorgerecht auf notwendige Fallgestaltungen zu beschränken, spricht nicht gegen eine solche Auslegung.[364] 130

Die entgegengesetzte Betrachtungsweise verstößt gegen den **Willen des Gesetzgebers,** der durch das KindschaftsRG vom 16. 12. 1997 den Schutz der Kindesinteressen erweitern wollte.[365] Die offene Gestaltung des Tatbestandes mit Regelbeispielen erlaubt es, jegliche Vermögensgefährdung zu erfassen, ohne dass es einer ausufernden Kasuistik bedarf, vgl. RdNr. 143 ff. Ferner lässt sich allein auf diese Weise erklären, dass der Gesetzgeber bei der Einführung des Abs. 2 darauf verzichten konnte, die in § 1667 aF enthaltenen Beispielsfälle des **elterlichen Vermögensverfalls** und der **drohenden Verletzung von Vermögensbetreuungspflichten** in die Neufassung aufzunehmen.[366] 131

bb) Verletzung der elterlichen Unterhaltspflicht. Bei diesem Regelbeispiel ist grundsätzlich von einer Gefährdung des Kindesvermögens auszugehen. Damit stellt der Gesetzgeber klar, dass eine **Verletzung der Unterhaltspflicht** nicht nur zu einer Gefährdung des **Kindeswohls,** sondern auch zu einer **Vermögensbeeinträchtigung** führen kann. Die Neufassung betont den **Schutz des Kindesvermögens** stärker als Abs. 3 aF.[367] Der Schutz des **Kindeswohls** gegen eine aus der Verletzung der Unterhaltspflicht erwachsende Gefährdung wird jetzt ausschließlich über Abs. 1 gewährleistet.[368] Ob bei Verletzung der Unterhaltspflicht allein Maßnahmen zum Schutz des Vermögens oder darüber hinaus auch Anordnungen zum Schutz des Kindeswohls zu treffen sind, steht im **Ermessen des Gerichts.** 132

Das Regelbeispiel ist erfüllt, wenn der Schuldner den erforderlichen Unterhalt ganz oder teilweise nicht gewährt,[369] sofern es dadurch zu einer zukünftigen Gefährdung des Kindesvermögens kommt. Das Erfordernis **künftiger Gefährdung** folgt aus Abs. 1, wonach als Voraussetzung familiengerichtlichen Eingreifens die Eltern nicht gewillt oder in der Lage sein dürfen, die Gefahr abzuwenden.[370] Eine ausdrückliche Klarstellung dieser Tatsache iSd. Abs. 3 aF war daher überflüssig.[371] 133

---

[360] So früher *Palandt/Diederichsen* bis zur 66. Aufl. 2007 RdNr. 37; *Staudinger/Coester* RdNr. 165; wie hier *Zorn* RdNr. 323.

[361] *Staudinger/Coester* RdNr. 164; aA früher *Palandt/Diederichsen* 66. Aufl. 2007 RdNr. 37; PWW/*Ziegler* RdNr. 15.

[362] Zust. AnwK-BGB/*Rakete-Dombek* RdNr. 20; KK-FamR/*Ziegler* RdNr. 35; *Staudinger/Coester* RdNr. 164; aA *Palandt/Diederichsen* 66. Aufl. 2007 RdNr. 37 jetzt jedoch zust. *Palandt/Diederichsen* RdNr. 23.

[363] Vgl. BT-Drucks. 13/4899 S. 97.

[364] So früher aber *Palandt/Diederichsen* 66. Aufl. 2007 RdNr. 37, jetzt *Palandt/Diederichsen* RdNr. 23.

[365] BT-Drucks. 13/4899 S. 29.

[366] BT-Drucks. 13/4899 S. 97; *Staudinger/Coester* RdNr. 164; vgl. RdNr. 143.

[367] Vgl. *Bamberger/Roth/Veit* RdNr. 14.

[368] *Staudinger/Coester* RdNr. 166.

[369] KG RJA 8, 86, 88.

[370] *Schlüter* RdNr. 406; vgl. zu dieser Subsidiaritätsklausel RdNr. 116 ff.

[371] BT-Drucks. 13/4899 S. 97.

134 Geschützt wird der aus §§ 1601 ff., 1610 folgende **gesetzliche Unterhaltsanspruch** des Kindes gegen seine Eltern, auch wenn diese ihn vertraglich konkretisiert haben.[372] Dabei ist es belanglos, ob der Betreuungs- oder Barunterhalt nicht geleistet wird.[373] Eine Verletzung des Rechts auf Unterhaltsgewährung hat man zB auch darin gesehen, dass einem Jugendlichen, der ein eigenes Arbeitseinkommen erzielte bzw. eine Ausbildungsvergütung erhielt, aus diesen Einkünften keine für den Lebensbedarf ausreichenden Mittel zur Verfügung gestellt wurden.[374]

135 Aus dem **Umkehrschluss** zu den Voraussetzungen des Abs. 1 ergibt sich, dass es an einer Gefährdung des Unterhalts fehlt, wenn die Eltern künftig bereit und fähig sind, den Unterhalt zu leisten[375] oder dafür Sorge tragen, dass er durch die Unterbringung bei Pflegeeltern oder durch öffentliche Mittel gesichert wird.[376] Der Umstand allein, dass Dritte oder die öffentliche Hand von sich aus den Unterhalt des Kindes sicherstellen, reicht dagegen nicht aus.[377]

136 Erbringt allein ein Elternteil den Unterhalt, so verletzt der andere Teil seine entsprechende Verpflichtung erst, wenn er trotz **Aufforderung** nicht leistet.[378] Unterschiedlich beurteilt man, ob die verweigerte Unterhaltsleistung dann keine Verletzung des Kindesrechts darstellt, wenn der verpflichtete Sorgeberechtigte deshalb nicht zahlt, weil er erfolglos die **Herausgabe des Kindes** von einem betreuenden Dritten verlangt. Manche meinen, dass man vom Verpflichteten nicht verlangen könne, die Vorenthaltung des Kindes durch Unterhaltszahlungen zu unterstützen.[379] Damit wird dem Sorgeberechtigten ein Druckmittel zur Durchsetzung seiner Interessen an die Hand gegeben, obwohl das Kindeswohl uU geschädigt wird. Ein Kind bedarf aber eines gesicherten Unterhaltes unabhängig davon, ob ein Dritter seine Herausgabe ungerechtfertigt verweigert oder nicht. Statt ihm den Unterhalt zu verweigern, muss der unterhaltspflichtige Sorgerechtsinhaber vielmehr seinen Anspruch auf Herausgabe des Kindes gem. §§ 89 ff. FamFG (§ 33 FGG[380] aF) vollstrecken.[381]

137 Eine Unterhaltspflichtsverletzung wird ferner nicht dadurch ausgeschlossen, dass die Eltern **rechtsirrtümlich, aber entschuldbar** der Meinung sind, sie seien **nicht unterhaltspflichtig.**[382] Der Wille des Gesetzgebers, durch die Abschaffung überflüssiger Tatbestandshürden im Rahmen des Abs. 1 einen effektiveren Kindesschutz zu ermöglichen (vgl. RdNr. 4), muss auch bei der Auslegung der Regelbeispiele des Abs. 2 Beachtung finden.

138 Eltern, die ihre Unterhaltspflicht verletzen, legen ferner die **Vermutung** nahe, dass sie ihren Pflichten aus § 1649 nicht hinlänglich nachkommen, sondern vielmehr dazu neigen, das Kindesvermögen zu eigennützigen Zwecken zu verwenden. Dies darf andererseits nicht grundsätzlich unterstellt werden, sondern hängt im Einzelfall vom Umfang der Pflichtverletzung ab.[383]

139 **cc) Verletzung der mit der Vermögenssorge verbundenen Pflichten.** Die zweite Variante entspricht im Wesentlichen dem Tatbestand des § 1667 Abs. 1 aF (vgl. dazu

---

372 *Palandt/Diederichsen* RdNr. 26.

373 *Brüggemann* ZBlJugR 1980, 53, 68.

374 Vgl. KG JFG 14, 423, 26 f.; *Erman/Michalski* RdNr. 23; *Soergel/Strätz* RdNr. 47.

375 *Staudinger/Coester* RdNr. 169.

376 BayObLG DAVorm. 1989, 153, 155 f.; *Staudinger/Coester* RdNr. 168.

377 So auch *Bamberger/Roth/Veit* RdNr. 14.1; KK-FamR/*Ziegler* RdNr. 41; aA OLG Frankfurt/M. FamRZ 1983, 530 – gestützt auf die Entscheidung BayObLG DAVorm. 1981, 131, 136 f. u. OLG Düsseldorf DAVorm. 1977, 751 f., die aber zu § 1748 Abs. 1 und damit zur Frage nach einer „gröblichen" Pflichtverletzung ergangen sind.

378 KGJ 37, A 44 f.; BayObLG FamRZ 1964, 638 f.; *Soergel/Strätz* RdNr. 47, noch zu § 1666 Abs. 3 aF.

379 OLG Düsseldorf FamRZ 1968, 89, 90; OLG Hamm FamRZ 1973, 40, 41 f.

380 Vgl. zum Verfahren nach § 33 FGG aF BayObLG ZfJ 1996, 106, 107; *Gottschalk* FPR 2007, 308 f.

381 Im Ergebnis zustimmend, aber ohne nähere Begründung: *Staudinger/Coester* RdNr. 168.

382 So auch *Staudinger/Coester* RdNr. 167: Rechtsirrtum stets unbeachtlich; KK-FamR/*Ziegler* RdNr. 41: Rechtsirrtum nur beachtlich, wenn unvermeidbar; aA *Palandt/Diederichsen* 66. Aufl. 2007 RdNr. 41: Tatbestand nicht erfüllt bei entschuldbarem Irrtum; jetzt doch zust.: *Palandt/Diederichsen* RdNr. 26.

383 Zust. *Staudinger/Coester* RdNr. 169; aA wohl *Palandt/Diederichsen* 66. Aufl. 2007 RdNr. 41.

RdNr. 120). Die weggefallenen Gefährdungsmerkmale der drohenden Verletzung von Vermögenssorgepflichten und des elterlichen Vermögensverfalls werden von der Generalklausel des Abs. 1 erfasst[384] und bestehen als Fallgruppen außerhalb der Regelbeispiele weiterhin fort (vgl. im Einzelnen RdNr. 143 ff.).

Welche **Pflichten** mit der Vermögenssorge verbunden sind und welche Anforderungen ihre **ordnungsgemäße Wahrnehmung** stellt, regeln die §§ 1639–1646, 1649 (vgl. RdNr. 121). Nicht jeder Verstoß löst eine Vermögensgefährdung aus. Dies folgt aus der Ausgestaltung des Gefährdungsmerkmals als Regelbeispiel. Auf der Grundlage der zu § 1667 Abs. 1 aF ergangenen Rechtsprechung kann man aber davon ausgehen, dass in der Regel eine Vermögensgefährdung besteht, wenn das **Kindesvermögen vermindert** bzw. **ordnungswidrig verbraucht** wird.[385] Dies ist zB der Fall, wenn die Eltern den **Erlös aus dem Verkauf** eines dem Kind gehörenden Grundstücks für das Unternehmen des Vaters oder – unter Verstoß gegen § 1649 Abs. 1 – für den eigenen Unterhalt verwenden.[386] Gleiches gilt, wenn das Kindesvermögen dazu dient, **Schulden** der Eltern **zu tilgen** oder wenn ein **Sparguthaben** des Kindes von den Eltern **abgehoben** und das Geld für eigene Zwecke verwendet wird.[387] Das Kindesvermögen ist darüber hinaus regelmäßig bereits dann gefährdet, wenn die Eltern übliche Möglichkeiten der Vermögensmehrung nicht nutzen,[388] zB Geld nicht wirtschaftlich anlegen oder eine zulässige und angemessene **Mieterhöhung** bei der Vermietung bzw. Verpachtung von Grundstücken im Eigentum des Kindes nicht vornehmen.[389] In Zweifelsfällen muss das Gericht die Gefährdung durch eine eingehende Klärung des Vermögens- und Schuldenstandes gem. § 26 FamFG (§ 12 FGG aF) feststellen.[390] Ein Verstoß der Eltern gegen die Vermögenssorgepflichten kann, solange das Kind minderjährig ist, von diesem nicht gebilligt werden, so dass seine **Zustimmung unbeachtlich** bleibt.[391] 140

dd) Nichtbefolgung gerichtlicher Anordnungen. Nach der dritten Variante liegt eine Vermögensgefährdung vor, wenn die Eltern den praktisch wichtigen **Anordnungen** gem. § 1640 Abs. 1 und § 1667 Abs. 1–3 keine Folge leisten. Solche Maßnahmen werden jedoch regelmäßig erst erforderlich, wenn die Eltern ihre Vermögensbetreuungspflichten nicht freiwillig und ausreichend erfüllen. So setzt zB die häufig ergehende Anordnung eines **Vermögensverzeichnisses** gem. § 1640 Abs. 3 voraus, dass die Eltern es – entgegen ihrer Verpflichtung aus § 1640 Abs. 1 – nicht von sich aus errichtet haben. Die Nichterfüllung derartiger Verpflichtungen stellt also ein starkes Indiz für eine Vermögensgefährdung dar. 141

Maßnahmen auf Grund von § 1667 Abs. 1–3 setzen ihrerseits bereits eine **Vermögensgefährdung** iSd. Abs. 1 voraus, zB durch die Verletzung der Unterhaltspflicht. Wird etwa daraufhin gem. § 1667 Abs. 1 S. 1 ein Vermögensverzeichnis angeordnet und leisten die Sorgerechtsinhaber dieser Aufforderung nicht Folge, so kommt als nächster Schritt – auf der Grundlage des Abs. 1 – die Anordnung eines zumindest teilweisen **Entzuges der Vermögenssorge** in Betracht.[392] 142

ee) Sonstige das Kindesvermögen gefährdende Verhaltensweisen. Da Abs. 2 keine abschließende Regelung trifft, gibt es **weitere Fallgruppen** der Vermögensgefährdung. Praktisch bedeutsam sind dabei die in § 1667 Abs. 1 aF noch ausdrücklich normierten Tatbestände der **drohenden Verletzung von Vermögensbetreuungspflichten** und des **elterlichen Vermögensverfalls.** Die erstgenannte Gefährdungsursache macht deutlich, dass die Grenzen zwischen einer **drohenden** und einer **bereits verwirklichten** elterlichen 143

---

384 BT-Drucks. 13/4899 S. 97.
385 BayObLG DAVorm. 1989, 153, 156; FamRZ 1991, 1339, 1340; 1994, 1191, 1192.
386 OLG Frankfurt/M. FamRZ 1963, 453 f.; ähnlich KG Recht 1923 Nr. 1355.
387 BayObLG FamRZ 1989, 1215, 1216.
388 BayObLG DAVorm. 1989, 153, 156; so auch KK-FamR/*Ziegler* RdNr. 37.
389 BayObLG FamRZ 1983, 528, 530; vgl. auch *Staudinger/Coester* RdNr. 171.
390 Zu § 12 FGG aF vgl. BayObLG Recht 1914 Nr. 2683 u. RdNr. 126.
391 BayObLG FamRZ 1994, 1191, 1193.
392 *Palandt/Diederichsen* RdNr. 26.

Pflichtverletzung fließend sind, beide aber abgedeckt werden müssen, um keine Schutzlücken entstehen zu lassen.

144 Als **Regelbeispiele** kommen die Fallgruppen deshalb **nicht** in Betracht, weil ihnen **keine ausreichende Indizwirkung** für eine Vermögensgefährdung zukommt. Dies zeigt die Abschaffung des § 1670, der bestimmte, dass die Vermögenssorge mit Eröffnung des Konkursverfahrens über das elterliche Vermögen endete. Da nach Auffassung des Gesetzgebers selbst diese stärkste Form des Vermögensverfalls nicht mehr zwingend zum Ende der Vermögenssorge führt, wurde klargestellt, dass aus eigenem Vermögensverfall nicht mehr generell die Ungeeignetheit der Eltern zur Wahrung der Vermögensinteressen des Kindes folgt.[393] Dieser Gedanke gilt ebenso für die Verletzung von Vermögensbetreuungspflichten.

145 Die Rechtsprechung hat es allerdings als tatbestandsmäßige **drohende Verletzung der Vermögensbetreuungspflicht** angesehen, dass für einen in sehr beengten wirtschaftlichen Verhältnissen lebenden Elternteil auf Grund seiner Labilität (wegen Alkoholabhängigkeit) ein besonderer Anreiz bestand, das Kindesvermögen anzugreifen.[394] Steht nach Sachverhaltsaufklärung fest, dass eine hinreichende Pflichtverletzung droht, so sind familiengerichtliche Maßnahmen sogar schon dann möglich, wenn der Elternteil seine Vermögenssorgepflicht deshalb nicht verletzen konnte, weil ihm zB die Verwaltung des Kindesvermögens (noch) nicht zustand.[395]

146 Unter **Vermögensverfall** ist der fortschreitende Rückgang des elterlichen Vermögens zu verstehen, den zB **Wechselproteste,** fruchtlose **Vollstreckungen** oder die Abgabe einer **Offenbarungsversicherung**[396] indizieren. Das Familiengericht muss allerdings dennoch die Gefährdung des Kindesvermögens in jedem Einzelfall feststellen,[397] zB dadurch, dass das Kindesvermögen von den Gläubigern der Eltern angegriffen wird oder ihnen Zwangsvollstreckungsmaßnahmen drohen, die das Kindesvermögen in Mitleidenschaft ziehen können.[398] Dies wurde auch bejaht, wenn der Vermögenserwerb des Kindes erst künftig erfolgt, zB durch Erbfolge.[399]

147 **ff) Die Gefährdung des Kindesvermögens durch das Verhalten Dritter.** Auch diese Vermögensgefährdung wird von der Generalklausel des Abs. 1 erfasst. Allerdings stellt der durch das KindschaftsRG vom 16. 12. 1997 neu eingefügte Abs. 4 klar, dass das Familiengericht keine Maßnahmen gem. §§ 1666, 1667 **gegen** den **Dritten selbst** anordnen darf. Hier bleibt es nach der amtlichen Begründung bei den allgemeinen Vorschriften.[400]

148 **5. Subsidiarität.** Für Maßnahmen im Bereich der Vermögenssorge gilt ebenfalls als Voraussetzung, dass die Eltern nicht in der Lage oder willens sind, die Gefahr vom Kindesvermögen abzuwenden. Hierzu kann auf die Ausführungen zur Personensorge verwiesen werden, da insoweit keine Unterschiede bestehen (vgl. im Einzelnen RdNr. 116 ff.).

D. Die Rechtsfolgen des § 1666: Maßnahmen des Familiengerichts

I. Allgemeine Richtlinien für das gerichtliche Einschreiten

149 **1. Maßnahmenkatalog des Abs. 3.** Das Familiengericht hat nach Abs. 1 bei Gefährdung des Kindeswohls die zur Gefahrabwendung **erforderlichen Maßnahmen** zu treffen. Diese **offene Formulierung** eröffnet eine Vielfalt gerichtlicher Gestaltungsmöglichkeiten, die – mit

[393] BT-Drucks. 13/4899 S. 115 f.; *Staudinger/Coester* RdNr. 174.
[394] BayObLG ZBlJugR 1983, 302, 307.
[395] BayObLG ZBlJugR 1983, 302, 307.
[396] BayObLG FamRZ 1989, 1215, 1216.
[397] *Staudinger/Coester* RdNr. 174; *Palandt/Diederichsen* RdNr. 29.
[398] Vgl. RGRK/*Adelmann* § 1667 RdNr. 6.
[399] KG RJA 8, 90 f.
[400] BT-Drucks. 13/4899 S. 97; vgl. ferner § 1667 RdNr. 13 ff. zum praxisrelevanten Sperrvermerk für Bankkonten.

Ausnahme der Ersetzung der Erklärungen des Inhabers der elterlichen Sorge in Abs. 3 aF – früher nicht ausdrücklich genannt wurden.[401] Eine Konkretisierung erfolgt noch immer durch die ergänzenden Vorschriften § 1666 a und § 1667 sowie allgemeine Grundsätze.

a) Gesetzgeberische Erwägungen. Nachdem festgestellt wurde,[402] dass Familiengerichte häufig zu spät und dann überwiegend mit dem Ziel angerufen werden, den Eltern das Sorgenrecht zu entziehen,[403] während die Gerichte andere Gestaltungsmöglichkeiten nicht genügend nutzten, wurden die **Rechtsfolgen** des § 1666 im Zuge der letzten Gesetzesnovelle[404] **konkretisiert.** Durch exemplarische Aufzählung möglicher Maßnahmen in Abs. 3 nF wollte der Gesetzgeber klarstellen, welche Eingriffe unterhalb der Schwelle der Sorgerechtsentziehung möglich sind, um Jugendämtern und Familiengerichten die Breite des Handlungsspektrums zu verdeutlichen, damit weniger eingriffsintensive Maßnahmen ergriffen werden.[405] Dies sollte zum Zwecke effektiven Kinderschutzes eine frühzeitige Einschaltung der Familiengerichte veranlassen.[406] Damit ist in Zukunft uU mit einer Zunahme familiengerichtlicher Verfahren wegen Kindeswohlgefährdung zu rechnen.[407] Ob die beispielhafte Aufzählung solcher Schutzmaßnahmen, die bereits nach altem Recht möglich waren, aber tatsächlich zur Änderung der Praxis führen wird, bleibt abzuwarten.[408] 150

b) Kritik. ZT wurde im Zuge der Gesetzesänderung an Abs. 3 Kritik geübt, und zwar mit dem Argument, diese Neuerung führe zur Verschiebung der originären Verantwortung des Jugendamtes auf die Familiengerichte. Der Gesetzgeber hielt dem entgegen, dass die Wahrnehmung des Kindeswohlschutzes Jugendhilfeträger und Familiengericht als Verantwortungsgemeinschaft[409] gleichermaßen obliege.[410] Überdies biete der Maßnahmenkatalog nur eine Orientierung und unterstütze das Jugendamt. Davon werde weder der Verantwortungsbereich des Jugendamtes noch der des Familiengerichtes berührt.[411] Dem kann zugestimmt werden; eine Verschiebung von Verantwortlichkeiten geht mit Abs. 3 nicht einher. 151

2. Auswahlermessen: Ausrichtung am Kindeswohl. Die Vielfalt denkbarer Kindeswohlgefährdungen schließt schematisierte Gefahrenabwehrmaßnahmen aus. Deshalb räumt § 1666 dem Familiengericht ein **Auswahlermessen** ein.[412] Das Maßnahmenspektrum[413] reicht von **Ermahnungen, Ge- und Verboten** bis hin zur teilweisen oder vollständigen **Entziehung der Personensorge.** Sogar die **Trennung** des Kindes von der elterlichen Familie 152

---

[401] Neugefasst durch Gesetz zur Erleichterung familiengerichtlicher Maßnahmen bei Gefährdung des Kindeswohls v. 4. 7. 2008, BGBl. I S. 1188 ff.

[402] Von der Arbeitsgruppe „Familiengerichtliche Maßnahmen bei Gefährdung des Kindeswohls", der Experten aus den Familiengerichten, der Kinder- und Jugendhilfe und Vertreter betroffener Verbände angehörten. Diese Arbeitsgruppe wurde vor dem Hintergrund der besorgniserregenden Fälle von Kindesvernachlässigung und Kinder- und Jugenddelinquenz im März 2006 von der Bundesjustizministerin eingesetzt und veröffentlichte ihren Abschlussbericht am 17. 11. 2006.

[403] Nach Untersuchungen in der Praxis rufen Jugendämter das Familiengericht in 79,2% mit dem Ziel an, die elterliche Sorge ganz oder teilweise zu entziehen, während es nur in 4,2% der Fälle um eine Information des Gerichts oder ein Gespräch mit den Eltern und in 8,3% um die Anordnung einer niedrigschwelligen Maßnahme geht; vgl. BT-Drucks 16/6815 S. 9. Die Zahl der gestellten Anträge auf Sorgerechtsentzug stieg im Jahr 2007 verglichen mit dem Vorjahr um 18,5% und mit dem Jahr 2005 sogar um 30% an; vgl. Pressemitteilung des Statistischen Bundesamtes Nr. 261 vom 18. 7. 2008. Zu Zahlen daraufhin angeordneter Sorgerechtsentziehungen su. RdNr. 193.

[404] Gesetz zur Erleichterung familiengerichtlicher Maßnahmen bei Gefährdung des Kindeswohls v. 4. 7. 2008, BGBl. I S. 1188 ff.

[405] BT-Drucks. 16/6815 S. 11 f.; *Meysen* NJW 2008, 2673, 2674.

[406] Vgl. BT-Drucks. 16/6815 S. 6.

[407] BT-Drucks. 16/6815 S. 15.

[408] Dies bezweifeln *Rosenboom/Rotax* ZRP 2008, 1, 2; krit. auch *Zorn* RdNr. 325; *Röchling* FamRZ 2008, 1495, 1496, 1497.

[409] So auch *Ernst* FPR 2008, 602, 604.

[410] Zum Kinderschutz als Aufgabe von Jugendamt und Familiengericht vgl. auch *Wiesner* FPR 2007, 6, 8.

[411] BT-Drucks. 16/6815 S. 17.

[412] BayObLGZ 33 (1983), 231, 238; BayObLG DAVorm. 1983, 78, 82; 381, 385; 1984, 1048, 1054; FamRZ 1993, 229, 231; 1997, 956, 957; 1999, 318, 319; vgl. zB § 938 Abs. 1 ZPO. Zu den strukturellen Merkmalen richterlicher Gefahrenabwehr *Hinz* Kindesschutz S. 25 f.

[413] *Rünz* S. 11 ff.; Einzelheiten su. RdNr. 165 ff.

kommt in Betracht. Eine Grenze besteht darin, dass die richterliche Verantwortung nicht durch Entzug der Personensorge und Bestellung des Jugendamtes als Pfleger vollständig auf dieses verlagert werden darf. Dadurch entstünde im Widerspruch zum Gesetz eine Kompetenzverschiebung an die Exekutive. Deshalb muss der Richter zumindest die Grundrichtung der Gefahrenabwehrmaßnahme vorgeben,[414] also zB entscheiden, ob ein Kind in einem Heim untergebracht werden soll, das angemessene therapeutische Möglichkeiten anbietet. Die Auswahl der konkreten Einrichtung kann dann vom Jugendamt getroffen werden.[415]

153 Der Grundsatz der **Verhältnismäßigkeit** setzt dem Auswahlermessen weitere Grenzen, die vom Familiengericht zu beachten und für die Trennung des Kindes von der elterlichen Familie bzw. die Entziehung der gesamten Personensorge noch einmal gesondert in § 1666 a normiert sind.[416] Stets muss sich die gerichtliche Maßnahme am **Kindeswohl** orientieren. Das Kind hat ein Recht auf Lebensbedingungen, die ihm ein gesundes und ungefährdetes Aufwachsen ermöglichen.[417] Die Erkenntnis, dass einem Kind am besten in seiner eigenen Familie geholfen wird,[418] bedingt, dass der Staat **zunächst** für eine **Verbesserung der familiären Situation** zu sorgen hat,[419] sei es durch einfache Unterstützungsmaßnahmen wie etwa **Entlastung bei der Haushaltsführung,** sei es durch weitergehende Hilfen, zB die **sozialpädagogische Familienhilfe** gem. § 31 SGB VIII. Dass sich dabei der Blick auf die gesamte Familie und nicht nur auf das gefährdete Kind richtet, kommt auch in § 37 Abs. 1 SGB VIII zum Ausdruck und lässt sich mit den Worten **„Hilfe vor Eingriff“**[420] zusammenfassen.

154 Das Familiengericht hat zwei **Fehler** zu vermeiden, die sich aus dem Grundsatz der **Verhältnismäßigkeit** und der **Kindeswohlorientierung** ergeben können. Einerseits besteht die Gefahr, zum vermeintlich Besten des Kindes zu stark in die Familie einzugreifen und so den elterlichen Erziehungsvorrang aus Art. 6 Abs. 2 S. 1 GG ebenso wie die Kindesrechte zu verletzen. Andererseits dürfen nicht zur Wahrung der Elternrechte immer neue Therapie- und Hilfsversuche unternommen werden, die dem Kind über einen allzu langen Zeitraum hinweg geordnete Verhältnisse vorenthalten.[421] Gleiches gilt, wenn das Gericht zu lange zögert, das Kind endgültig anderweitig unterzubringen, um den Eltern die Chance zu geben, es zurück zu gewinnen.[422]

155 **3. Verhältnismäßigkeit. a) Allgemeines.** Alle Maßnahmen des Familiengerichtes müssen **verhältnismäßig** sein. Dies ordnet § 1666 a für die **Trennung des Kindes** von der elterlichen Familie und die **Entziehung der gesamten Personensorge** ausdrücklich an (§ 1666 a RdNr. 2). Aber auch im Übrigen verlangt die Formulierung in Abs. 1, das Familiengericht treffe die „erforderlichen“ Maßnahmen, den Verhältnismäßigkeitsgrundsatz zu beachten.[423] Nicht zuletzt ist er deshalb anwendbar, weil das Familiengericht bei Maßnahmen gem. Abs. 1 in die **Elternrechte** gem. Art. 6 Abs. 2 S. 1 GG bzw. die **Kindesrechte** gem. Art. 1, 2 GG eingreift, dh. in verfassungsrechtliche Positionen.[424] Denn der Umstand, dass das Gericht zum Wohl des Kindes handelt, ist keine Frage des Eingriffs an sich, sondern nur seiner Rechtfertigung.

---

414 Ausf. *Zenz* S. 362 ff.

415 Ebenso *Zenz* S. 366; zur eigenen Antragsbefugnis des Jugendamtes vgl. RdNr. 23.

416 *Zenz* S. 368; dazu RdNr. 165 sowie die Erläuterungen zu § 1666 a.

417 BVerfGE 24, 119, 145 = NJW 1968, 2233; vgl. RdNr. 42 ff.

418 *Simitis,* FS Müller-Freienfels, S. 579, 609: Der Konflikt betrifft alle Familienmitglieder, nicht nur das Kind.

419 Vgl. auch den Fall BVerfGE 60, 79 = NJW 1982, 1379; *Coester* FamRZ 1991, 253, 259. Zu einzelnen Maßnahmen zur Verbesserung der familiären Situation vgl. *Wiesner* SGB VIII § 37 RdNr. 22.

420 *Wiesner* SGB VIII § 37 RdNr. 2; *Coester* FamRZ 1991, 253, 259.

421 Hk-FamR/*Hüßtege* RdNr. 22; näher zu dieser Problematik § 1666 a RdNr. 3 f.

422 So KG FamRZ 1985, 526; OLG Frankfurt/M. FamRZ 1983, 531.

423 BT-Drucks. 8/2788 S. 59; allg. zur Verhältnismäßigkeit familiengerichtlicher Entscheidungen auch *Zenz* S. 368 ff.; *Weber* NJW 1997, 2787, 2792.

424 Vgl. zu nachteiligen Folgen eines gerichtlichen Eingriffs für das Kind OLG Hamm FamRZ 2000, 1239; zu verfassungsrechtlichen Anforderungen an Eingriffe in das Elternrecht aus Art. 6 Abs. 2 S. 1 GG vgl. BVerfG FamRZ 2002, 1021 ff.

Die **Verhältnismäßigkeitsprüfung** ist mit Blick auf die Kindesrechte einerseits und die Elternrechte andererseits **für beide Seiten getrennt** vorzunehmen. Sie unterscheidet sich hinsichtlich der Angemessenheit einer Maßnahme grundsätzlich: Auf **Seiten des Kindes** sind die Folgen gerichtlichen Handelns und die des Nicht-Eingreifens gegeneinander abzuwägen. Im Hinblick auf die **Eltern** stehen sich die Beeinträchtigung ihrer Rechte und die voraussichtliche Verbesserung der Kindessituation gegenüber. Am Ende hat die Abwägung stets **kindeswohlorientiert** zu erfolgen, vgl. § 1697 a.[425] Es ist bei einer Entscheidung gem. § 1666 nicht entscheidend, wer die Schuld daran trägt, dass zwischen den Eltern und ihrem Kind ein schwerwiegender Konflikt besteht.[426] 156

b) Die einzelnen Elemente des Verhältnismäßigkeitsgrundsatzes. Inhaltlich umfasst der Verhältnismäßigkeitsgrundsatz die Prüfung von **Geeignetheit, Erforderlichkeit** und **Angemessenheit**[427] einer Maßnahme.[428] 157

Auf die **Eignung** ist deshalb Rücksicht zu nehmen, weil andernfalls keine objektive Verbesserung der Kindessituation eintreten kann;[429] ungeeignete Maßnahmen sind also nicht erforderlich.[430] Deshalb verbieten sich zB die Entziehung (von Teilen) der Personensorge und die Trennung des Kindes von der Familie, wenn das Kind jegliche Erziehungshilfe verweigert und auch das Jugendamt keine Möglichkeit einer positiven Persönlichkeitsentwicklung sieht.[431] Stehen keine geeigneten Maßnahmen zur Verfügung, so folgt in teleologischer Reduktion des Tatbestandes, dass er keine Rechtsfolgen auslöst.[432] 158

Von mehreren denkbaren Maßnahmen ist nur diejenige **erforderlich,** die die **geringste Beeinträchtigung** mit sich bringt.[433] Dementsprechend darf den Eltern mit einem unumgänglichen Entzug der gesamten Personensorge nicht gleichzeitig auch die Vermögenssorge genommen werden, wenn dafür kein besonderer Anlass besteht.[434] Einer **Entziehung** des **gesamten** Personen- oder Vermögenssorgerechts geht der Entzug von **Teilbereichen,** zB des Aufenthaltsbestimmungsrechtes oder des Rechts der Umgangsbestimmung, vor.[435] Gegenüber dem Entzug von Teilbereichen kann die **Ersetzung einzelner Erklärungen** der Eltern gem. Abs. 3 vorrangig sein, zB bei der Verweigerung von Heileingriffen.[436] Das Gleiche gilt für **Verbleibensanordnungen** gem. § 1632 Abs. 4 bzw. § 1682. Die Letzteren bieten sich insbesondere anstelle eines Eingriffs in das Aufenthaltsbestimmungsrecht an.[437] Bei 159

---

425 *Staudinger/Coester* § 1666 a RdNr. 6; vgl. auch OLG Hamm DAVorm. 1991, 1079, 1087.

426 OLG Köln JAmt 2001, 247; EuGHMR FamRZ 2006, 1817.

427 Auch Verhältnismäßigkeit ieS; *Sachs* Art. 20 RdNr. 149 und *Palandt/Diederichsen* RdNr. 36; „Proportionalität".

428 Zum Verhältnismäßigkeitsgrundsatz vgl. *Sachs* Art. 20 RdNr. 145 ff., 149.

429 Geeignet und damit erforderlich können nur Maßnahmen sein, die die Kindessituation objektiv verbessern, so OLG Naumburg FamRZ 2002, 1274 ff.

430 BayObLG FamRZ 1997, 1108, 1109; *Zenz* S. 373 f.; *Wiesner* ZBlJugR 1981, 509, 517.

431 BayObLG FamRZ 1995, 948, 949 f.

432 *Staudinger/Coester* RdNr. 182.

433 Vgl. OLG Köln FamRZ 1995, 1027; OLG Karlsruhe NJW-RR 1994, 1229, 1230; *Sachs* Art. 20 RdNr. 152.

434 BayObLG FamRZ 1990, 1132, 1133; 1999, 179, 180 f.; 316, 317; NJW 1999, 293, 294; der Entzug beider Teilbereiche bedarf daher einer gesonderten Begründung, vgl. BayObLG FamRZ 1996, 1352; s. auch § 1667 RdNr. 3.

435 OLG Düsseldorf DAVorm. 1996, 902, 903; OLG Hamm FamRZ 1997, 1550; zum Aufenthaltsbestimmungsrecht vgl. OLG Celle FamRZ 2007, 1265; vgl. zu einzelnen, gegenüber der Entziehung der gesamten Personensorge milderen Maßnahmen § 1666 a RdNr. 13 ff.

436 Vgl. OLG Köln NJW-RR 2001, 221, 222; OLG Zweibrücken FamRZ 1999, 521; OLG Celle NJW 1995, 792; OLG Hamm NJW 1998, 3424; zur Ersetzung elterlicher Erklärungen bei Heileingriffen allg. *Dierks/Diederichsen* S. 97 ff. und RdNr. 77 ff. u. 191.

437 ZB BayObLG FamRZ 2001, 563; 1990, 1132, 1133; OLG Frankfurt/M. FamRZ 2000, 1037, 1038; OLG Hamm DAVorm. 1991, 1079, 1087 f.; FamRZ 1995, 1507, 1508; 1998, 447, 448; OLG Karlsruhe FamRZ 1994, 1544, 1545; *Siedhoff* FamRZ 1995, 1254, 1255; zu Grundrechtsverletzungen bei Pflegeeltern durch eine Ablehnung der Entziehung des Sorgerechts auf Seiten der leiblichen Eltern vgl. BVerfG FamRZ 1993, 1045. UU reicht allerdings eine Verbleibensanordnung nicht aus, die Kindeswohlgefährdung abzuwenden, so dass der Entzug des Aufenthaltsbestimmungsrechtes erforderlich ist, vgl. ausf. hierzu KG NJW-RR 2005, 878.

einer **Trennung** von den Eltern sollte im Hinblick auf die Erforderlichkeit der Maßnahme in Betracht gezogen werden, ob wenigstens die einzelnen **Geschwister** zusammen bleiben können.[438] **Kinder- und Jugendhilfeleistungen** sind uU im Verhältnis zur möglichen Maßnahme des Familiengerichtes das mildere Mittel. Das Problem liegt allerdings darin, dass das Jugendamt – wenngleich nach umstrittener Auffassung – mangels Anordnungskompetenz des Familiengerichtes nicht zu ihrer Durchführung verpflichtet werden kann.[439]

160 Die Prüfung der **Angemessenheit** der Maßnahme verlangt eine **Abwägung** zwischen dem angestrebten **Ziel,** dh. der Abwendung der Kindeswohlgefährdung, und dem erforderlichen **Eingriff** in die Eltern- bzw. Kindesrechte aus Art. 6 Abs. 2 S. 1 GG und Art. 1, 2 GG. Danach scheiden alle Maßnahmen aus, die die Eltern und das Kind stärker beeinträchtigen als die Untätigkeit des Familiengerichtes.[440] **Auf Seiten der Eltern** ist eine – kindeswohlorientierte (vgl. RdNr. 156) – Abwägung zwischen der Beeinträchtigung ihrer Rechte und der erzielbaren Verbesserung für das Kind vorzunehmen. **Auf Seiten des Kindes** hat das Familiengericht zu berücksichtigen, dass jegliche Maßnahme, zB die Trennung von den Eltern, erhebliche negative Konsequenzen in psychischer Hinsicht haben und damit auch eine Beeinträchtigung seiner Rechte nach sich ziehen kann.[441]

161 **4. Dauer.** Die Dauer familiengerichtlicher Maßnahmen hat sich ebenfalls am **Verhältnismäßigkeitsgrundsatz** (RdNr. 155 ff.) zu orientieren. Sie dürfen nur so lange aufrechterhalten werden, wie eine Gefahr für das Kindeswohl besteht, § 1696 Abs. 2, sie also zur ihrer Abwehr geeignet, erforderlich und angemessen sind. Wenn sich seit der Entscheidung entweder die tatsächlichen Verhältnisse geändert haben oder Umstände zutage treten, die eine andere rechtliche Beurteilung des Sachverhaltes erfordern, muss die Entscheidung abgeändert werden.[442] Die Überprüfung und eventuelle Aufhebung erfolgt gem. § 1696 **von Amts wegen.**[443] Eine **Befristung** oder **Bedingung** der Maßnahmen bereits bei Erlass **scheidet** demgegenüber aus Rechtssicherheitsgründen **aus.** Dagegen spricht die Tatsache, dass ein Ende der Gefährdung nicht mit Sicherheit vorhergesehen werden kann.[444] Bei der Überprüfung gem. § 1696 Abs. 2, 3 ist zu fragen, ob die Maßnahme nicht nach Wegfall der ursprünglichen Gefährdungsursache auf Grund anderer Umstände aufrechterhalten werden muss.[445]

162 **5. Folgen familiengerichtlicher Eingriffe.** Entzieht das Familiengericht den Eltern Teile des Sorgerechts, so hat es für die entsprechenden Angelegenheiten gem. § 1909 Abs. 1 S. 1 die **Ergänzungspflegschaft** anzuordnen, bei der Entziehung des gesamten Sorgerechts die **Vormundschaft** gem. § 1773 Abs. 1.[446] Wenn das Familiengericht nur die Personensorge, nicht aber die Vermögenssorge entzieht, kommt wiederum lediglich ein Pfleger in Betracht.[447] Bei Ausübung der elterlichen Sorge durch einen Vormund oder Pfleger gilt § 1666 über § 1837 Abs. 4 bzw. §§ 1915 Abs. 1, 1909 entsprechend.

---

[438] *Götzinger/Pechstein* ZfJ 1985, 477 ff.

[439] Vgl. RdNr. 175 ff. Zu milderen Maßnahmen gegenüber einer Entziehung der Personensorge insgesamt bzw. gegenüber der Trennung des Kindes von der elterlichen Familie vgl. auch § 1666 a RdNr. 13 ff. u. 23 f. Zum Verhältnis der beiden Maßnahmen untereinander s. ebenfalls § 1666 a RdNr. 7 f.

[440] Vgl. zB BGH NJW-RR 1996, 1264, 1265 f.; BayObLG FamRZ 1998, 1044, 1045; AG Fürth FamRZ 2001, 1089 f.

[441] *Zenz* S. 371; vgl. auch OLG Frankfurt/M. FamRZ 2001, 1086, 1087.

[442] BayObLG FamRZ 1997, 956.

[443] ZB BayObLG FamRZ 1990, 1132, 1134.

[444] BayObLG NJW 1952, 320; OLG Frankfurt/M. FamRZ 1974, 538, 540; OLG Karlsruhe FamRZ 2005, 1272; ebenso *Erman/Michalski* RdNr. 17; *Staudinger/Coester* RdNr. 195. Zur Problematik vorläufiger Maßnahmen RdNr. 208 u. RdNr. 234 ff.

[445] OLG Düsseldorf FamRZ 1992, 205; zum Fall der Entziehung des Aufenthaltsbestimmungsrechtes und Unterbringung des Kindes in einer Pflegefamilie vgl. OLG Stuttgart FamRZ 2005, 1273 f. sowie OLG Karlsruhe FamRZ 2005, 1501 f.

[446] Für die Bestellung und Überwachung des Pflegers bzw. Vormundes ist (ausschließlich) das Familiengericht (vor dem 1. 9. 2009: Vormundschaftsgericht) zuständig; vgl. hierzu OLG Karlsruhe FamRZ 2007, 742.

[447] BayObLG FamRZ 1997, 1553; 1999, 179, 181; 1999, 316, 318.

Sofern bei **gemeinsamer Sorge** nur einem Elternteil das Sorgerecht ganz oder teilweise entzogen wird, steht es gem. § 1680 Abs. 3 iVm. Abs. 1 dem anderen Elternteil allein zu. Allerdings stellt sich dann die Frage, ob der Sorgerechtsentzug bei einem Elternteil schon die Kindeswohlgefährdung abwendet, oder ob der andere Elternteil nicht einen so starken Einfluss ausübt, dass dem Sorgeberechtigten die Ausübung der elterlichen Sorge zum Wohle des Kindes unmöglich ist.[448] 163

Gesetzlich nicht eindeutig geregelt und daher umstritten ist der Fall, in dem einer gem. § 1626 a Abs. 2 BGB **alleinsorgeberechtigten Mutter** die elterliche Sorge völlig oder teilweise entzogen wird. Es stellt sich die Frage, ob der Vater des Kindes die elterliche Sorge bei Heirat mit der Mutter oder einer Sorgeerklärung nach § 1626 a Abs. 1 Nr. 1, 2 insgesamt oder nur in dem Umfang erhält, in dem sie die Mutter innehatte. Nach der sog. „Substanztheorie"[449] wird lediglich die Ausübung, nicht aber die elterliche Sorge als solche entzogen.[450] Demnach würde die Mutter also auch nach staatlichen Eingriffen auf der Grundlage des § 1666 die Substanz der elterlichen Sorge behalten und dem Vater durch die Sorgeerklärung zur uneingeschränkten Sorgeberechtigung verhelfen können.[451] Dagegen spricht aber die mangelnde Erwähnung der Entziehung elterlicher Sorge in § 1626 b Abs. 3. Sie zeigt, dass der Gesetzgeber im Falle eines (teilweisen) Sorgerechtsentzugs gem. § 1666 die Sorgeerklärung der Mutter als unwirksam ansieht, also offenbar davon ausgeht, dass ihr nicht nur die **Ausübung** der elterlichen Sorge **entzogen** wurde, sondern eben doch deren **Substanz.** Dogmatisch lässt sich diese Auffassung mit einem Vorrang des § 1666 gegenüber den §§ 1626 a–e erklären. Der Vater kann nach einem (teilweisen) Entzug des Sorgerechts der Mutter ein (unbeschränktes) Sorgerecht also weder durch Heirat noch durch Sorgeerklärung erlangen,[452] sondern nur über eine Entscheidung des Familiengerichts gem. § 1680 Abs. 3 Var. 2 iVm. Abs. 2 S. 2.[453] 164

II. Allgemeines zu den Maßnahmen

1. Im Bereich der Personensorge. Wegen des **Auswahlermessens** (vgl. RdNr. 152 f.) ist das Spektrum familiengerichtlicher Gefahrenabwehrmaßnahmen weit. Sie sind nicht inhaltlich abschließend darstellbar und sollten in der Praxis auch nicht durch Routine schematisiert werden.[454] Vielmehr ist jede Maßnahme unter Beachtung der aufgezeigten allgemeinen Grundsätze (vgl. RdNr. 152 ff.) und der Umstände des Einzelfalles zu bestimmen. U. a. sind **Ermahnungen, Ge- und Verbote** sowie echte **Eingriffe in die elterliche Sorge** möglich. Insoweit kommt der **Entzug** von Teilbereichen[455] der Personensorge oder sogar der gesamten elterlichen Sorge in Betracht. Dieser kann jedoch nur über eine Entscheidung bezüglich aller Teilbereiche erfolgen, da das Gesetz keine Grundlage für einen globalen Eingriff bietet.[456] Auch der **Umgang** kann über § 1666 geregelt werden.[457] **Ermahnungen** u. ä. dürften nur in den seltensten Fällen einen ausreichenden Kindesschutz 165

[448] Vgl. zur Beeinflussung des einen Elternteiles durch den anderen allg. BayObLG NJW 1999, 293, 294.

[449] Vgl. *Ollmann* JAmt 2001, 515, 516 mwN.

[450] So *Erman/Michalski* RdNr. 15; aA *Bamberger/Roth/Veit* RdNr. 23.

[451] Für ein ungeschmälertes Sorgerecht *Schulz* JAmt 2001, 411; *Staudinger/Coester* § 1626 a RdNr. 26.

[452] Überwiegende Auffassung, vgl. BGH NJW 2005, 2456, 2457 mwN; OLG Nürnberg FamRZ 2000, 1035, 1036 [zur Heirat]; KG JAmt 2003, 606 [zur Sorgeerklärung]; DIJuF-Gutachten JAmt 2001, 231, 233 u. 412; zweifelnd *Ollmann* JAmt 2001, 515.

[453] OLG Nürnberg FamRZ 2000, 1035; BGH NJW 2005, 2456, 2457: „Indem das Familiengericht der Mutter zuvor das Sorgerecht entzogen hatte, ohne es zugleich nach § 1680 Abs. 2 i. V. m. Abs. 3 BGB dem Vater zu übertragen, hat es auch über dessen Sorgerecht entschieden."

[454] Krit. dazu *Münder* FuR 1995, 89, 96 f.

[455] ZB BayObLG FamRZ 1999, 1154.

[456] BayObLG NJW 1999, 293, 294; FamRZ 1990, 1132, 1133; 1993, 846, 847; 1996, 1352; 1999, 316, 317.

[457] OLG Zweibrücken FamRZ 1999, 1161; OLG Hamm FamRZ 1997, 1550. Zum Fall der Anordnung eines zeitlich eingeschränkten begleiteten Umgangs eines Vaters mit dem Kind vgl. OLG Oldenburg FamRZ 2005, 925 ff. Den ungerechtfertigten Umgangsrechtsausschluss eines nichtsorgeberechtigten Vaters behandelt BVerfG FamRZ 2005, 1057.

gewährleisten.[458] Bei einer **Trennung** des Kindes von der elterlichen Familie und vollständiger Entziehung der **Personensorge** ist **§ 1666 a** zu beachten.[459] Der Schutz des Kindeswohls kann ferner **Maßnahmen** erfordern, die in den **kindesunabhängigen Persönlichkeitsbereich der Eltern** eingreifen,[460] zB das Verbot an ein Elternteil, den Partner einer außerehelichen Beziehung mit in den ehelichen Haushalt aufzunehmen.[461] Elterliches Privatleben und Erziehungsverhalten lassen sich kaum voneinander trennen; Eltern sind stets Vorbild ihrer Kinder.[462]

166 **2. Im Bereich der Vermögenssorge.** Auch im Bereich der Vermögenssorge folgt die familiengerichtliche Kompetenz zur Anordnung erforderlicher Gefahrenabwehrmaßnahmen aus Abs. 1. Das Gericht kann dabei (insbesondere) auf den Katalog des § 1667 Abs. 1–3 zurückgreifen (vgl. § 1667 RdNr. 1, 7 ff.). Daneben sind aber weitere Anordnungen zum Vermögensschutz möglich,[463] wobei in der Praxis die einschneidenden Maßnahmen des **teilweisen** oder **gänzlichen Entzugs der Vermögenssorge** im Vordergrund stehen.

167 Abs. 1 verlangt die **zur Gefahrenabwehr erforderlichen Maßnahmen.** Dem Familiengericht wird also auch hier **Auswahlermessen** eingeräumt;[464] wegen der Einzelheiten kann auf die Ausführungen zur **Personensorge** verwiesen werden (vgl. RdNr. 165). Vor dem KindschaftsRG vom 16. 12. 1997 brachte § 1667 Abs. 5 aF durch seine systematische Stellung zum Ausdruck, dass weniger einschneidenden Maßnahmen gem. § 1667 Vorrang vor dem Entzug der Vermögenssorge einzuräumen war. Diese Funktion hat nun § 1666 Abs. 2, 3. Var. übernommen,[465] der zunächst **gerichtliche Anordnungen** verlangt, allerdings nicht mit der Folge, dass der Entzug der Vermögenssorge diesen gegenüber subsidiär wäre. Seit dem Wegfall der Stufenfolge gefahrenabwehrender Maßnahmen durch das SorgeRG vom 18. 7. 1979 kann in schweren Fällen also sofort die Entziehung der Vermögenssorge angeordnet werden.[466]

III. Maßnahmenkatalog des Abs. 3

168 Die in Abs. 3 **Nr. 1–4** aufgezählten Maßnahmen betreffen die **Personensorge,** während das Gericht die in **Nr. 5–6** genannten **auch** im Bereich der **Vermögenssorge** anordnen kann.

169 Die **Ge- und Verbote** in Nr. 1-4 sind mit den Zwangsmitteln der **§§ 89 ff. FamFG** (§ 33 FGG aF) **vollstreckbar.**[467] Ihr Nichtbefolgen ist in aller Regel aber auch Anlass zur Prüfung weiterer gerichtlicher Interventionen.[468] Wird Maßnahmen nicht Folge geleistet, kann allerdings das Familiengericht die elterliche Sorge entziehen. Die sofortige Entziehung der elterlichen Sorge kommt nur in Betracht, wenn Grund zur Annahme besteht, dass weniger intensive Anordnungen zur Abwendung der Kindeswohlgefährdung nicht ausreichen.[469]

170 **1. Gebote zur Inanspruchnahme öffentlicher Hilfen, Nr. 1. a) Allgemeines.** Das Gericht kann nach Abs. 3 Nr. 1 das Gebot aussprechen, öffentliche Hilfen, zB **Leistungen der Kinder- und Jugendhilfe** (etwa Erziehungsberatung, soziale Trainingskurse, Kinder-

---

[458] *Staudinger/Coester* RdNr. 186; *Wiesner* ZBlJugR 1981, 509, 512; *Röchling* S. 243.

[459] Siehe Erläuterungen dort.

[460] Das wurde allerdings von BayObLG FamRZ 1993, 1350, 1351 im Ergebnis verneint.

[461] OLG Hamm JMBl. NRW 1962, 243.

[462] Näher zu dieser Problematik *Staudinger/Coester* RdNr. 190. Zu Maßnahmen mit Wirkung gegen Dritte sowie zur Ersetzung elterlicher Erklärungen s. RdNr. 206 f., 190 f. Zur Problematik vorläufiger Maßnahmen s. RdNr. 208 bzw. RdNr. 234 ff. Zur Trennung des Kindes von der elterlichen Familie und zum Entzug der gesamten Personensorge s. § 1666 a RdNr. 10 ff. u. 25 ff.

[463] *Schlüter* RdNr. 407.

[464] Vgl. OLG Neustadt a. d. Weinstraße MDR 1955, 479 f.

[465] BT-Drucks. 13/4899 S. 97.

[466] BT-Drucks. 8/2788 S. 60.

[467] Zu § 33 FGG aF krit. *Rosenboom/Rotax* ZRP 2008, 1, 2; *Röchling* FamRZ 2007, 431, 433.

[468] BT-Drucks. 16/6815 S. 12.

[469] BT-Drucks. 16/6815 S. 12.

tagesbetreuungsplatz) sowie der **Gesundheitsfürsorge** (Früherkennungs-/Vorsorgeuntersuchungen) in Anspruch zu nehmen. In Betracht kommen zudem sonstige Gebote, Weisungen und Auflagen wie etwa das Absolvieren eines Antigewalttrainings oder eines Kurses über Säuglingspflege.[470] Wie auch § 1666 a Abs. 1 S. 1 klarstellt, gilt der Grundsatz des **Vorrangs öffentlicher Hilfen** vor gerichtlichen Interventionen (vgl. § 1666 a RdNr. 3 ff.).

Mit Aufnahme dieser Maßnahmen in den exemplarischen Katalog des Abs. 3 beabsichtigte der Gesetzgeber eine frühzeitige und stärkere Einwirkung auf Eltern, um diese anzuhalten, öffentliche Hilfen zur Wiederherstellung ihrer Elternkompetenz in Anspruch zu nehmen.[471] So darf das Gericht die Eltern zB anweisen, **Früherkennungsuntersuchungen** vorzunehmen, um auf körperliche oder geistige Fehlentwicklungen des Kindes rechtzeitig zu reagieren.[472] Anzeichen einer Vernachlässigung oder sonstigen Form der Kindeswohlgefährdung werden so bereits früh erkannt. In Fällen, in denen das Kind verglichen mit Gleichaltrigen deutliche Entwicklungsstörungen aufweist, kann das Gericht etwa die Weisung erteilen, eine **Erziehungsberatung** oder einen **Kindergartenplatz** anzunehmen.[473] 171

b) Leistungen der Kinder- und Jugendhilfe, SGB VIII. Grundsätzlich ergänzen die Leistungen der Kinder- und Jugendhilfe nach dem 8. Buch des SGB (KJHG) § 1666 und sollen der **Wiederherstellung der elterlichen Kompetenz** auf freiwilliger Basis dienen, bevor es zur Kindeswohlgefährdung kommt (ausf. RdNr. 22 f.). Auch wenn eine solche bereits gegeben ist, kann das Gericht den Eltern gebieten, Leistungen der Kinder- und Jugendhilfe, insbesondere die **Hilfe zur Erziehung** nach **§§ 27 ff. SGB VIII,**[474] in Anspruch zu nehmen. Somit besteht nicht nur die Möglichkeit, Hilfen anzubieten, sondern auch vom Familiengericht anordnen zu lassen. 172

aa) Allgemeines. Die für die Abwehr von Kindeswohlgefahren maßgeblichen Leistungen der Kinder- und Jugendhilfe finden sich in erster Linie in den **§§ 11–40 SGB VIII.**[475] Praktisch sind die öffentlichen Hilfen jedoch in der Regel bereits vor dem familiengerichtlichen Eingriff gescheitert.[476] Der Grund liegt darin, dass der Anspruch des Personensorgeberechtigten auf **Hilfe zur Erziehung,** § 27 Abs. 1 SGB VIII, weitaus geringere Erfordernisse hat als ein Eingriff auf Grund einer Kindeswohlgefährdung iSd. Abs. 1.[477] Das für die öffentlichen Hilfen zuständige **Jugendamt** ist bzgl. der im Vorfeld des gerichtlichen Verfahrens erbrachten Leistungen gem. § 50 Abs. 2 SGB VIII **berichtspflichtig.**[478] Da es ein **Auswahlermessen** hat, beschränkt sich die Prüfungspflicht des Gerichtes auf Ermessensfehler und die Frage einer Verletzung von Mitwirkungsbefugnissen der Personensorgeberechtigten. Im Übrigen schafft das Gericht die nötigen sorgerechtlichen Voraussetzungen für die Durchführung der Jugendhilfemaßnahmen.[479] 173

Selbst wenn die Gefahr für das Kindeswohl nur durch familiengerichtliche Eingriffe abzuwenden ist, kommt der **Kinder- und Jugendhilfe** uU erhebliche Bedeutung zu. Sofern das Kind zB von seiner Familie getrennt werden muss, ist der Staat verpflichtet, 174

---

[470] Vgl. *Ernst* FPR 2008, 602, 604, der in diesem Zusammenhang problematisiert, ob das Familiengericht einem Elternteil die Auflage aussprechen kann, sich einer Therapie zu unterziehen.

[471] BT-Drucks. 16/6815 S. 6.

[472] BT-Drucks. 16/6815 S. 12. Untersuchungen zur Früherkennung von Krankheiten, die die – körperliche oder geistige – Kindesentwicklung gefährden, stellen ein Angebot des Gesundheitswesens dar, um kindliche Fehlentwicklungen frühzeitig zu erkennen und ihnen durch vorbeugende Maßnahmen zu begegnen, vgl. BT-Drucks. 16/6815 S. 18.

[473] Vgl. BT-Drucks. 16/6815 S. 12.

[474] Vgl. dazu *Wiesner* FPR 2008, 608, 610 ff.

[475] Einen Überblick über das SGB VIII – meist nach dem Gesetz zu seiner Einführung als KJHG bezeichnet – und die einzelnen Hilfsmaßnahmen gibt *Wiesner* FuR 1990, 325, 329 ff.; *ders.* FPR 2007, 6 ff.; vgl. auch *Eichenhofer* JuS 1992, 279; *Ollmann* FamRZ 1992, 388; *Wiesner* FPR 2008, 608, 609 ff. Zum Verhältnis zwischen Hilfen nach dem SGB VIII und familiengerichtlichen Maßnahmen nach § 1666 vgl. *Münder* FPR 2003, 280 ff.

[476] Vgl. zB BayObLG FamRZ 1995, 502, 503; NJW 1999, 293.

[477] *Wiesner* SGB VIII § 27 RdNr. 18; *ders.* FPR 2007, 6, 11.

[478] Zur Berichtspflicht vgl. *Röchling* ZfJ 2004, 257, 258.

[479] AG Kamen DAVorm. 1995, 996, 999 f.

helfende Nachsorge zu betreiben, dh. die Herkunftsfamilie des Kindes möglichst so weit zu stabilisieren, dass das Kind zurückkehren kann,[480] vgl. §§ 37 Abs. 1, 33 S. 1, 34 Nr. 1 SGB VIII. Dort wird ihm am Besten geholfen, allerdings nur, soweit die Erfolgsaussichten entsprechender Maßnahmen innerhalb eines vertretbaren Zeitraumes eintreten können. Andernfalls muss das Kind eine dauerhafte Lebensperspektive – außerhalb seiner Ursprungsfamilie – erhalten, § 37 Abs. 1 S. 2–4 SGB VIII. Das Familiengericht hat die Eltern ggf. zur Annahme der entsprechenden Hilfen anzuhalten oder sogar zu verpflichten,[481] solange dies nicht der notwendigen Freiwilligkeit bei der Inanspruchnahme der Leistungen[482] zuwider läuft. Zudem besteht gem. Abs. 3 die Möglichkeit, den Elternantrag, § 27 SGB VIII, zu ersetzen oder den Eltern das Antragsrecht zu entziehen.[483]

175 **bb) Anordnungskompetenz des Familiengerichts gegenüber dem Jugendamt.** Ergibt sich im familiengerichtlichen Verfahren bei der **Verhältnismäßigkeitsprüfung** der Maßnahme, dass als mildere Mittel zur Abwendung der Gefahr für das Kindeswohl Leistungen der Kinder- und Jugendhilfe in Betracht kommen, so stellt sich die Frage nach der **Anordnungskompetenz** des Gerichtes. Vertritt das Jugendamt eine andere Meinung als dieses oder findet es sich zur Durchführung aus finanziellen, tatsächlichen oder sonstigen Gründen nicht bereit, so müsste der Richter ohne entsprechende Befugnisse den härteren und somit grds. unverhältnismäßigen Eingriff wählen. Dies widerspricht dem verfassungsrechtlich verbürgten Verhältnismäßigkeitsprinzip.[484] Als Lösungen kämen einerseits eine **Anordnungskompetenz des Familiengerichts** gegenüber dem Jugendamt,[485] andererseits die **Verpflichtung der Sorgeberechtigten** durch das Familiengericht, **selbst** gegen das Jugendamt – uU im Wege vorläufigen Rechtsschutzes – vorzugehen in Betracht, um so die entsprechende Maßnahme zu erzwingen.[486]

176 Eine **Anordnungskompetenz** des Familiengerichts gegenüber dem Jugendamt bedürfte aber wegen des **Gewaltenteilungsprinzips** und der Garantie **kommunaler Selbstverwaltung** gem. Art. 28 GG[487] einer **Rechtsgrundlage,** unabhängig davon, ob man sie auf Normen beschränken will, die als Muss- oder Sollvorschriften einen Anspruch bzw. einen sog. „Regelrechtsanspruch"[488] der Begünstigten begründen[489] oder nicht. Eine entsprechende Vorschrift fehlt jedoch, und mangels Bestimmtheit kann eine derartige Regelung auch nicht aus § 1666 a, sei es selbst in Verbindung mit dem staatlichen Wächteramt,[490] oder durch Auslegung anderer Vorschriften gewonnen werden.[491]

177 Ein Handeln des Jugendamtes ist somit nur über **verwaltungsgerichtliche Schritte der Sorgeberechtigten** selbst erzwingbar.[492] Sollten diese dazu unwillig oder unfähig sein, muss das Familiengericht die **Personensorge** in entsprechendem Umfang **entziehen** und auf

[480] OLG Oldenburg FamRZ 1981, 811, 813; OLG Hamm FamRZ 1983, 647, 648; DAVorm. 1986, 806, 807; OLG Köln FamRZ 1996, 1027; BayObLG ZBlJugR 1983, 308, 311; NJW 1992, 1971, 1972; LG Bochum ZfJ 1993, 212 f.; *Heilmann* ZfJ 2000, 41, 45.

[481] *Röchling* S. 239 f.

[482] *Münder u. a.,* Frankfurter LPK-KJHG, 4. Aufl. 2003, Einl. RdNr. 10; *Röchling* S. 220.

[483] BayObLG FamRZ 1995, 502, 503; 1997, 572; zu den Konsequenzen einer Entziehung des Aufenthaltsbestimmungsrechtes für die Beantragung/Inanspruchnahme von Leistungen nach dem SGB VIII vgl. OLG Düsseldorf FamRZ 1997, 105; LG Darmstadt FamRZ 1995, 143.

[484] Dazu *Sachs* Art. 20 RdNr. 145 ff.

[485] OLG Frankfurt/M. DAVorm. 1993, 943 m. Anm. *Dickmeis; Erman/Michalski* RdNr. 15; *Coester* FamRZ 1991, 253, 260; verneinend *Staudinger/Coester* § 1666 a RdNr. 13; *Röchling* ZfJ 2004, 257, 260.

[486] *Wiesner* SGB VIII Vor § 27 RdNr. 31, 34; *ders.* ZBlJugR 1981, 509, 512 ff.; *Röchling* S. 238 ff.; *Rünz* S. 150 ff.; *Happe* Jugendwohl 1994, 92.

[487] Zu diesen beiden Aspekten vgl. *Rünz* S. 120 ff., 128 ff. u. 122 f., 145 ff., allerdings einen Eingriff in Art. 28 GG verneinend.

[488] Begriff nach *Münder* ZfJ 1991, 285, 288.

[489] So aber *Hinz* Kindesschutz RdNr. 53 a ff.

[490] So aber *Coester* FamRZ 1991, 253, 260.

[491] Eine ausführl. und abl. Auseinandersetzung mit dem nicht mehr geltenden § 48 c JWG sowie § 1666 a findet sich bei *Rünz* S. 127 ff.; ebenfalls *Röchling* S. 238 ff.; *Wiesner* ZBlJugR 1981, 509, 512 ff.; auch praktische Probleme berücksichtigend *ders.* SGB VIII Vor § 27 RdNr. 32, 34.

[492] Vgl. *Wiesner* SGB VIII Vor § 27 RdNr. 31; *Röchling* S. 239.

einen **Pfleger** übertragen, der die etwaigen Ansprüche geltend macht. Mangels Ermächtigungsgrundlage liegt darin die einzige Lösung, auch wenn sie umständlich erscheint.[493] Praktisch einfacher ist die vom Gesetz ua. in § 50 SGB VIII vorgesehene **kooperative Zusammenarbeit** zwischen Jugendamt und Familiengericht,[494] zu der beide gemeinsam auf Grund der staatlichen Wächteraufgabe aus Art. 6 Abs. 2 S. 2 GG verpflichtet sind.[495]

c) Leistungen der Sozialhilfe, SGB XII. Unter „öffentliche Hilfen" iSd. Abs. 3 Nr. 1 178
fallen neben den ausdrücklich Genannten auch Leistungen der Sozialhilfe, die (mittelbar) zur Abwehr von Gefahren für das Kindeswohl geeignet sind.[496] Der Gesetzgeber hat das gebotene Mittel nicht vom Aufwand, sondern allein vom Elternrecht und Kindeswohl abhängig gemacht.[497] In Betracht kommt ua. die **Unterstützung bei der Haushaltsführung** gem. § 70 SGB XII[498] (vgl. auch §§ 20 SGB VIII, 38 SGB V), die gem. Abs. 2 die **Betreuung von Haushaltsangehörigen,** also von betroffenen Kindern, einschließt, zB durch Säuglingspflege, Beaufsichtigung der Schulaufgaben und die Versorgung mit regelmäßigen Mahlzeiten.[499] Derartige Hilfen sind insbesondere bei **Vernachlässigung** des Kindes eine Alternative zur Trennung von der Familie.

2. Gebote zur Sorge um die Einhaltung der Schulpflicht, Nr. 2. Gem. Abs. 3 179
Nr. 2 kann das Familiengericht Gebote aussprechen, um für die Einhaltung der Schulpflicht zu sorgen. In Betracht kommt zum einen die Auflage an die Eltern, Kontakt zu den Lehrern aufzunehmen. Ebenfalls zulässig erscheint das Gebot, das Kind regelmäßig zur Schule zu bringen.[500] Ob die verbindliche Anweisung des Gerichts geeignet ist, die Kindeswohlgefährdung zu beenden, wird bezweifelt.[501] Die mögliche Durchsetzung der angeordneten Gebote mit den Zwangsmitteln der §§ 89 ff. FamFG (§ 33 FGG aF) räumt diese Zweifel kaum aus. Die in § 89 Abs. 3 FamFG (§ 33 Abs. 3 S. 2 FGG aF) vorgesehene **Androhung und Festsetzung eines Zwangsgeldes** von bis zu 25 000 € führt bei Familien, die überdurchschnittlich häufig in schwierigen wirtschaftlichen Verhältnissen leben, nicht unbedingt zu einer großen Akzeptanz gerichtlicher Weisungen. Das Zwangsgeld lässt sich auch nicht in Haft umwandeln, wenn es nicht beizutreiben ist.[502] Entscheidend für die Wirksamkeit niederschwelliger Gebote bleibt damit vielmehr der Zeitpunkt der Anweisungen. Wird das Gericht erst nach langer, erfolgloser Intervention durch das Jugendamt eingeschaltet, dient auch das in § 157 FamFG (§ 50 f FGG aF) vorgesehene Erziehungsgespräch nur noch selten als Warnung an die Eltern. Dieses Gespräch, an dem Richter, Eltern, Jugendamt und in geeigneten Fällen auch das Kind teilnehmen sollen und das über die öffentlichen Hilfen, aber auch die Folgen ihrer Nichtannahme aufklärt, hilft nur, wenn es zeitnah erfolgt, nachdem der Schulbesuch abbricht oder unregelmäßig wird. Zu begrüßen ist deshalb das ins Gesetz aufgenommene Beschleunigungsgebot des § 50 e FGG aF,[503] nunmehr geregelt in

---

[493] Kritik in der 3. Aufl. RdNr. 53 a.

[494] Konflikte und Abstimmungsdefizite zwischen Familiengerichten und Jugendhilfe beklagt *Meysen* JAmt 2002, 277. Mit dem Verhältnis von Jugendämtern und Familiengerichten – insbesondere auch in tatsächlicher (nicht rechtlicher) Hinsicht – beschäftigen sich *Münder/Mutke/Schone,* Kindeswohl zwischen Jugendhilfe und Justiz, Münster 2000; s. dazu *Meysen* JAmt 2001, 330. Zur Mitwirkung des Jugendamtes im Verfahren vgl. ferner *Lohrentz* KindPrax 2001, 43, 46 f. *Ernst* FPR 2008, 602, 604 beschreibt das Verhältnis zwischen Familiengericht und Jugendamt als „Verantwortungsgemeinschaft in Rollenklarheit".

[495] Dazu auch *Wabnitz* ZfJ 2000, 336, 343; *Wiesner* SGB VIII Vor § 27 RdNr. 35.

[496] Vgl. noch zu der unter dem BSHG geltenden Rechtslage *Rünz* S. 85.

[497] BT-Drucks. 8/2788 S. 60.

[498] Früher § 70 BSHG: Zum 1. 1. 2005 wurden die Bestimmungen des bis dahin geltenden Bundessozialhilfegesetzes (BSHG) im Zuge des Gesetzes zur Einordnung des Sozialhilferechts in das Sozialgesetzbuch (BGBl. 2003 I S. 3022) durch die Vorschriften des SGB XII abgelöst.

[499] *Schellhorn/Schellhorn/Hohm/H. Schellhorn* § 70 BSHG RdNr. 11; *Wiesner* ZBlJugR 1981, 509, 516; weitere Maßnahmen bei *Rünz* S. 85 ff.

[500] *Ernst* FPR 2008, 602, 604.

[501] Zu § 33 FGG aF krit. *Röchling* FamRZ 2007, 431 ff.; *Rosenboom/Rotax* ZRP 2008, 1 ff.

[502] BayObLG FamRZ 1993, 823; *Zimmermann,* in: *Keidel/Kuntze/Winkler* § 33 FGG RdNr. 20.

[503] Durch Gesetz zur Erleichterung familiengerichtlicher Maßnahmen bei Gefährdung des Kindeswohls v. 4. 7. 2008, BGBl. I S. 1188 ff.

§ 155 FamFG, wonach ein Erörterungstermin bei Kindeswohlverfahren spätestens einen Monat nach Beginn des Verfahrens stattfinden muss. Die Position des Jugendamtes wird durch den 2005 in Kraft getretenen § 8a SGB VIII[504] gestärkt, der bereits bei **Anhaltspunkten** für die **Gefährdung** des Kindeswohls erlaubt, das Familiengericht einzuschalten. Bei rechtzeitiger und enger Zusammenarbeit von Schulen, Jugendamt und Familiengerichten führen weniger eingriffsintensive Gebote des Gerichts eher zum Erfolg als Zwangsgeld, das regelmäßig nicht bezahlt werden kann.[505]

180 Erweisen sich niederschwellige Maßnahmen als ungeeignet, um den Schulbesuch zu normalisieren oder hält sie das Gericht – etwa bei vollständiger Schulverweigerung aus religiösen oder weltanschaulichen Gründen – von vornherein für unangemessen, ist zunächst ein **einstweiliger Teilsorgerechtsentzug** geboten. In diesen Fällen wird ein **Ergänzungspfleger** mit dem Wirkungskreis der „Sicherstellung der Beschulung und Ausbildung" bestellt.[506] Das weitere Vorgehen hängt von der Kooperationsbereitschaft der Eltern ab.

181 **3. Nutzungs- und Aufenthalts- sowie Kontaktverbote, Nr. 3, 4. a) Allgemeines.** Abs. 3 Nr. 3 und 4 übernehmen die Rechtsfolgen des § 1 Abs. 1 S. 3 Nr. 1–5 GewSchG. Der leicht abweichende Wortlaut ist auf redaktionelle Änderungen zurückzuführen, während in der Gesetzesbegründung ausdrücklich angegeben wird, die Rechtsfolgen seien dem Gewaltschutzgesetz entnommen.[507] Wie § 1 GewSchG dienen daher auch die Maßnahmen in Abs. 3 Nr. 3 und 4 dem präventiven zivilrechtlichen Schutz für Opfer von Gewalttaten, Bedrohungen oder Nachstellungen, wobei unter „Opfer" nach Sinn und Zweck von § 1666 aber nur Kinder zu verstehen sind.

182 Das Familiengericht hat durch Nr. 3 und 4 bereits ein weites Maßnahmenspektrum und ist dabei im Gegensatz zum Gewaltschutzgesetz auch **nicht an den Antrag** des Opfers gebunden. Unter Beachtung des Grundsatzes der Verhältnismäßigkeit muss bei mehreren möglichen Maßnahmen diejenige eintreten, durch die der Wiederholungsgefahr am ehesten begegnet wird und die gleichzeitig am wenigsten in die Rechte des Täters eingreift.

183 Soweit diese Anordnungen das Umgangsrecht des Elternteils bzw. des Kindes beschränken, sind zusätzlich die Voraussetzungen des § 1684 Abs. 4 zu beachten.[508]

184 **b) Wohnungsausweisung, Nr. 3. aa) Allgemeines.** Nach Abs. 3 Nr. 3 darf das Familiengericht das Verbot erlassen, vorübergehend oder auf unbestimmte Zeit die Familienwohnung oder eine andere Wohnung zu nutzen. Diese sog. **„Wegweisung"** (auch „go-order" genannt) eines gefährdenden Erwachsenen aus dem Umfeld des Kindes war bereits vor Änderung des § 1666[509] als Maßnahme nach Abs. 1 bzw. 4 möglich. Der Gesetzgeber hatte die Wohnungsausweisung sogar schon 2002 in § 1666 a aufgenommen.[510] Dies bot sich in systematischer Hinsicht deshalb an, weil § 1666a im Gegensatz zu § 1666 schon damals konkrete Maßnahmen auflistete.[511] Ziel der Aufnahme ins Gesetz war – ähnlich wie heute – nicht die Erweiterung des Maßnahmenkatalogs, sondern eine Bewusstseinsänderung der gerichtlichen Praxis. Nach Auffassung des Gesetzgebers machten die Gerichte nämlich von der Wohnungsausweisung zu wenig Gebrauch.[512] Der Schutz des Kindes wurde vielmehr durch Trennung und Unterbringung des Kindes in einem Heim oder einer Pflegefamilie realisiert.[513]

---

[504] Ausf. zu § 8a SGB VIII vgl. *Wiesner* FPR 2007, 6, 9 ff. sowie *Trenczek* S. 173 ff.

[505] Vgl. auch *Raak* FPR 2007, 478 ff.

[506] OLG Koblenz NJW-RR 2005, 1164; OLG Brandenburg NJW 2006, 235; Brühler Schriften zum FamR, 16. Dt. Familiengerichtstag, Bd. 14, 2006, S. 134 ff.; *Raak* FPR 2007, 478 ff.; *Meysen* NJW 2008, 2673, 2674.

[507] BT-Drucks. 16/6815 S. 11.

[508] BT-Drucks. 14/8131 S. 9; *Janzen* FamRZ 2002, 785, 789.

[509] Durch Gesetz zur Erleichterung familiengerichtlicher Maßnahmen bei Gefährdung des Kindeswohls v. 4. 7. 2008, BGBl. I S. 1188 ff.

[510] Im Zuge des Gesetzes zur weiteren Verbesserung von Kinderrechten v. 9. 4. 2002, BGBl. I S. 1239 ff.

[511] BT-Drucks. 14/8131 S. 9.

[512] BT-Drucks. 14/8131 S. 8.

[513] BT-Drucks. 14/8131 S. 8.

Auch die Neufassung des § 1666[514] und Aufnahme der Wegweisung in Abs. 3 Nr. 3 soll nach Ansicht des Gesetzgebers die Richter zur Ausschöpfung ihres Handlungspotenzials anregen.[515] Ob dieses Ziel erreicht wird, lässt sich zum jetzigen Zeitpunkt noch nicht beurteilen. Zweifel begründet die Tatsache, dass seit Aufnahme der Ausweisung in § 1666 a kein signifikanter Anstieg gerichtlicher Wegweisungen von Elternteilen zu verzeichnen ist. Zudem wird beobachtet, dass die mit dem Kind zurückbleibende Person eine solche familiengerichtliche Maßnahme häufig nicht unterstützt oder auch nur akzeptiert, weil sie sich nicht von ihrem Partner trennen will.[516] 185

bb) Adressaten. Die gerichtliche Wohnungsausweisung kann sich zunächst gegen einen Elternteil richten und diesem die Nutzung der Familienwohnung untersagen. Aber auch Dritte, zB Lebensgefährten, Verwandte oder auch Außenstehende sind taugliche Adressaten einer derartigen Anordnung.[517] Sie dürfen nicht nur aus der von dem Kind mitbenutzten Wohnung, sondern darüber hinaus auch einer von dem Kind gar nicht frequentierten Wohnung (zB im selben Haus oder in der Nachbarschaft) verwiesen werden, sofern sie von dort aus das Kindeswohl gefährden (ausf. s. u. RdNr. 209 f.). 186

cc) Dauer. Die Ausweisung ist „vorübergehend" oder „auf unbestimmte Zeit" auszusprechen. Die Dauer orientiert sich an Verhältnismäßigkeitserwägungen und hängt davon ab, ob die Chance auf eine Normalisierung der Verhältnisse besteht. Eine befristete Wohnungsausweisung bietet sich auch im Falle einer negativen Zukunftsprognose an, um eine anderweitige Lösung, zB eine Fremdunterbringung des Kindes, vorzubereiten. Nach § 1666 a Abs. 1 S. 3 soll bei der Bemessung der Dauer einer Maßnahme insbesondere berücksichtigt werden, ob dem Betroffenen ein dingliches oder mietvertragliches Nutzungsrecht an der Wohnung bzw. dem Grundstück zusteht. Ist der Auszuweisende Eigentümer oder sonst dinglich Berechtigter, scheidet den Gesetzesmaterialien zufolge eine „Wegweisung" auf unbestimmte Zeit „grundsätzlich" aus.[518] In einem solchen Fall muss dem Kind und dem mit ihm verbleibenden Elternteil vielmehr mittel- bzw. langfristig zugemutet werden, eine neue Wohnung zu suchen, wenn sich für die Gefährdungssituation keine andere Lösung findet.[519] Im Übrigen sind alle länger dauernden familiengerichtlichen Maßnahmen gem. § 1696 Abs. 3 in angemessenen Zeitabständen zu überprüfen. Dies betrifft insbesondere die „Wegweisung" auf unbestimmte Zeit. 187

c) Weitere Maßnahmen nach Nr. 3. Neben der Wohnungsausweisung hat das Gericht die Möglichkeit, flankierende Maßnahmen zu treffen. Gem. Abs. 3 Nr. 3 kann es dem betroffenen Elternteil zB verbieten, sich in einem bestimmten Umkreis der Wohnung aufzuhalten, der unter Beachtung der örtlichen Verhältnisse – etwa der Bebauungsdichte – genau festzulegen ist.[520] Außerdem besteht die Möglichkeit, dem Täter nach Abs. 3 Nr. 3 zu untersagen, bestimmte andere Orte, an denen sich das Kind regelmäßig aufhält, aufzusuchen, etwa Schule und Kindergarten, aber auch öffentlich zugängliche Orte,[521] die wiederum genau zu bezeichnen sind. Bei Bedarf wird das Verbot auf bestimmte Tageszeiten beschränkt.[522] 188

d) Kontaktverbote, Nr. 4. Abs. 3 Nr. 4 ermächtigt das Gericht, dem aus der Wohnung gewiesenen Elternteil zu untersagen, Verbindung zum Kind aufzunehmen. Dieses Kontaktverbot kann sich auf alle denkbaren Kommunikationsmittel wie Telefon, Mobiltelefon, 189

[514] Durch Gesetz zur Erleichterung familiengerichtlicher Maßnahmen bei Gefährdung des Kindeswohls v. 4. 7. 2008, BGBl. I S. 1188 ff.

[515] BT-Drucks. 16/6815 S. 11; *Wiesner* FPR 2007, 6 ff.

[516] *Janzen* FamRZ 2002, 785, 788; *Höflinger* ZfJ 2004, 63, 66 krit. zudem die zunehmende Tendenz, Frauenhäuser unter Hinweis auf die Möglichkeit der Wohnungswegweisung schließen zu lassen.

[517] Vgl. *Staudinger/Coester* § 1666 a RdNr. 19.

[518] Zum Ganzen BT-Drucks. 14/8131 S. 9.

[519] *Staudinger/Coester* § 1666 a RdNr. 19 mwN.

[520] BT-Drucks. 14/5429 S. 29.

[521] BT-Drucks. 14/5429 S. 29.

[522] PWW/*Weinreich* § 1 GewSchG RdNr. 15.

Telefax, Internet/e-mail usw. beziehen. Einen Auffangtatbestand stellt letztlich das Verbot dar, ein Zusammentreffen mit dem Kind herbeizuführen. Darunter fällt auch die Anordnung, unverzüglich einen näher zu bestimmenden Abstand zum Kind einzunehmen, falls es zu einer zufälligen Begegnung kommt.[523]

190 **4. Ersetzung von Erklärungen der Sorgerechtsinhaber, Nr. 5.** Diese Maßnahme wurde als einzige bereits vor Inkrafttreten des Gesetzes zur Erleichterung familiengerichtlicher Maßnahmen bei Gefährdung des Kindeswohls (vom 4. 7. 2008, BGBl. I S. 1188 ff.) in Abs. 3 genannt.

191 Wollen oder können die Sorgerechtsinhaber eine Willenserklärung oder sonstige Erklärung nicht abgeben, die zur Abwehr einer Kindeswohlgefährdung nötig erscheint, so hat das Familiengericht gem. Abs. 3 Nr. 5 die Möglichkeit, diese zu ersetzen. Dazu bedarf es nicht der Bestellung eines Ergänzungspflegers gem. § 1909 Abs. 1.[524] Abs. 3 Nr. 3 stellt also systematisch eine **spezialgesetzliche Ausweitung** der Kompetenz des Familiengerichts gem. § 1693 dar. Die Einwilligung in **Heileingriffe** und **ärztliche Untersuchungen** hat in diesem Zusammenhang besondere praktische Bedeutung, ebenso der Abschluss des entsprechenden **Arztvertrages.**[525] Aber auch die verweigerte oder nicht mögliche Zustimmung zu sonstigen **Rechtsgeschäften** des Kindes und **Anträgen** auf Leistungen der Kinder- und Jugendhilfe gem. SGB VIII[526] kann eine Ersetzung gem. Abs. 3 erforderlich werden lassen. Der Anwendungsbereich der Vorschrift ist nicht auf die Personensorge beschränkt, sondern erstreckt sich auch auf die Vermögenssorge.[527] Die Erklärung gilt mit Wirksamkeit der gerichtlichen Verfügung als abgegeben, § 40 Abs. 1 FamFG (§ 16 Abs. 1 FGG aF).[528]

192 **5. Teilweise oder vollständige Entziehung der elterlichen Sorge, Nr. 6.** Das Gericht kann nach Abs. 3 Nr. 6 entweder Teilbereiche der elterlichen Sorge, zB das Aufenthaltsbestimmungsrecht oder das Vertretungsrecht, oder aber die gesamte elterliche Sorge entziehen, wobei der Grundsatz der Verhältnismäßigkeit zu wahren ist.[529]

193 Vor der Novellierung des Gesetzes[530] ordnete das Gericht in ca. 60 % der Fälle den teilweisen oder vollständigen Entzug der elterlichen Sorge an und schöpfte damit die Vielfalt der in Abs. 1 vorgesehenen Eingriffsmaßnahmen (s. o. RdNr. 168 ff.) nicht aus.[531] Dabei stieg die Zahl der Sorgerechtsentzüge in den vergangen Jahren auch deutlich an.[532] Inwieweit Gerichte in Zukunft verstärkt das Spektrum möglicher Eingriffsmaßnahmen ausschöpfen und sich damit an diesen Zahlen etwas durch die Novellierung des § 1666 ändern wird, bleibt abzuwarten.[533]

194 **a) Im Bereich der Personensorge. aa) Entzug der gesamten Personensorge.** Die Rechtsposition „elterliche Sorge" kann zwecks Gefahrabwendung vollständig entzogen

---

523 BT-Drucks. 14/5429 S. 29.

524 Seit dem SorgeRG vom 18. 7. 1979, BGBl. I S. 1061; s. a. BT-Drucks. 7/2060 S. 29. Vgl. auch *Vogel* FPR 2008, 617.

525 ZB OLG Zweibrücken FamRZ 1999, 521; OLG Celle NJW 1995, 792; OLG Hamm NJW 1998, 3424; OLG Brandenburg FamRZ 2008, 2147 [Ersetzung der Zustimmung zur psychologischen Begutachtung]; *Dierks/Diederichsen* S. 97 ff.; s. a. RdNr. 77 ff. Zu Schwangerschaftsabbrüchen s. RdNr. 63 ff.

526 Vgl. dazu *Vogel* FPR 2008, 617.

527 Vgl. *Vogel* FPR 2008, 617, 618, der als Beispiel die Kündigung von Mietverhältnissen in einem dem Kind gehörenden Haus nennt.

528 Zum Konkurrenzverhältnis von § 1666 und § 1748 vgl. RdNr. 15 bzw. 199.

529 Die gesamte Personensorge darf nur entzogen werden, wenn andere Maßnahmen erfolglos geblieben sind; vgl. OLG Karlsruhe FamRZ 2007, 576; OLG Köln FamRZ 2008, 1553 f.; s. § 1666 a.

530 Gesetz zur Erleichterung familiengerichtlicher Maßnahmen bei Gefährdung des Kindeswohls v. 4. 7. 2008, BGBl. I S. 1188 ff.

531 Vgl. BT-Drucks. 16/6815 S. 9.

532 Die Zahl der Sorgerechtsentzüge stieg nach Angaben des Statistischen Bundesamtes im Jahr 2007 im Vergleich zum Vorjahr deutschlandweit um 12,5 % (oder 1200 Fälle) an. Gegenüber 2005 betrug der Anstieg sogar knapp 23 %. Zu näheren Daten vgl. Pressemitteilung des Statistischen Bundesamtes Nr. 261 v. 18. 7. 2008.

533 Diese Frage lässt auch *Meysen* NJW 2008, 2673, 2674 unbeantwortet. Vgl. dazu auch RdNr. 150.

werden, allerdings nur unter Beachtung des § 1666 a Abs. 2 (vgl. dazu § 1666 a RdNr. 25 ff.). Ein solcher vollständiger Entzug folgt nicht schon aus der **Trennung** (ausf. dazu § 1666 a RdNr. 10 ff.) des Kindes von der elterlichen Familie. Diese geht vielmehr mit dem Verlust des Aufenthaltsbestimmungsrechtes als Teil der Personensorge einher, wenn auch eine praktische Unterscheidung der Entziehung der gesamten Personensorge und der Trennung des Kindes von der Familie teilweise unklar ist (dazu § 1666 a RdNr. 7 f.). Auf der anderen Seite bringt der Entzug der gesamten Personensorge regelmäßig[534] eine Trennung des Kindes von seiner Familie mit sich.

Eine Entziehung der **gesamten** Personensorge liegt vor, wenn die Sorgeberechtigten **195**
durch die gerichtliche Maßnahme beide Teilbereiche, dh. die **tatsächliche Sorge** für die Person des Kindes und das **Vertretungsrecht** gem. §§ 1626 Abs. 1 S. 2, 1629 Abs. 1 S. 1[535] verlieren. Bereits beim Verlust des erstgenannten Teilbereiches kommt es in der Regel zugleich zur **Trennung** des Kindes von den Eltern und damit zu einer Maßnahme gem. § 1666 a Abs. 1.[536] Zieht das Familiengericht die Entziehung der **gesamten Personensorge** in Betracht, so muss es klären, ob dazu keine Alternative besteht und was mit dem Kind geschehen soll. Eine Verlagerung aller weiteren Entscheidungen auf den gem. § 1909 Abs. 1 S. 1 zu bestellenden **Pfleger** ist nicht zulässig.[537] Wird den Eltern zwar die gesamte Personen-, nicht aber die Vermögenssorge entzogen, so bestellt das Gericht keinen **Vormund,** sondern ebenfalls nur einen **Pfleger.**[538]

bb) Entzug des Aufenthaltsbestimmungsrechts. Das **Aufenthaltsbestimmungs-** **196**
recht als wichtiges Element der Personensorge, § 1631 Abs. 1, darf durch das Familiengericht **eingeschränkt** oder gänzlich **entzogen** werden,[539] und zwar auch **vorübergehend,** etwa zu Untersuchungszwecken.[540] Eine Entziehung ist in der Regel mit der **Trennung** des Kindes von seinen Eltern oder deren Aufrechterhaltung verbunden.[541] Das Familiengericht muss aus Gründen der **Verhältnismäßigkeit vorrangig** die **Einschränkung** des Aufenthaltsbestimmungsrechts anordnen, zB dahingehend, dass lediglich die Rückkehr ins Elternhaus verboten wird,[542] wobei aber der Verhältnismäßigkeitsgrundsatz und damit das Gebot des geringstmöglichen Engriffs nicht zur Folge hat, dass im Zweifel eine unsichere aber mildere Maßnahme gewählt werden muss.[543] Dem Eingriff in das Aufenthaltsbestimmungsrecht geht außerdem als mildere Maßnahme eine **Verbleibensanordnung** gem. § 1632 Abs. 4 vor, wenn sich das Kind bei einer Pflegeperson befindet.[544] Ausreichend für den Entzug des Aufenthaltsbestimmungsrechtes ist jedoch nicht, dass das Kind bei Pflegeeltern besser aufgehoben sein würde als bei den leiblichen Eltern, da es **keinen Anspruch** des Kindes **auf** die **bestmöglichen Eltern** gibt.[545]

---

534 AA 3. Aufl. RdNr. 13: Stets.

535 *Erman/Michalski* § 1626 RdNr. 14; *Soergel/Strätz* § 1626 RdNr. 12.

536 Vgl. zB OLG Frankfurt/M. FamRZ 1983, 530 f.; zum Verhältnis von Abs. 1 und 2 s. § 1666 a RdNr. 7 f.

537 *Zenz,* Kindesmisshandlung und Kindesrechte, 1979, S. 362 ff.; *Wiesner* ZBlJugR 1981, 509, 520.

538 BayObLG FamRZ 1997, 1553.

539 ZB BayObLG FamRZ 1994, 1411; 1995, 502, 948, 1437, 1438; 1997, 954; 1999, 1154; AG Kamen DAVorm. 1995, 258.

540 BayObLG ZfJ 1996, 106; vgl. zur Dauer auch RdNr. 161.

541 Vgl. zB BayObLG FamRZ 1994, 975; ZfJ 1996, 106; AG Kamen DAVorm. 1995, 258; zu den Konsequenzen einer Entziehung des Aufenthaltsbestimmungsrechtes für die Beantragung/Inanspruchnahme von Leistungen nach dem SGB VIII OLG Düsseldorf FamRZ 1997, 105; LG Darmstadt FamRZ 1995, 143.

542 Vgl. dazu BayObLG FamRZ 1965, 280 u. *Palandt/Diederichsen* RdNr. 41.

543 Vgl. ausf. hierzu KK-FamR/*Ziegler* RdNr. 54 mwN.

544 OLG Karlsruhe FamRZ 1994, 1544, 1545; OLG Frankfurt/M. FamRZ 2000, 1037, 1038; *Siedhoff* FamRZ 1995, 1254, 1255; *Palandt/Diederichsen* RdNr. 36; zu den Voraussetzungen einer Verbleibensanordnung s. OLG Frankfurt/M. FamRZ 2004, 720 f. m. Anm. *Doukkani-Bördner*; OLG Karlsruhe FamRZ 2004, 722 f.; zur Tragung von Sachverständigenkosten OLG Celle FamRZ 2004, 390 f. m. Anm. *Hoffmann.*

545 OLG Hamm FamRZ 2006, 1476, 1477; 2004, 1664; OLG Frankfurt/M. JAmt 2003, 39; OLG Brandenburg FamRZ 2009, 994 ff.; vgl. zu einem anderes gelagerten Fall, in dem das Kind in der Pflegefamilie belassen wurde OLG Frankfurt/M. FamRZ 2003, 1317 f. m. Anm. *Doukkani-Bördner.*

197 Die **gerichtliche Einwirkung** auf das Aufenthaltsbestimmungsrecht wehrt uU zwar zunächst die Gefahr für das Kindeswohl ab, kann sich aber auf Dauer als **ungenügend** erweisen. Für die Erziehung und Betreuung des Kindes ist deshalb nötig, dass **Pflegepersonen** in einem Heim oder Familien ausreichende **Befugnisse** erhalten, vor allem bei längerem oder voraussichtlich sogar endgültigem Entzug des elterlichen Aufenthaltsbestimmungsrechtes. Deren in § 1688 Abs. 1, 2 begründete Entscheidungsrechte reichen sowohl vom Umfang her als auch wegen der Widerrufsmöglichkeit gem. § 1688 Abs. 3 nicht aus. Das Familiengericht ist deshalb gehalten, in Anbetracht seiner Grundrechte aus Art. 1, 2 GG „positiv die Lebensbedingungen für ein gesundes Aufwachsen des Kindes zu schaffen“[546] – und zwar uU außerhalb der Herkunftsfamilie.[547] Dem Willen von Jugendlichen kurz vor der Volljährigkeit kommt dabei besondere Bedeutung zu.[548]

198 Der bloße **Entzug des Aufenthaltsbestimmungsrechtes** mit dem Ziel, die Unterbringung des Kindes in einer Pflegefamilie zu gewährleisten, nimmt den Sorgerechtsinhabern nicht die Entscheidungsmöglichkeit über die Inanspruchnahme von **Jugendhilfeleistungen.** Daraus folgt, dass sie jederzeit ihr etwaiges Einverständnis mit der Unterbringung des Kindes in der Pflegefamilie zurückziehen können. Dadurch wird die gewährte Hilfe rechtswidrig.[549] Dieser Situation ist uU durch einen gleichzeitigen Entzug des Rechts auf Entscheidung über die Inanspruchnahme von Hilfen zur Erziehung vorzubeugen. Der Auffassung,[550] die Übertragung des Aufenthaltsbestimmungsrechtes räume dem Berechtigten gleichzeitig die Befugnis ein, Erziehungshilfen nach §§ 27f. SGB VIII zu beantragen, ist nicht zuzustimmen. Beide Tatbestände unterscheiden sich deutlich.[551] In rechtlicher Hinsicht gilt es somit zu beachten, dass die Übertragung des Aufenthaltsbestimmungsrechtes allein dem Berechtigten noch keine weiteren Befugnisse verschafft, so dass diese ausdrücklich in der Entscheidung angeordnet werden müssen.[552]

199 Wenn auf andere Weise die Kindeswohlgefährdung nicht beseitigt werden kann, hat das Gericht im Interesse des Kindes die **Adoption** anzustreben.[553] An die Ersetzung der notwendigen elterlichen Zustimmung stellt § 1748 allerdings höhere Anforderungen als § 1666 an einen familiengerichtlichen Eingriff zur Gefahrenabwehr.[554] Daher mag ein **Sorgerechtsentzug** gem. § 1666 gerechtfertigt sein, ohne dass die Voraussetzungen des § 1748 erfüllt sind.[555] Diesen Kindern bleibt dann allerdings eine dauerhafte und gesicherte Entwicklungsperspektive mangels Adoption vorenthalten.

200 **b) Im Bereich der Vermögenssorge.** Der Entzug der Vermögenssorge gründet sich nach dem Wegfall des § 1667 Abs. 5 aF auf die Generalklausel des Abs. 1. Ihre vollständige Entziehung stellt das **letzte Mittel des Vermögensschutzes** dar,[556] so dass dem Ermessensgebrauch besondere Bedeutung zukommt.[557] Bei gleicher Geeignetheit ist der **teilweise Entzug der Vermögenssorge** vorrangig. Zur Abwehr einer Vermögensgefährdung reicht es beispielsweise auch schon aus, den Eltern die **Verwaltung** eines Mietshauses zu **entziehen**[558] oder **Vermächtnisansprüche** der Kinder **geltend zu machen,** wenn der überlebende Ehegatte diese Ansprüche weder erfüllt noch sicher-

[546] BVerfGE 24, 119, 145.
[547] Vgl. dazu ebenfalls § 37 Abs. 1 SGB VIII; *Certain* ZBlJugR 1968, 104; *Longino* S. 79.
[548] BayObLG FamRZ 1997, 954.
[549] BVerwG FamRZ 2002, 668; DIJuF-Gutachten JAmt 2001, 76.
[550] OLG Frankfurt/M. JAmt 2001, 90 m. abl. Anm. *Meysen* mwN.
[551] Vgl. auch das DIV-Gutachten DAVorm. 1997, 393.
[552] AA LG Darmstadt FamRZ 1995, 1435, 1436.
[553] *Wiesner* SGB VIII § 37 RdNr. 29; *Salgo* S. 370; Problemdarstellung bei *Longino* S. 1.
[554] *Staudinger/Coester* RdNr. 189; *Longino* S. 81; einschränkend *Röchling* ZfJ 2000, 214, 217.
[555] OLG Hamm ZfJ 1984, 364; OLG Frankfurt/M. FamRZ 1983, 531; AG Kerpen ZfJ 1985, 470; *Longino* S. 81; *Zenz* S. 358ff.; *Coester* FamRZ 1991, 253, 259f.; einschränkend *Röchling* ZfJ 2000, 214.
[556] BayObLG FamRZ 1979, 71, 73; 1983, 528, 530; LG Münster DAVorm. 1981, 604; OLG Frankfurt/M. NJW-RR 2005, 1382; OLG München, Beschl. v. 20. 12. 1999, Az. 16 UF 1616/99 (unveröff.); *Soergel/Strätz* § 1667 RdNr. 10 zur alten Rechtslage.
[557] BayObLG FamRZ 1991, 1339, 1341; 1994, 1191, 1192.
[558] BayObLG FamRZ 1983, 528, 530.

stellt.[559] Bei **ungenügender Inventarisierung** des Kindesvermögens gem. § 1667 Abs. 1 S. 1, 2 sind zunächst Anordnungen gem. Abs. 1 S. 3 der Norm in Betracht zu ziehen. Erst wenn daraufhin kein Verzeichnis eingereicht wird, kommt der Entzug der Vermögenssorge in Betracht.[560] Grundsätzlich sollte darüber hinaus bei gem. §§ 89 ff. FamFG (§ 33 FGG aF) erzwingbaren Maßnahmen[561] die Vermögenssorge erst entzogen werden, wenn die **Androhung eines Zwangsgeldes** erfolglos geblieben ist,[562] wobei der effektive Schutz des Kindesvermögens aber stets Vorrang hat.[563]

Bei **Entziehung** der Vermögenssorge wird mit der familiengerichtlichen Anordnung dieser Sorgerechtsbereich idR sowohl in **tatsächlicher** als auch in **rechtlicher Hinsicht** aufgehoben. Die **teilweise Entziehung** der Vermögenssorge kann aber auf **einzelne Vermögensgegenstände** des Kindes beschränkt werden. Ging die **Gefährdung** des Kindesvermögens **nur von einem der** beiden **vermögenssorgeberechtigten Elternteile** aus, so kommt dennoch ein Entzug dieser Rechtsposition bei beiden Elternteilen in Betracht, wenn der andere seine Überwachungspflicht unzureichend erfüllt hat.[564] Zur Begründung lässt sich zunächst das Verhältnis von Abs. 1 und Abs. 2 in § 1667 aF heranziehen. Seit der Neufassung im KindschaftsRG vom 16. 12. 1997 folgt die mögliche Inanspruchnahme beider Elternteile daraus, dass § 1667 Abs. 1 sie gemeinsam uneingeschränkt verpflichtet, während § 1666 Abs. 1 nur eine Vermögensgefährdung durch den Sorgerechtsinhaber verlangt. Sorgerechtsinhaber, die die Vermögenssorge verloren haben, müssen über das Kindesvermögen **Rechnung legen** und es **herausgeben,** vgl. § 1698. Zudem entfällt das **Verwendungsrecht** aus § 1649 Abs. 2.[565] 201

IV. Weitere Abwehrmaßnahmen

1. Im Bereich der Personensorge. Mögliche Maßnahmen im Bereich der Personensorge finden sich in den Ausführungen zu § 1666 a (vgl. dort RdNr. 1 ff.). 202

2. Im Bereich der Vermögenssorge. Exemplarische Maßnahmen bei Gefährdung des Kindesvermögens sind in den Anmerkungen zu § 1667 erläutert (vgl. dort RdNr. 1 ff.). 203

a) Gesetzlich nicht geregelte Abwehrmaßnahmen. Zu den Beispielen zulässiger, aber gesetzlich **ungeregelter Gefahrenabwehrmaßnahmen** gehört die Anordnung, einen **geeigneten Prozessbevollmächtigten** zu bestellen, um das Kindesvermögen vor einer Gefährdung durch sachwidrige Prozessführung des vertretungsberechtigten Elternteils zu bewahren.[566] Das Familiengericht hat dagegen keine Befugnis, den Inhaber der elterlichen Sorge bindend anzuweisen, Kindesrechte klageweise geltend zu machen.[567] Es besteht hingegen die Möglichkeit, ihn unter Verweis auf die Subsidiaritätsklausel in Abs. 1 darauf hinzuweisen, dass anderenfalls gerichtliche Maßnahmen im Hinblick auf die Vermögenssorge anstehen. Praxisrelevant ist die **Hinterlegungsanordnung** ausstehender Grundstückserlöse. Eine **Veräußerungsgenehmigung** darf das Gericht allerdings nicht schon im Voraus vom Nachweis einer bestimmten Kaufpreisanlegung abhängig machen (vgl. § 1643 RdNr. 29, 5 f.). In schwereren Fällen kann die Vertretungsmacht der Eltern beschränkt werden, indem für alle **Verpflichtungs- und Verfügungsgeschäfte** die Zustimmung eines **Pflegers** angeordnet wird. Eine solche Maßnahme kommt in ihrer Wirkung dem Entzug der Vermögenssorge nahe, so dass sie nur im Falle ihrer Verhältnismäßigkeit (vgl. RdNr. 155 ff.) angeordnet werden darf, dann allerdings auch im Wege **einstweiliger Anordnung.**[568] 204

---

[559] BayObLG FamRZ 1982, 640.
[560] Vgl. KG HRR 1935, Nr. 17.
[561] Vgl. § 1667 RdNr. 11, 14, 21, 27.
[562] Zu § 33 FGG aF LG Münster DAVorm. 1981, 604; vgl. auch BayObLG FamRZ 1979, 71, 73 zu § 1669 aF.
[563] *Soergel/Strätz* § 1667 RdNr. 10.
[564] *Staudinger/Coester* RdNr. 198; vgl. § 1627 RdNr. 8.
[565] Vgl. 1. Aufl. § 1667 RdNr. 6.
[566] So bereits KG JFG 22, 174, 177 = DR 1941, 1073.
[567] KG HRR 1937, 1088; vgl. zu einer ähnlichen Problematik o. RdNr. 175 ff.
[568] OLG Hamm ZBlJugR 1953, 253; zur einstweiligen Anordnung vgl. iÜ RdNr. 234 ff.

205 **b) Dinglicher Arrest.** Zum Schutz des Kindesvermögens ist ein **dinglicher Arrest** in das **Elternvermögen** zulässig. Die Rechtsgrundlage dafür enthält allerdings nicht Abs. 1, sondern sie folgt aus §§ 916 ff. ZPO.[569] Die Voraussetzungen für einen dinglichen Arrest können neben denen des Abs. 1 – also auch unabhängig davon – vorliegen. Das Arrestgesuch gem. §§ 916 ff. ZPO stellt selbst keine von Amts wegen anzuordnende familiengerichtliche Maßnahme dar. Vielmehr ist dem Minderjährigen hierzu ein **Verfahrenspfleger** zu bestellen. Bereits das RG hat in dem Fall, dass dem Kind ein **betagter Leistungsanspruch** gegen den Sorgerechtsinhaber zustand und zu befürchten war, letzterer werde durch Verschwendung von Vermögensgegenständen die künftige Vollstreckung zumindest wesentlich erschweren, einen Arrestantrag des Pflegers neben der gerichtlichen Anordnung von Vermögenssorgemaßnahmen mit der Begründung für zulässig erachtet, dass die Entziehung der Vermögenssorge allein nur unzulänglichen Schutz biete.[570]

206 **c) Familiengerichtliche Maßnahmen gegen Dritte.** Die Anordnung familiengerichtlicher Maßnahmen gegen Dritte ist in Abs. 4 geregelt. Nach der eindeutigen Gesetzesformulierung besteht keine Kompetenz des Gerichts, in Angelegenheiten der Vermögenssorge **unmittelbar Maßnahmen gegen Dritte** zu treffen. Damit wollte der Gesetzgeber verhindern, dass das Familiengericht durch zu umfassende Anordnungsmöglichkeiten die Vermögenssorge mehr oder weniger selbständig ausübt.[571] Eine von Dritten ausgehende Gefährdung des Kindesvermögens kann daher nur mit allgemeinen zivilrechtlichen und zivilprozessualen Mitteln abgewehrt werden.[572]

207 Nach Sinn und Zweck des Abs. 4 sind jedoch bei Kindeswohlgefährdungen, die sowohl seine **persönlichen** als auch seine **Vermögensangelegenheiten** betreffen, in teleologischer Ausweitung der Norm Maßnahmen unmittelbar gegenüber Dritten zuzulassen.[573] Gleiches gilt aber auch in Fällen, in denen wegen Eilbedürftigkeit, Fristwahrung o. ä. nur so ein effektiver Kinderschutz gewährleistet werden kann.[574]

V. Vorläufige Maßnahmen

208 Zu vorläufigen Maßnahmen des Familiengerichtes im Rahmen des § 1666 vgl. RdNr. 234 ff.

VI. Maßnahmen mit Wirkung gegen einen Dritten, Abs. 4

209 **1. Allgemeines.** Abs. 4 ermöglicht dem Familiengericht, zur Abwehr von Gefahren für das Kindeswohl auch Maßnahmen mit **Wirkung gegen einen Dritten** zu treffen. Dieser wird **Verfahrensbeteiligter**[575] und ist demzufolge **anzuhören.**[576] Wie sich aus dem systematischen Zusammenhang mit den Abs. 1–3 ergibt, fallen unter den Begriff des **Dritten** iSd. Vorschrift all diejenigen Personen, die gegenüber dem Kind **nicht sorgeberechtigt** sind. Dazu können auch die **biologischen Eltern** zählen, zB der mit der Mutter nicht verheiratete Vater, der (noch) keine Sorgeerklärung gem. § 1626 a Abs. 1 Nr. 1 abgegeben hat. Ebenso ist eine **psychiatrische Klinik** als Dritter einzuordnen, wenn sie die Aufnahme des Kindes grundlos verweigert.[577] Eine **Obhutsbeziehung** zum gefährdeten Kind verlangt das Gesetz nicht. Es reicht vielmehr aus, dass der Dritte in irgendeiner Form auf die Familie einwirkt.[578]

---

569 *Staudinger/Coester* RdNr. 201.
570 RG JW 1907, 203.
571 *Palandt/Diederichsen* RdNr. 46; *Staudinger/Coester* RdNr. 202.
572 BT-Drucks. 13/4899 S. 97.
573 *Staudinger/Coester* RdNr. 202; zu dem Sonderfall eines unmittelbar gegenüber einer Bank anzuordnenden Kontosperrvermerks vgl. § 1667 RdNr. 13 ff.
574 *Staudinger/Coester* RdNr. 202.
575 BT-Drucks. 8/2788 S. 59; zum Beteiligtenbegriff im FGG-Verfahren siehe *Keidel/Kuntze/Zimmermann* § 6 FGG RdNr. 18 ff.
576 *Keidel/Kuntze/Schmidt* § 12 FGG RdNr. 138 f.; vgl. zur Anhörung RdNr. 224 ff.
577 AG Kassel DAVorm. 1996, 411.
578 BT-Drucks. 8/2788 S. 59.

Der Zweck der Norm liegt darin, durch Anordnung gefahrenabwehrender Maßnahmen seitens des Familiengerichts den Eltern ein eigenes gerichtliches Vorgehen gegen Dritte zu ersparen.[579] Bei derartigen Maßnahmen hat das Familiengericht – wie auch sonst – den Verhältnismäßigkeitsgrundsatz (vgl. RdNr. 155 ff.) zu beachten. Der Grundrechtseingriff auf Seiten des Dritten und die Folgen einer Untätigkeit für das Kind müssen gegeneinander abgewogen werden. Ferner ist die Schwere der Maßnahmen gegen den Dritten zu denkbaren Maßnahmen gegen die Eltern in Bezug zu setzen.

Zum **Schutz des Elternrechtes** gem. Art. 6 Abs. 2 S. 1 GG haben familiengerichtliche 210 **Anordnungen gegen Dritte grundsätzlich Vorrang.**[580] Eine Ausnahme gilt aus **Verhältnismäßigkeitserwägungen** allerdings dann, wenn die Kindeswohlgefährdung durch die Sorgerechtsinhaber unverhältnismäßig leichter zu beseitigen wäre als durch den Dritten (vgl. RdNr. 157 ff. u. 209 f.). Abgesehen von diesem Sonderfall kommen Eingriffe in die Personensorge nur in Betracht, wenn anzunehmen ist, ohne sie würden die gegen die Dritten verhängten Maßnahmen nicht ausreichen,[581] etwa weil die Sorgerechtsinhaber weiterhin eine vom Familiengericht untersagte Kontaktmöglichkeit eröffnen oder jedenfalls nicht verhindern.[582] Ohne Belang ist, ob die Eltern sich pflichtgemäß um Gefahrabwendung bemüht haben oder nicht.[583] Auch die von ihnen ungenutzte Möglichkeit der Geltendmachung eigener Ansprüche bleibt außer Betracht.[584]

2. Umgangsverbote. Als Maßnahmen des Familiengerichts mit Wirkung gegen einen 211 Dritten kommen insbesondere **Umgangsverbote** in Betracht. Der Umgang mit dem Kind umfasst in erster Linie die Möglichkeit der **persönlichen Begegnung** durch Sprechen bzw. Schreiben und Sehen.[585] Die Unterbindung des Umgangs erfolgt deshalb vor allem durch **Kontakt- und sonstige Einwirkungsverbote** iSv. Abs. 3 Nr. 3 und 4. Das Familiengericht kann zB den **Wegzug** eines Dritten aus der Umgebung des Kindes anordnen oder dem Vermieter der elterlichen Wohnung aufgeben, einen das Kind gefährdenden Hausmeister zu ersetzen (sog. **„go-order"**).[586] Die Anordnung von **Umgangsverboten** durch das Familiengericht ist auf der Grundlage des § 1632 Abs. 2, 3 ebenfalls möglich, erfordert dort allerdings gem. § 1632 Abs. 3 den **Antrag** mindestens eines Elternteiles. Schließlich sind gem. Abs. 4 auch **Kontaktgebote** denkbar.[587] Zu nennen sind als Maßnahme gegen Dritte insbesondere auch Verhaltenspflichten, die dem Täter eines sexuellen Kindesmissbrauchs auferlegt werden können.[588]

E. Verfahren

I. Zuständigkeit des Familiengerichts

Die **sachliche Zuständigkeit** des Familiengerichts folgt aus §§ 23 b GVG, 111 Nr. 2, 212 151 Nr. 1 FamFG (§§ 23 b Abs. 1 S. 2 Nr. 2 GVG, 621 Abs. 1 Nr. 1 ZPO aF iVm. § 1666

---

579 BT-Drucks. 8/2788 S. 59; vgl. dazu RdNr. 206 f.

580 Hk-FamR/*Hüßtege* RdNr. 15; *Bamberger/Roth/Veit* RdNr. 9.1; vgl. im Einzelnen RdNr. 206 f.

581 OLG Düsseldorf NJW 1995, 1970.

582 Vgl. OLG Zweibrücken NJW 1994, 1741; ähnlich *Soergel/Strätz* RdNr. 31; weiter BayObLG 1995, 948, 950; vgl. ferner BayObLG FamRZ 1994, 1413: Gefährdung durch Stiefvater; OLG Düsseldorf NJW 1995, 1970 f.

583 AA *Erichsen/Reuter* S. 71; wie hier *Staudinger/Coester* RdNr. 91.

584 OLG Zweibrücken NJW 1994, 1741; *Zorn* RdNr. 326.

585 *Erman/Michalski* § 1684 RdNr. 8; *Palandt/Diederichsen* § 1684 RdNr. 3, 14; zum Umgangsbestimmungsrecht der Eltern vgl. RdNr. 85 ff.

586 OLG Zweibrücken NJW 1994, 1741; AG Berlin-Tiergarten Streit 1992, 89, 90 f.; AG Berlin-Wedding WuM 1992, 470 f.; vgl. auch RdNr. 184.

587 *Staudinger/Coester* 13. Bearb. 2000 RdNr. 191.

588 Vgl. auch § 1 Abs. 1 GewSchG (beachte aber im Verhältnis zu sorgeberechtigten Personen § 3 Abs. 1 GewSchG). ZB kann dem Täter untersagt werden, den Wohnort des Kindes zu betreten oder Kontakt zu einem der Antragsteller aufzunehmen, vgl. OLG Zweibrücken FamRZ 1994, 976 ff.; KK-FamR/*Ziegler* RdNr. 66.

Abs. 1).[589] **Örtlich zuständig** ist gem. § 152 Abs. 2 FamFG (§§ 36, 43 FGG iVm. 621 Abs. 1 Nr. 1 ZPO aF) das Gericht, in dessen Bezirk der Minderjährige seinen Wohnsitz oder Aufenthalt hat.[590] Während der **Anhängigkeit einer Ehesache** gilt § 152 Abs. 1 FamFG (§ 621 Abs. 2 Nr. 1 ZPO aF). Die Entscheidung obliegt gem. § 14 Nr. 2 RPflG (§ 14 Nr. 8 RPflG aF) dem **Richter.** In Fällen mit Auslandsberührung (vgl. dazu RdNr. 27 ff. u. 53 ff.) regeln Art. 8 ff. Brüssel II a-VO bzw. Art. 13 MSA die **internationale Zuständigkeit.**[591]

II. Verfahrensgrundsätze

213 **1. Einleitung des Verfahrens.** Das Familiengericht schreitet um der Effektivität des Kindesschutzes willen **von Amts wegen** ein, Abs. 1. § 8 a Abs. 3 S. 1 HS. 1 SGB VIII[592] begründet eine **Anzeigepflicht des Jugendamtes** bei Kindeswohlgefährdungen. Das Jugendamt muss also das Gericht anrufen, wenn es dessen Tätigwerden für erforderlich hält.[593] „Anträge" **Dritter** stellen rechtlich **Anregungen**[594] zum Einschreiten dar, aber keine Sachanträge im formellen Sinne.[595] Praktisch gehen sie von Lehrern,[596] Stiefeltern, Verwandten oder Nachbarn[597] aus.

214 Ersucht das **Kind** um familiengerichtlichen Schutz, so liegt hierin ebenfalls nur eine Anregung. Obwohl Jugendliche nach Vollendung des **14. Lebensjahres** unter den Voraussetzungen des § 60 FamFG (§ 59 FGG aF) in allen ihre Person betreffenden Angelegenheiten selbständig **beschwerdebefugt** sind, **fehlt** ihnen die **Antragsbefugnis.**[598] Soweit deren Notwendigkeit betont wird,[599] steht dem entgegen, dass weder das BGB noch das FamFG (sowie vor dem 1. 9. 2009 das FGG) entsprechende Vorschriften kennen.[600] Das praktische Bedürfnis ist auch nicht sehr groß, da eine Anregung des Jugendlichen das Familiengericht zur Prüfung der Angelegenheit und damit uU auch zur Einleitung eines Verfahrens zwingt, § 26 FamFG (§ 12 FGG aF).[601] Lediglich im Falle der Untätigkeit des Gerichtes kann es entscheidend sein, ob der Minderjährige über eine Antragsberechtigung verfügt oder nur anregen darf.[602]

215 **2. Amtsermittlungsgrundsatz.** Das Familiengericht hat **Ermittlungen** gem. § 26 FamFG (§ 12 FGG aF) **von Amts wegen** anzustellen. Über den **Umfang** dieser Aufklärungs- und Ermittlungspflicht entscheidet der Richter im Einzelfall nach **pflichtgemäßem Ermessen.**[603] Ungeachtet der **Pflicht zur Wahrheitsermittlung**[604] ist das Gericht weder

---

[589] Zum 1. 9. 2009 ist das G. über das Verfahren in Familiensachen und in den Angelegenheiten der freiwilligen Gerichtsbarkeit (FamFG), BGBl. 2008, Teil 1 Nr. 61, S. 2586 in Kraft getreten. Die Rechtsprechung in den Fn. zu den RdNr. 212–260 bezieht sich auf das FGG, sofern nicht anders vermerkt; Zu den Auswirkungen des FamFG im Überblick *Willutzki* FPR 2009, 327 ff.

[590] *Keidel/Kuntze/Engelhardt* § 43 FGG RdNr. 5 f.

[591] Vgl. BGH DAVorm. 1993, 77 f.; *Weber* NJW 1997, 2787, 2794; ausf. RdNr. 27.

[592] Bis zum 30. 9. 2005 noch § 50 Abs. 3 S. 1 SGB VIII; danach wurde die Vorschrift in den neu geschaffenen § 8 a Abs. 3 S. 1 HS. 1 SGB VIII verschoben.

[593] Im Einzelnen *Wabnitz* ZfJ 2000, 336, 338.

[594] Zum Begriff der Anregung vgl. *Kollhosser,* Zur Stellung und zum Begriff des Verfahrensbeteiligten im Erkenntnisverfahren der freiwilligen Gerichtsbarkeit, 1970, 303 ff.

[595] BayObLG FamRZ 1993, 1350, 1351; vgl. ferner *Oelkers* FamRZ 1997, 779, 785; auch bei formellen „Anträgen" sind Dritte keine Kostenschuldner: BayObLG FamRZ 1997, 959, 960.

[596] SchlHOLG SchlHA 1957, 280.

[597] OLG Celle FamRZ 2004, 1879 (m. krit. Anm. *Fabricius-Brand*): Eine Antragsbefugnis nach § 1666 steht Bekannten und Nachbarn des Kindes nicht zu, so dass sie keine Verfahrensbeteiligte sind und ihnen keine Prozesskostenhilfe gewährt werden kann.

[598] OLG Stuttgart Justiz 1962, 293 (insoweit nicht aufgegeben in FamRZ 1974, 538, 540); LG Stuttgart FamRZ 1961, 325 f.; LG Kassel FamRZ 1970, 597; *Staudinger/Coester* RdNr. 209; *Jansen* § 59 FGG RdNr. 12.

[599] So schon 3. Aufl. RdNr. 63.

[600] OLG Hamm FamRZ 1973, 446, 448; *Keidel/Kuntze/Engelhardt* § 59 FGG RdNr. 2.

[601] OLG Hamm FamRZ 1974, 29 f.; LG Kassel FamRZ 1970, 597.

[602] Vgl. dazu *Keidel/Kuntze/Kahl* § 19 FGG RdNr. 8.

[603] BayObLG ZfJ 1996, 106, 107.

[604] *Keidel/Kuntze/Schmidt* § 12 FGG RdNr. 53 mwN.

gezwungen, allen Beweisanträgen der Beteiligten nachzugehen, noch alle sonst denkbaren Möglichkeiten zur Sachverhaltserforschung auszuschöpfen.[605] Die Aufklärungspflicht reicht vielmehr nur soweit, wie das Vorbringen der Beteiligten oder der festgestellte Sachverhalt dazu Anlass geben.[606]

Das Familiengericht darf andererseits **nicht** die notwendige **Aufklärung** unter Verzicht **216** auf eigene Tätigkeit ausschließlich einem **Sachverständigen** oder dem **Jugendamt überlassen.**[607] Dies gilt insbesondere, wenn einer der Beteiligten die Richtigkeit der Jugendamtsberichte in Zweifel zieht.[608] Diese haben die Bedeutung der Stellungnahme einer sachverständigen Behörde,[609] sind jedoch nicht dazu bestimmt, als Beweismittel der gerichtlichen Entscheidung zugrunde gelegt zu werden.[610]

Eine Ausnahme gilt für den Erlass **einstweiliger Anordnungen,** der bloße **Glaubhaft- 217 machung** der Anordnungsgründe erfordert.[611] Im Eilverfahren sind also die an das Familiengericht gestellten Anforderungen reduziert; dennoch muss das Gericht auch hier alle zur Verfügung stehenden Aufklärungs- und Prüfungsmöglichkeiten ausschöpfen. Die Anforderungen daran wachsen mit der Intensität des in Aussicht genommenen Grundrechtseingriffs.[612] Etwaige mildere Mittel zur Abwendung der Gefahr sind in die Überlegungen einzubeziehen.

In Verfahren, in denen gegen den Sorgerechtsinhaber der Vorwurf des **Sorgerechtsmiss- 218 brauchs** erhoben wurde, hat die Rechtsprechung besonders die Pflicht des Richters betont, den Sachverhalt so schnell und so weit wie möglich durch eigene Ermittlungen aufzuklären.[613]

Es liegt grundsätzlich im **pflichtgemäßen Ermessen** des Tatrichters, ob sich das **219** Familiengericht mit **formlosen Ermittlungen** gem. § 26 FamFG (§ 12 FGG aF) begnügt oder ob es ein **förmliches Beweisverfahren** nach den Vorschriften der ZPO gem. § 30, 29 FamFG (§ 15 FGG aF) durchführt.[614] Auch wenn das Gericht formlos Zeugen vernimmt, hat es gem. § 29 Abs. 3 FamFG die §§ 376 und 383 ff. ZPO zu beachten. Ausnahmsweise muss das Gericht im Wege des förmlichen Beweisverfahrens vorgehen. Diese Fälle regelt § 30 Abs. 2, 3 FamFG. Die **Nachprüfung** der richterlichen Entscheidung beschränkt sich deshalb in der Regel auf **Ermessensfehler.** Sie sind zB bejaht worden, wenn angesichts der Sachlage formlose Ermittlungen nicht als genügende Aufklärung des Sachverhalts angesehen wurden, deshalb also eine förmliche Beweisaufnahme geboten war.[615] Davon muss das Gericht vor allem ausgehen, wenn die geplante Entscheidung einen besonders **schweren Eingriff** in die elterliche Sorge darstellt.[616] Ferner hat eine förmliche Beweisaufnahme stattzufinden, wenn es gesetzlich vorgesehen ist, § 30 Abs. 2 FamFG. Wird die Richtigkeit einer Tatsache, auf deren Feststellung das Gericht maßgeblich seine Entscheidung stützen will, ausdrücklich von einem Beteiligten bestritten, soll ebenfalls eine förmliche Beweisaufnahme über die Richtigkeit der Tatsachenbehauptung stattfinden, § 30 Abs. 3 FamFG.

---

605 BayObLG FamRZ 1991, 214, 215.

606 BGHZ 40, 54, 75 = NJW 1963, 1972; BayObLG FamRZ 1976, 43, 45 mwN.

607 BVerfG JAmt 2002, 307; OLG Stuttgart FamRZ 1978, 827 f.; KGJ 38 A 86 für das VormG; zust. *Erman/Michalski* RdNr. 28; *Soergel/Strätz* RdNr. 55.

608 BayObLGZ 1925, 36, 37 f.

609 KG FamRZ 1960, 500 f.; zu den Ermittlungen und dem Bericht des Jugendamtes instruktiv *Danzig,* Kindschaftsrecht, 1974, S. 177 ff.

610 KGJ 38 A 86 sowie KG FamRZ 1965, 158, 160.

611 KGJ 38 A 86.

612 BVerfG JAmt 2002, 307, 308 f.

613 AG Düsseldorf FamRZ 1995, 498, 499; OLG Düsseldorf NJW 1995, 1970; zur schwierigen Beweislage bei sexuellem Missbrauch vgl. auch RdNr. 61, 62.

614 Zu dem Beweisverfahren nach FGG BayObLG NJW-RR 1996, 583; OLG Düsseldorf FamRZ 1968, 260; KG NJW 1961, 2066; *Keidel/Kuntze/Schmidt* § 12 FGG RdNr. 79.

615 OLG Düsseldorf FamRZ 1968, 260.

616 OLG Düsseldorf FamRZ 1968, 260; zur Untersuchung mit einem Polygraphen: *Undeutsch* FamRZ 1996, 329 ff.

220 Die **Beteiligten** haben das Recht, in der **Beweisaufnahme Fragen zu stellen.**[617] Gem. § 30 Abs. 4 FamFG ist ihnen darüber hinaus die Gelegenheit zur Stellungnahme zu dem Ergebnis einer förmlichen Beweisaufnahme zu geben, soweit dies zur Sachverhaltsaufklärung oder der Gewährung rechtlichen Gehörs erforderlich ist. Das **Gericht** muss die dort getroffenen **Feststellungen** oder Erklärungen in geeigneter Weise **niederlegen,** zB in einem Protokoll, einem Aktenvermerk oder auch in den Gründen der Entscheidung.[618]

221 Weder § 1666 noch § 26 bzw. §§ 30, 29 FamFG (§ 12 bzw. § 15 FGG aF) iVm. den dort genannten Vorschriften der ZPO enthalten jedoch eine Rechtsgrundlage für die Anordnung einer **Untersuchung gegen den Willen des Betroffenen.**[619] Die Einwilligung in eine psychologische Begutachtung vermag der Minderjährige selbst abzugeben, wenn er die Tragweite seiner Entscheidung überblickt. Etwas anderes gilt hingegen, wenn die Erstellung des Gutachtens einen körperlichen Eingriff verlangt.[620] Allerdings kann das Gericht nach Abs. 3 vorgehen, wenn mit dieser Maßnahme eine Kindeswohlgefährdung festgestellt werden soll.

222 Nach der Rechtsprechung dürfen zwar die **stationäre Untersuchung** und **Begutachtung** des Kindes in einer jugendpsychiatrischen Klinik angeordnet werden, allerdings nicht gegen den Willen der Sorgeberechtigten.[621] Deren fehlende Zustimmung lässt sich durch das Familiengericht aber wiederum nach Abs. 3 ersetzen.[622]

223 **3. Rechtliches Gehör.** Der Grundsatz des rechtlichen Gehörs gem. **Art. 103 Abs. 1 GG** verlangt vom Richter, den Verfahrensbeteiligten alle Tatsachen mitzuteilen, die der Entscheidung zugrunde gelegt werden sollen,[623] um ihnen die Möglichkeit der Stellungnahme zu geben.[624] Verstößt das Gericht dagegen, so ist die Ursächlichkeit dieses an sich bestehenden Verfahrensmangels zu verneinen, wenn ein Schriftsatz mit tatsächlichem Vorbringen zwar unberücksichtigt blieb, für die Entscheidung aber auch nicht erheblich war.[625]

224 **4. Anhörungspflichten.** Das Familiengericht hat gem. §§ 159–160 FamFG (§§ 50 a–c FGG aF) die **Eltern** und das **Kind,** welches das vierzehnte Lebensjahr vollendet hat, anzuhören,[626] ebenso einen **Dritten,** von dessen Verhalten eine Kindesgefährdung ausgeht und gegen den Maßnahmen gem. Abs. 4 getroffen werden sollen. Darüber hinaus kann das Gericht gem. § 161 Abs. 1 FamFG im Interesse des Kindes evtl. die Pflegeperson hinzuziehen. Im Falle des § 161 Abs. 2 FamFG (§ 50 c S. 1 FGG aF) muss die Pflegeperson angehört werden, wenn das Kind seit längerer Zeit in **Familienpflege** lebt. Ebenso ist das **Jugendamt** anzuhören, § 162 Abs. 1 FamFG (§ 49 a FGG aF).

225 Eine Anhörungspflicht gegenüber dem Kind, das das vierzehnte Lebensjahr noch nicht vollendet hat, besteht gem. § 159 Abs. 2 FamFG, wenn die Neigungen, Bindungen oder

---

617 BayObLG NJW 1962, 2114; *Jansen* § 15 FGG RdNr. 8 mwN.

618 BayObLG NJW-RR 1994, 1225, 1226; *Keidel/Kuntze/Engelhardt* § 50 a FGG RdNr. 12 zur persönlichen Anhörung.

619 OLG Stuttgart FamRZ 1976, 167 f.; FGG und ZPO (damalige Fassung) enthalten keine Ermächtigungsgrundlagen zur Begutachtung der Verfahrensbeteiligten in Sorgerechts- und Umgangsrechtssachen: OLG Frankfurt/M. FamRZ 2001, 638 sowie OLG Koblenz FamRZ 2000, 1233 = NJW-RR 2001, 4.

620 Vgl. zu dem parallelen Problem bei ärztlichen Heileingriffen auch RdNr. 80 ff.

621 BayObLG FamRZ 1995, 501; OLG Zweibrücken DAVorm. 1999, 139; OLG Karlsruhe FamRZ 1993, 1479; OLG Stuttgart FamRZ 1976, 167 f. Die Anordnung erfordert unter den Voraussetzungen des § 1631 b zusätzlich eine Genehmigung des Familiengerichts nach dieser Vorschrift und gem. §§ 312 ff. FamFG (§§ 70 ff. FGG aF). Vgl. zur Einwilligung des Minderjährigen in einen Schwangerschaftsabbruch oder Heileingriff RdNr. 66 ff. u. RdNr. 80 ff.

622 BayObLG FamRZ 1995, 501; OLG Zweibrücken DAVorm. 1999, 139; OLG Karlsruhe FamRZ 1993, 1479.

623 OLG Hamm FamRZ 1974, 29 f.

624 KG FamRZ 1965, 158, 160.

625 BayObLG FamRZ 1990, 903 (LS).

626 Vgl. dazu ferner für vorläufige Anordnungen RdNr. 238 sowie für das Beschwerdeverfahren RdNr. 253.

der Wille des Kindes für die Entscheidung von Bedeutung sind oder die persönliche Anhörung des Kindes aus sonstigen Gründen angezeigt ist. Die Anhörung dient neben der Sachverhaltsaufklärung dazu, dem Richter einen **persönlichen Eindruck** von dem Betreffenden zu verschaffen.[627]

226 Die Verpflichtung des Richters sich durch die **Anhörung des Kindes**[628] über dessen **Wünsche, Neigungen** und **Bindungen zu** informieren,[629] folgt auch aus dem **allgemeinen Persönlichkeitsrecht** des Kindes.[630] Selbst die Anhörung von **Kleinkindern** ist damit grundsätzlich geboten.[631] Insbesondere kann der bisherigen Gegenansicht,[632] nach der von der Anhörung zB 6-[633] und 3-jähriger Kinder[634] abgesehen werden sollte, weil dem noch ungefestigten Willen von Kindern dieser Altersstufe keine Bedeutung beizumessen sei, nun der Wortlaut des § 159 Abs. 2 FamFG entgegengesetzt werden, der sich speziell mit der persönlichen Anhörung des Kindes unter vierzehn Jahren befasst. Die Gegenansicht hat darüber hinaus verkannt, dass es nach § 50 b Abs. 1 FGG aF nicht nur auf den Kindeswillen ankommt, sondern auch darauf, dass sich das Gericht zur Sachverhaltsfeststellung einen unmittelbaren Eindruck von dem Kind verschafft.[635] Anhörung kann in diesem Zusammenhang also Anschauung bedeuten. Ab dem **14. Lebensjahr** schreibt das Gesetz in § 159 FamFG (§ 50 b Abs. 2 FGG aF) die **persönliche Anhörung** des Minderjährigen vor; in vermögensrechtlichen Angelegenheiten ist dies gem. § 159 Abs. 1 S. 1 FamFG nicht zwingend. Davor ist das Kind unter den Voraussetzungen des § 159 Abs. 2 FamFG persönlich anzuhören.[636] Bei der Kindesanhörung hat der Richter im Hinblick darauf, dass ggf. **strafrechtliche Vorwürfe** gegen den Vater erhoben werden, das Zeugnisverweigerungsrecht aus § 52 Abs. 2 StPO zu beachten.[637] Dies erlangt in der Praxis vor allem dann Relevanz, wenn gegen den Vater der Vorwurf des sexuellen Missbrauchs oder der Kindesmisshandlung erhoben wird.

227 Der Richter darf insgesamt von einer **Anhörung des Kindes** gem. § 159 Abs. 3 FamFG (§ 50 b Abs. 3 FGG aF) nur aus **schwerwiegenden Gründen absehen,** zB wenn die psychische Belastung dem Wohl eines vorgeschädigten Kindes nicht dienlich wäre[638] oder sein Gesundheitszustand auf Grund der seelischen Anspannung beeinträchtigt würde.[639]

228 Der Familienrichter muss gem. § 160 Abs. 1 S. 2 FamFG (§ 50 a Abs. 1 S. 3 FGG aF) ferner die **Sorgerechtsinhaber zwingend persönlich anhören.**[640] Von der Anhörung kann allein auf Grund schwerwiegender Gründe gem. § 160 Abs. 3 FamFG (§ 50 a Abs. 3 S. 1 FGG aF) abgesehen werden. Auch den **nicht sorgeberechtigten Elternteil** hört das Gericht an, es sei denn, es handelt sich um eine sonstige Kindschaftssache und es ist keine Aufklärung von der Anhörung zu erwarten, § 160 Abs. 2 S. 2 FamFG (§ 50 a Abs. 2 FGG aF). Ebenso sind die **Pflegeeltern** in einem Verfahren zu hören, das den Entzug der elterlichen Sorge zum Gegenstand hat.[641]

---

[627] BayObLG FamRZ 1995, 500, 501; OLG Hamm FamRZ 1999, 36; OLG Düsseldorf FamRZ 1994, 1541, 1542; VerfG Berlin FamRZ 2001, 849; *Rauscher* 2. Aufl. 2008 RdNr. 1139.

[628] Anregungen für das Vorgehen bei Anhörung von Kindern als Zeugen häuslicher Gewalt bei *Salzgeber/Stadler* FPR 2001, 287.

[629] OLG Frankfurt/M. FamRZ 1997, 571.

[630] *Oelkers* FamRZ 1997, 779, 786.

[631] BayObLG FamRZ 1997, 1429 für 3jähriges Kind; OLG Frankfurt/M. FamRZ 1997, 571; BayObLG FamRZ 1983, 948 für 3jähriges Kind; vgl. *Luthin* FamRZ 1981, 111, 113 sowie 1149 f.; *Fehmel* DAVorm. 1981, 170 f.

[632] Zu den verschiedenen Auffassungen vgl. *Weber* NJW 1997, 2787, 2793.

[633] BayObLGZ DAVorm. 1981, 814 f.; 901, 904 f.

[634] BayObLG DAVorm. 1983, 381, 386; OLG Saarbrücken DAVorm. 2000, 689; aA OLG Brandenburg FamRZ 2003, 624: Persönliche Anhörung ab einem Mindestalter von 3 Jahren.

[635] BVerfGE 55, 171, 180.

[636] OLG Hamm FamRZ 1996, 421, 422.

[637] AG Düsseldorf FamRZ 1995, 498 f. für den FG-Richter.

[638] LG Leipzig DAVorm. 1996, 620, 622.

[639] OLG Hamm FamRZ 1999, 37.

[640] BayObLG FamRZ 1995, 500, 501; OLG Oldenburg FamRZ 1999, 35 f.; OLG Hamm FamRZ 1999, 36; OLG Düsseldorf FamRZ 1994, 1541; AG Düsseldorf FamRZ 1995, 498, 499.

[641] OLG Köln FamRZ 2000, 1241.

229 Schließlich ist gem. § 162 Abs. 1 S. 1 FamFG (§ 49 a Abs. 1 Nr. 8 FGG aF) das **Jugendamt** zu hören,[642] sofern es im Verfahren um die Person des Kindes geht, während für rein vermögensrechtliche Angelegenheiten keine Anhörungspflicht besteht.[643] Sollten allerdings die vermögensrechtlichen Angelegenheiten die künftige Lebensplanung des Kindes beeinflussen, ist das Jugendamt anzuhören, weil die Angelegenheit dann nicht mehr ausschließlich vermögensrechtlicher Art ist. Unterbleibt die notwendige Anhörung wegen Gefahr in Verzug, ist sie gem. § 162 Abs. 1 S. 2 FamFG unverzüglich nachzuholen. Der aus der unterbliebenen Anhörung resultierende Verfahrensverstoß führt in den übrigen Fällen wegen seiner möglichen Ursächlichkeit für die angefochtene Entscheidung regelmäßig zu deren Aufhebung und Zurückverweisung, weil dann neue Tatsachenprüfungen stattfinden müssen.[644] Das gilt sogar für den Fall, dass das Familiengericht oder aber das Beschwerdegericht im Übrigen eingehende und sorgfältige Ermittlungen durchgeführt und danach ein Einschreiten nach § 1666 abgelehnt hat.[645]

230 **5. Erörterung der Kindeswohlgefährdung.** Während die Anhörung nach §§ 1666, 1666 a, § 160 Abs. 1 S. 2 FamFG (§ 50 a FGG aF) der Aufklärung des Sachverhalts verbunden mit der Gewährung rechtlichen Gehörs dient, verfolgt die seit kurzem vorgesehene Erörterung der Kindeswohlgefährdung nach § 157 Abs. 1 FamFG (§ 50 f FGG aF)[646] ein anderes Ziel. Als Verfahrensabschnitt vor der Entscheidung, der aber mit der Anhörung verbunden werden kann, sollen dort „mögliche" Gefährdungen des Kindeswohls durch öffentliche Hilfen abgewendet werden. Hierzu finden sich die Beteiligten, Eltern, Jugendamt und in geeigneten Fällen auch das Kind zusammen.[647] Durch Hinweis auf denkbare Konsequenzen und Darlegung der Ernsthaftigkeit der Lage versucht der Richter, die Kooperationsbereitschaft der Eltern zu fördern.[648] Es ist aber nicht zu übersehen, dass das Familiengericht auch schon in der persönlichen Anhörung nach § 160 Abs. 1 S. 2 FamFG (§ 50 a FFG aF) dieses Ziel erreichen kann, da es ein milderes Mittel gegenüber Maßnahmen nach §§ 1666, 1666 a darstellt.[649] Bemerkenswert erscheint, dass die Eingriffsschwelle für ein Tätigwerden des Familiengerichts bereits auf eine **mögliche** Gefährdung vorverlegt wurde, um die frühzeitige Anrufung der Familiengerichte gerade in den Fällen zu fördern, in denen eine niedrigschwellige familiengerichtliche Maßnahme für den Hilfeprozess sinnvoll und notwendig ist.[650]

231 **6. Vorrang- und Beschleunigungsgebot.** Einer regelmäßigen Verfahrensverzögerung wirkt das in § 155 FamFG (§ 50 e Abs. 1 FGG aF)[651] verankerte Vorrangs- und Beschleunigungsgebot entgegen. Beide Gebote dienen dem Kindeswohl und tragen dem kindlichen Zeitempfinden Rechnung, um beispielsweise nicht kurze Phasen der Entfremdung zur Bezugsperson aus Sicht des Kindes als endgültig erscheinen zu lassen. Dabei verbietet sich jede schematische Handhabung. Im Einzellfall kann daher sogar ausnahmsweise ein Zuwarten anstelle eines sofortigen Eingreifens erforderlich sein.[652] Ein früher Erörterungstermin nach § 155 Abs. 2 FamFG, der innerhalb eines Monats nach Beginn des Verfahrens statt-

---

[642] Mit der Reichweite von § 49 a FGG aF (nunmehr in § 162 FamFG geregelt), den in der Praxis gewonnenen Erfahrungen, mit der Anhörung des Jugendamtes auf Grund dieser Vorschrift sowie einem etwaigen Reformbedürfnis beschäftigt sich *Kaufmann* ZfJ 2001, 8.

[643] BT-Drucks. 16/6308 S. 241.

[644] Zum Prüfungsumfang der Rechtsmittelinstanz vgl. RdNr. 257.

[645] Vgl. OLG Hamm FamRZ 1974, 29 f. zum VormG (mwN OLG Celle FamRZ 1961, 33 zum VormG).

[646] Eingefügt durch G. zur Erleichterung familiengerichtlicher Maßnahmen bei Gefährdung des Kindeswohls v. 4. 7. 2008, BGBl. I S. 1189, s.o. RdNr. 4.

[647] Vgl. auch *Röchling* FamRZ 2008, 1495, 1497; *Willutzki* FPR 2009, 327, 329.

[648] Vgl. BT-Drucks. 16/6815 S. 12, 17.

[649] Zur Recht krit. *Rosenboom/Rotax* ZRP 2008, 1, 2.

[650] BT-Drucks. 16/6815 S. 15; *Trenczek* S. 148; *Rosenboom/Rotax* ZRP 2008, 1, 2 f.; *Meysen* NJW 2008, 2673, 2675 f.

[651] Eingefügt durch G. zur Erleichterung familiengerichtlicher Maßnahmen bei Gefährdung des Kindeswohls v. 4. 7. 2008, BGBl. I S. 1189, s.o. RdNr. 4.

[652] BT-Drucks. 16/6815 S. 12, 16.

finden soll und lediglich aus zwingenden Gründen verlegt werden kann,[653] dient dazu, eine Eskalation eines vermeintlichen Elternkonflikts oder ein Festfahren der elterlichen Positionen zu vermeiden.[654] Dabei hat das Gericht das persönliche Erscheinen der Eltern zum Termin anzuordnen, Abs. 3. Stets muss es nach § 157 Abs. 3 FamFG (§ 50 e Abs. 4 FGG aF) im Verfahren wegen Gefährdung des Kindeswohls unverzüglich den Erlass einer einstweiligen Anordnung prüfen, um gegebenenfalls Maßnahmen zur Gefahrenabwehr zeitnah ergreifen zu können. Bei einstweiligen Anordnungen ist gem. § 51 Abs. 2 S. 2 FamFG eine mündliche Verhandlung entbehrlich.

III. Verfahrensrechtliche Stellung des Kindes

Das Kind ist im erstinstanzlichen Verfahren grundsätzlich **nicht formell Beteiligter.**[655] Der 232
mindestens **14-jährige Jugendliche** darf allerdings im Hinblick auf sein Beschwerderecht gem. § 60 FamFG (§ 59 FGG aF) bereits im erstinstanzlichen Verfahren mitwirken,[656] zB Fragen in der Beweisaufnahme stellen. Er kann so eine ihm ungünstige Entscheidung, gegen die er ein Beschwerderecht hätte, von vornherein abwenden.[657] Dies hat in der Praxis besondere Bedeutung, weil die Rechtsprechung die entsprechende Beschwerdebefugnis gem. § 60 FamFG (§ 59 FGG aF) wohl auch dann anerkennen wird, wenn der betreffende Minderjährige mit dem Rechtsmittel die Ablehnung einer von ihm angeregten Schutzmaßnahme angreift.[658] Nur ein solches Verständnis der prozessualen Rechte Minderjähriger trägt ihrem verfassungsmäßigen Anspruch auf staatlichen Schutz bei elterlichem Versagen Rechnung.[659] Denn zum Anspruch gehört auch das Recht auf seine prozessuale Ausübung.[660] Dementsprechend besteht gem. § 158 Abs. 2 Nr. 2 FamFG (§ 50 Abs. 2 Nr. 2 FGG aF) die Möglichkeit des Familiengerichts, dem Minderjährigen dafür einen **Verfahrensbeistand** zu bestellen.[661] Dieser **„Kindesanwalt“**[662] soll sicherstellen, dass die eigenständigen Interessen des Jugendlichen im Verfahren Geltung erlangen.[663] Der Umfang des **Aufgabenbereichs** eines Verfahrensbeistands, der selbst als Beteiligter gilt; §§ 7, 158 Abs. 3 S. 2 FamFG,[664] wird unterschiedlich weit gezogen. Dies spielt aus dessen Sicht nicht zuletzt für den Umfang des abrechenbaren Zeitaufwandes eine wichtige Rolle. Eine Ansicht zählt die Ermittlung des objektiven Kindeswohls durch Explorationen und Gespräche mit den Verfahrensbeteiligten zu den Aufgaben des Beistands,[665] während die Gegenauffassung den Aufgabenkreis ansonsten[666] erheblich enger

---

[653] *Rosenboom/Rotax* ZRP 2008, 1, 3 vermissen eine gleichlautende Verpflichtung der beteiligten Jugendämter.

[654] Vgl. BT-Drucks. 16/6815 S. 12.

[655] *Keidel/Kuntze/Engelhardt* § 50 FGG RdNr. 1.

[656] *Keidel/Kuntze/Engelhardt* § 59 FGG RdNr. 4; *Staudinger/Coester* RdNr. 209.

[657] OLG München FamRZ 1978, 614, 617 (zu § 1634); vgl. *Jansen* § 6 FGG RdNr. 5 zur Beteiligtenstellung des von § 57 FGG aF erfassten Personenkreises u. zur Übertragbarkeit dieses Satzes auf das Amtsverfahren nach § 1666; *Hinz* Kindesschutz S. 46 ff.; *Soergel/Strätz* RdNr. 54; aA LG Kassel FamRZ 1970, 597.

[658] So zu § 59 FGG aF OLG Hamm FamRZ 1974, 29 f.; OLG Stuttgart FamRZ 1974, 538, 540; LG Kassel FamRZ 1970, 597; *Staudinger/Coester* RdNr. 209; *Soergel/Strätz* RdNr. 56; *Erman/Michalski* RdNr. 32. Unentschieden OLG Köln FamRZ 1973, 265 f.

[659] Vgl. *Hinz* Kindesschutz S. 56 ff.

[660] Vgl. *Franz* FamRZ 1964, 571; *Hinz* Kindesschutz S. 56 ff.

[661] Vormals „Verfahrenspfleger“ genannt; BT-Drucks. 13/4899 S. 71 u. 76; OLG Hamm FamRZ 2001, 850; abl. *Will* ZfJ 1998, 1 ff. Ohne die Bestellung eines Verfahrensbeistands ist eine (auch teilweise) Entziehung der elterlichen Sorge unzulässig, OLG Naumburg FGPrax 2005, 213. UU kann es sogar die Grundrechte des Kindes verletzen, wenn das Gericht ihm keinen Verfahrensbeistand bestellt, vgl. BVerfG FamRZ 2005, 1657 f.

[662] OLG Koblenz FamRZ 2005, 1923, 1924: „Sprachrohr des Kindes“.

[663] BT-Drucks. 13/4899 S. 76; OLG Köln FamRZ 2001, 845; vgl. *Will* ZfJ 1998, 1, 4; hängt die gerichtliche Entscheidung allerdings ganz überwiegend von der Erziehungsfähigkeit der Eltern ab, kann von der Bestellung des Verfahrenspflegers abgesehen werden, vgl. OLG Koblenz FamRZ 2005, 1923.

[664] *Zimmermann*, Das neue FamFG, RdNr. 362 mwN; aA früher zB *Bassenge/Roth* FGG § 50 RdNr. 12.

[665] OLG Zweibrücken FamRZ 2002, 627; missverständlich vom „wahren Kindeswillen“ sprechend.

[666] OLG Köln FamRZ 2000, 1307 (Ls.) = NJW- RR 2001, 74; OLG Brandenburg FamRZ 2001, 692 sowie MDR 2001, 573; OLG Braunschweig FamRZ 2001, 776; OLG Hamburg FamRZ 2001, 34 = JAmt 2001, 144; KG FamRZ 2000, 1300 = NJW- RR 2001, 73.

zieht, weil im Verfahrensbeistand ein subjektiver Interessenvertreter des Kindes gesehen wird, der allein dessen Willen, nicht auch sein objektives Wohl, zu ermitteln habe. Der letzten Ansicht ist zu folgen. Deshalb gehört die Aufstellung eines Hilfeplanes oder die Vermittlung zwischen den Elternteilen nicht zu seiner Tätigkeit.[667]

233 Im Hinblick auf die **Rechtsstellung des Minderjährigen im Verfahren** ist ferner darauf hinzuweisen, dass das Familiengericht die Eltern durch **Versagung der Akteneinsicht** gem. § 13 FamFG (§ 34 Abs. 1 S. 1 FGG aF) daran hindern kann, die **Identität der Pflegeeltern** zu erfahren, wenn die Offenlegung eine nachhaltige Gefährdung für die Entwicklung des Kindes bedeuten würde.[668] In den gleichen Zusammenhang gehört, dass das Familiengericht den **Aufenthaltspfleger** durch einstweilige Anordnung ermächtigen darf, dem Elternteil, der sein Aufenthaltsbestimmungsrecht verloren hat, den **Aufenthalt** des Kindes zu **verschweigen.**[669]

IV. Vorläufiger Rechtsschutz

234 **1. Voraussetzungen.** Eine einstweilige Anordnung des erstinstanzlichen, aber auch des Beschwerdegerichts ist nach allgemeiner Ansicht ohne ausdrückliche gesetzliche Grundlage zulässig, wenn ein **dringendes Bedürfnis** sofortiges Einschreiten des Gerichts erfordert, also das Abwarten einer Entscheidung im Hauptsacheverfahren eine Kindeswohlgefährdung nach sich zöge.[670] Das dringende Bedürfnis steht in Abhängigkeit zu der Schwere der vorgesehenen Maßnahme.[671] Es entfällt, wenn die im Zuge des Verfahrens der einstweiligen Anordnung gewonnenen Erkenntnisse des Richters bereits eine **Hauptsacheentscheidung** ermöglichen.[672]

235 Für den Erlass einer vorläufigen Anordnung ist entscheidend, ob die **Kindeswohlgefährdung** einerseits sowie die **Dringlichkeit des gerichtlichen Einschreitens** andererseits gem. § 294 ZPO **glaubhaft** gemacht werden.[673] Dazu ist **keine umfassende Sachverhaltsaufklärung** erforderlich.[674] Das erkennende Gericht muss aber zu der Ansicht gelangen, dass die vorhandenen Anhaltspunkte die geplante Schutzmaßnahme zu Gunsten des Kindes rechtfertigen.[675]

236 Sowohl die **Sorgerechtsinhaber** als auch **Dritte** können **Adressat** der vorläufigen Anordnung iSv. Abs. 4 sein.[676]

237 Sie besteht uU sogar in der **Entziehung der gesamten Personensorge,** wenn die Kindeswohlgefährdung nicht anders abwendbar ist.[677] Der Verhältnismäßigkeitsgrundsatz darf dabei aber keinesfalls außer Betracht bleiben.[678]

238 **2. Verfahrensrechtliches.** Grundsätzlich ist eine **Anhörung** sowohl der **Sorgeberechtigten** als auch des **Kindes** vor Erlass der gerichtlichen Maßnahme erforderlich, §§ 159,

[667] Mit der Rechtsstellung und den Aufgaben des Verfahrenspflegers beschäftigte sich das BVerfG FamRZ 2004, 1267. Vgl. zum Aufgabenbereich und zur Vergütung ferner OLG Dresden FamRZ 2003, 877 ff. sowie zur Verfahrenspflegervergütung OLG Stuttgart FamRZ 2004, 1305 ff. Weitere offene Fragen im Zusammenhang mit dem Verfahrenspfleger behandelt *Engelhardt* FamRZ 2001, 525. Zur häuslichen Gewalt aus dem Blickwinkel der Verfahrenspflegschaft *Söpper* FPR 2001, 269.

[668] OLG Stuttgart FamRZ 1985, 525.

[669] Gegen eine solche Entscheidung ist die weitere Beschwerde zulässig: BayObLG FamRZ 1977, 752.

[670] OLG Hamm FamRZ 2006, 1478; OLG Thüringen FamRZ 2006, 280; OLG Frankfurt/M. FamRZ 2000, 1037; BayObLG FamRZ 1999, 178; 1997, 387; 1995, 502 f.; NJW 1992, 1971, 1972; OLG Köln FamRZ 1996, 1027 f.; OLG Celle NJW 1995, 792 [hier Eilbedürftigkeit eines Heileingriffs]; zur älteren Rspr. vgl. 3. Aufl. RdNr. 52.

[671] Besonders hohe Anforderungen gelten für die vorläufige Entziehung des Aufenthaltsbestimmungsrechts, vgl. OLG Thüringen FamRZ 2006, 280.

[672] OLG Frankfurt/M. FamRZ 2000, 1037.

[673] BayObLG FamRZ 1990, 1380; 1989, 421 f.; OLG Karlsruhe FamRZ 1974, 661.

[674] BayObLG FamRZ 1999, 318, 319; OLG Düsseldorf NJW 1995, 1970.

[675] OLG Karlsruhe FamRZ 1974, 661; BayObLG FamRZ 1962, 34 f.

[676] Zu § 1666 aF: AG Wedding WuM 1992, 470 f.

[677] BVerfG NJW 1994, 1208; BayObLG FamRZ 1994, 975.

[678] BVerfG NJW 1995, 1970; 1994, 1208, 1209; vgl. im Einzelnen RdNr. 155 ff.

160 FamFG (§§ 50 a Abs. 1, 50 b Abs. 1 FGG aF). Bei **Gefahr im Verzug** kann hiervon zunächst abgesehen werden. Sie muss jedoch unverzüglich nachgeholt werden, §§ 159 Abs. 3 S. 2, 160 Abs. 4 FamFG (§§ 49 a Abs. 3 iVm. 49 Abs. 4, 50 a Abs. 3 S. 2, 50 b Abs. 3 S. 2 FGG aF),[679] spätestens im **Beschwerdeverfahren.**[680] Dies gilt vor allem in dem praktisch wichtigen Fall der Kindeswohlgefährdung durch **sexuellen Missbrauch** (vgl. RdNr. 61 f.).

Die vom Gericht getroffene vorläufige Anordnung unterliegt **keiner zeitlichen Begrenzung,**[681] wird jedoch spätestens mit Wegfall des **dringenden Bedürfnisses** aufgehoben, zB auch dann, wenn das Hauptsacheverfahren ruht oder sich außergewöhnlich lange hinzieht.[682] Die **Rechtskraft** der Entscheidung im Hauptsacheverfahren hebt die vorläufige Anordnung ebenfalls auf.[683] Einstweilige Anordnungen nach § 1666 sind schließlich auch **Schutzmaßnahmen iSv. Art. 20 Abs. 1 Brüssel II a-VO bzw. Art. 1, 8 MSA,** die ausländischen Kindern den Schutz des deutschen Familienrechts gewähren.[684] 239

Als **Rechtsmittel** gegen die erstinstanzliche vorläufige Anordnung ist die **einfache Beschwerde** gem. §§ 58 ff. FamFG (§§ 19, 20 FGG aF) statthaft.[685] Sie ist gem. § 64 Abs. 1 FamFG bei dem Gericht einzulegen, das die Entscheidung erlassen hat (Familiengericht). Beschwerdegericht ist das Oberlandesgericht, § 119 Abs. 1 Nr. 1 a GVG. Eine **bereits vollzogene** vorläufige Anordnung kann das Beschwerdegericht nur **aus schwerwiegenden Gründen abändern,**[686] weil das Kind für seine Entwicklung vor allem auch **Kontinuität** benötigt, vgl. § 1696.[687] 240

V. Änderung und Aufhebung familiengerichtlicher Entscheidungen

Entscheidungen zum Sorge- und Umgangsrecht erwachsen nicht in materieller Rechtskraft. Das Familiengericht kann sie ändern, weil die Fürsorge gegenüber einem Minderjährigen Vorrang vor der Endgültigkeit einer Entscheidung des Gerichts hat.[688] Auch außerhalb des Bereichs vorläufiger Anordnungen richtet sich die Aufhebung familiengerichtlicher Entscheidungen stets nach § 1696. Die Vorschrift berücksichtigt eine **veränderte Sachlage** und ermöglicht die **Anpassung** daran oder die **Aufhebung** aus Gründen des sachlichen Rechts. Wenn die Vorteile einer Änderung die Nachteile deutlich überwiegen, liegt ein triftiger Änderungsgrund vor.[689] Gem. § 1696 Abs. 3 S. 1 besteht bei **länger andauernden Maßnahmen** eine **Prüfungspflicht** des Gerichts. Hat das Gericht von Maßnahmen nach den §§ 1666–1667 abgesehen, soll es seine Entscheidung in angemessenem Zeitabstand, in der Regel nach drei Monaten, überprüfen, § 1696 Abs. 3 S. 2.[690] Die Überprüfungsmöglichkeit wirkt der Gefahr entgegen, dass es – entgegen der Annahme des Gerichts – nicht gelingt, die Gefährdung für das Kind abzuwenden und das Gericht hiervon nichts erfährt. Dagegen ist nach der Gesetzesbegründung keine „Dauerkontrolle" der Familie bezweckt.[691] 241

---

[679] OLG Celle NJW 1995, 792, 793; OLG Düsseldorf FamRZ 1994, 1541.

[680] BayObLG FamRZ 1985, 100 f.; 635 f. mwN.

[681] OLG Köln FamRZ 1996, 1027.

[682] Nach OLG Braunschweig OLGZ 1966, 83, 84 f. ist eine zweijährige Verfahrensdauer nicht ausreichend.

[683] OLG Hamm FamRZ 1995, 1209 f.

[684] BayObLG FamRZ 1982, 1118 f.; 1977, 473 f.; zur Brüssel II a-VO u. zum MSA ausf. RdNr. 27 ff.

[685] OLG Köln FamRZ 2000, 1240, 1241; *Keidel/Kuntze/Kahl* § 19 FGG RdNr. 31 a; MünchKommZPO/*Finger*, 2. Aufl. 2000, § 621 e RdNr. 6. Grundsätzlich nicht nach § 58 Abs. 1 FamFG (§ 19 FGG aF) anfechtbar sind verfahrenseinleitende Verfügungen und Beweisanordnungen, vgl. OLG Koblenz FamRZ 2006, 143.

[686] OLG Hamm FamRZ 2006, 1478; OLG Brandenburg FamRZ 2004, 210; OLG Dresden MDR 2003, 633; OLG Köln NJW 1999, 224.

[687] Zur Kontinuität auch RdNr. 43.

[688] BVerfG FamRZ 2005, 783.

[689] OLG Köln FamRZ 2005, 1276; wünscht das Kind einen Wechsel der Betreuungsverhältnisse, spricht sich das OLG Hamm FamRZ 2005, 746 gegen eine hohe Änderungsschwelle aus.

[690] Eingefügt durch G. zur Erleichterung familiengerichtlicher Maßnahmen bei Gefährdung des Kindeswohls v. 4. 7. 2008, BGBl. I S. 1188; *Meysen* NJW 2008, 2673, 2677.

[691] So BT-Drucks. 16/6815 S. 15; zweifelnd *Rosenboom/Rotax* ZRP 2008, 1, 2, ob nicht diese Prüfungsmöglichkeit – sogar ohne konkreten Anlass – zu einer unverhältnismäßigen Benachteiligung des Elternrechts gegenüber dem staatlichen Wächteramt führe.

242 Nachdem das KindschaftsRG vom 16. 12. 1997 gegen gerichtliche **Endentscheidungen,** die nunmehr in § 38 Abs. 1 FamFG legaldefiniert sind, als Rechtsmittel die **befristete Beschwerde** eingeführt hat (vgl. dazu sogleich RdNr. 248), ist die freie Abänderungsbefugnis des Gerichtes gem. § 48 Abs. 1 FamFG (§ 18 Abs. 1 FGG aF) durch § 68 Abs. 1 S. 2 FamFG (§§ 18 Abs. 2 FGG aF) ausgeschlossen.

VI. Vollzug familiengerichtlicher Entscheidungen

243 Grundsätzlich ergeben sich hinsichtlich der **Vollziehung** familiengerichtlicher Entscheidungen gem. §§ 86 ff. FamFG (§ 33 FGG aF) keine Besonderheiten. Das Gericht kann also den Adressaten durch Anordnung von **Ordnungsgeld** anhalten, dem Beschluss nachzukommen, sofern seine Befolgung ausschließlich von seinem Willen abhängt.[692] Eine Ordnungsgeldfestsetzung kommt demnach nicht in Betracht, wenn die ernstlich gewollte Vornahme der Handlung an unüberwindlichen Hindernissen scheitert.[693] Während § 89 FamFG die Anordnung von Ordnungsmitteln in Form von Ordnungsgeld und nötigenfalls Ordnungshaft regelt, befasst sich § 90 FamFG mit der Möglichkeit der Gewaltanwendung zur Durchsetzung gerichtlicher Entscheidungen. Die im Rahmen des § 33 FGG aF diskutierten Probleme haben sich auch mit der Neuregelung in den §§ 86 ff. FamFG nicht erledigt.[694]

244 Ein beachtliches **Sonderproblem** stellt sich, wenn der Vollzug der familiengerichtlichen Entscheidung **Gewaltanwendung gegen das Kind** verlangt, etwa durch die Polizei oder den Gerichtsvollzieher. Die hM in der Literatur versagt unter Berufung auf Art. 2 Abs. 1 GG den staatlichen Organen eine **gewaltsame Durchsetzung** familiengerichtlicher Beschlüsse **gegen den Widerstand des Minderjährigen.**[695] Die Rechtsprechung und andere Stimmen der Literatur erlauben hingegen die zwangsweise Überwindung des Kindeswillens; jedoch setze das **allgemeine Persönlichkeitsrecht** des Kindes dem gewaltsamen Vollzug der Entscheidung Grenzen.[696] Nach dieser Betrachtungsweise, die keinen festen Maßstab bietet, ist es mit Art. 2 Abs. 1 GG unvereinbar, dass sich der Sorgeberechtigte mit gerichtlicher Hilfe gegen den festen Willen eines älteren Kindes durchsetzt.[697]

245 Die vorhandenen Entscheidungen betreffen regelmäßig die **Herausgabevollstreckung** des Anspruchs der Eltern aus § 1632 Abs. 1 (vgl. dazu die Erläuterungen zu § 1632). Insofern kann man auf die gesetzgeberische Wertung des § 1671 Abs. 2 Nr. 1 zurückgreifen, der dem Kindeswillen bei Kindern, die älter als **14 Jahre alt** sind, entscheidende Bedeutung beimisst (zur Beachtlichkeit des Kindeswillens vgl. RdNr. 45 ff.).

246 Im Übrigen stellt die gewaltsame Durchsetzung familiengerichtlicher Beschlüsse einen besonders tief greifenden Eingriff in das **Persönlichkeitsrecht** des Minderjährigen dar. Andererseits dient die Vollstreckung gerichtlicher Maßnahmen der Durchsetzung des materiellen Rechts.[698] § 90 Abs. 2 FamFG (§ 33 Abs. 2 S. 2 FGG aF im Umkehrschluss) zeigt, dass der Gesetzgeber Gewaltanwendung gegen ein Kind nicht grundsätzlich ausgeschlossen hat, sondern sie nur verbietet, wenn der Zweck darin besteht, das **Umgangsrecht** auszuüben. Insbesondere erlaubt Abs. 2 S. 2 gerade die Anwendung unmittelbaren Zwangs unter bestimmten Voraussetzungen. Unter Beachtung des Grundsatzes der **Verhältnismäßigkeit** können also Beschlüsse notfalls auch unter Gewaltanwendung gegen den Minderjährigen durchgesetzt werden. Dies kommt allerdings ausschließlich in solchen

[692] Die Ordnungsgeldandrohung muss verhältnismäßig sein, wobei nicht erforderlich ist, dass bereits eine Zuwiderhandlung erfolgt ist oder ein schuldhaftes Verhalten vorliegt, OLG Köln OLGR 2004, 258.

[693] Siehe zur Zwangsgeldfestsetzung *Keidel/Kuntze/Zimmermann* § 33 FGG RdNr. 12 mwN.

[694] *Diehl* FPR 2008, 426, 429.

[695] *Palandt/Diederichsen* § 1632 RdNr. 9; *Lempp* FamRZ 1986, 1061 ff.

[696] BGH FamRZ 1975, 273, 276; BayObLGZ 1974, 317; BayObLG FamRZ 1984, 932, 933; 1997, 954, 956; *Staudinger/Coester* RdNr. 228.

[697] BGH FamRZ 1975, 273, 276; BayObLG FamRZ 1997, 954, 956 für 17-jähriges Kind; *Staudinger/Coester* RdNr. 229 mwN.

[698] *Knöpfel* FamRZ 1985, 1211, 1215.

Fällen in Betracht, in denen **schwerste Gefahren** abgewendet werden sollen, also eine sehr **schwerwiegende Gesundheitsgefährdung** oder der **Tod des Kindes** zu befürchten wäre.[699] Hieran ist zB zu denken, wenn die Fortsetzung einer Schwangerschaft das Leben der minderjährigen Mutter ernsthaft gefährdet (vgl. RdNr. 66 ff.), oder wenn der Minderjährige einen lebensrettenden Heileingriff verweigert (vgl. RdNr. 80 ff.). Teilt man die Ansicht, dass minderjährigen Kindern in solchen Situationen kein Alleinentscheidungsrecht zukommt, und hält man die Beteiligung der Eltern und damit auch die des Familiengerichtes für richtig, dann darf das Gericht den Vollzug der Entscheidung nicht unterlassen. Es braucht keine nähere Ausführung, dass diese Betrachtungsweise in der Praxis Probleme bereitet und alles versucht werden sollte, zunächst eine Einigung mit dem betreffenden Jugendlichen herbeizuführen. Vor allem gilt, dass die entsprechende Anordnung des Gerichts gem. § 90 Abs. 1 FamFG (§ 33 Abs. 2 S. 1 FGG aF) eine Entscheidung iSd. § 1697 a darstellt, so dass auch dabei das **Kindeswohl** im Vordergrund steht und von einer gewaltsamen Vollstreckung etwa dann abzusehen ist, wenn die Suizidgefahr höher als die Gesundheitsgefahr eingeschätzt werden muss. Ein grundsätzlicher Verzicht auf Vollstreckung würde aber den familiengerichtlichen Entscheidungen ihre Konsequenz nehmen.

VII. Rechtsmittel

1. Befristete Beschwerde. a) Beschwerdebefugnis. Gegen **Endentscheidungen** des **Familiengerichts** auf Grundlage des **Abs. 1** ist die **befristete Beschwerde** zum **OLG** statthaft, §§ 58 Abs. 1, 63, 64 FamFG (§§ 621 e Abs. 1, 3, 517 ZPO), § 119 Abs. 1 Nr. 1 GVG. Dies gilt entsprechend über die Verweisung des § 1837 Abs. 4 bzw. der §§ 1915, 1909 BGB auf § 1666, wenn Streit über die Entziehung oder Beschränkung der Personensorge beim Vormund und Pfleger besteht. 247

Der mindestens **14 jährige Jugendliche** kann sie in allen seine Person betreffenden Angelegenheiten gem. § 60 Abs. 1 FamFG (§ 59 iVm. § 64 Abs. 3 FGG aF) **selbständig** einlegen.[700] Die Beschwerdebefugnis der durch die Maßnahme beeinträchtigten **Eltern** folgt aus § 59 Abs. 1 FamFG (§ 20 FGG aF), weil sie in ihrem Sorgerecht betroffen sind. Hierin liegt der notwendige **unmittelbare Eingriff** in ein **subjektives Recht** des Beschwerdeführers.[701] Die zuvor nicht unumstrittene Rechtsmittelberechtigung des **Jugendamtes**[702] ergibt sich nun aus §§ 162 Abs. 3 S. 2 FamFG (§§ 57 Abs. 1 Nr. 9, 64 Abs. 3 S. 3 FGG aF), obwohl es nicht in „seinen" Rechten betroffen ist.[703] 248

Dem früher in **§ 57 Abs. 1 Nr. 8, 9 FGG** genannten Personenkreis steht kein Beschwerderecht (mehr[704]) zu. Zu den betreffenden Personen zählten zB Pflegeeltern,[705] Stiefeltern[706] sowie bei Ablehnung oder Aufhebung einer Maßregel gem. § 1666 Verwandte und Verschwägerte des Kindes. Die Beschwerdeberechtigung sollte nach dem Willen des Gesetzgebers auf den in §§ 59, 60 FamFG (§§ 20, 59 FGG aF) genannten Personenkreis beschränkt werden,[707] um den Eintritt der **formellen Rechtskraft** familiengerichtlicher Entscheidungen sicherzustellen.[708] Eine Beschwerdebefugnis auf der Grundlage des § 59 249

[699] Schwangerschaftsabbruch gegen den Willen der minderjährigen Mutter in Fällen des § 218 a Abs. 2 StGB.

[700] BayObLG DAVorm. 1982, 351, 354 (zu § 1631 a).

[701] BGH NJW 1999, 3718, 3719; dies gilt nicht für den Kindesvater, der nicht Mitinhaber der elterlichen Sorge ist, OLG Frankfurt OLGR Frankfurt 2006, 437.

[702] BayObLG FamRZ 1989, 652, 653.

[703] *Bumiller/Harders* § 162 FamFG RdNr. 4; für eine Beschwerdeberechtigung des Jugendamtes gemäß § 20 FGG aF: *Staudinger/Coester* RdNr. 232; OLG Köln FamRZ 2001, 1087, 1088.

[704] Zu der Rechtslage vor dem KindschaftsRG v. 16. 12. 1997 vgl. 3. Aufl. RdNr. 70.

[705] Beschwerdebefugnis: OLG Hamm FamRZ 1994, 391 f.; aA BGH NJW 1999, 3718 ff. = FamRZ 2000, 219 ff.; 2004, 102.

[706] Beschwerdebefugnis: BayObLG FamRZ 1996, 1352 f.

[707] BT-Drucks. 13/11035 S. 26 f.

[708] Der Gesetzgeber wollte die unmittelbar Beteiligten schützen, wenn die entsprechenden Familiensachen im Verbund als Scheidungsfolgesache zu verhandeln wären, vgl. BT-Drucks. 13/11035 S. 26 f.

FamFG (§ 20 FGG aF) kommt aber uU für **Pflegeeltern** in Betracht.[709] Denn Art. 6 Abs. 1, 3 GG schützt die auf Dauer angelegte, gewachsene Beziehung zwischen ihnen und dem Kind,[710] so dass eine Verletzung ihrer subjektiven Rechte nicht generell ausgeschlossen erscheint.[711]

250 Lange Zeit umstritten war die **Beschwerdefähigkeit** der Entscheidung, durch die ein **Verfahrensbeistand bestellt** wird.[712] Nach mittlerweile herrschender Rspr. ist die Bestellung eines Verfahrenspflegers eine nicht anfechtbare Zwischenverfügung des Gerichts.[713] Der Beistand kann im Interesse des Kindes Rechtsmittel gem. § 158 Abs. 4 S. 5 FamFG in eigenem Namen einlegen, obwohl auch er nicht in „seinen" Rechten betroffen ist.

251 Das **Rechtsschutzbedürfnis,** welches für die Zulässigkeit der weiteren Beschwerde in gleicher Weise erforderlich ist wie für die Erstbeschwerde, fehlt, wenn kein Anlass besteht, die Vorentscheidung aufzuheben.[714] **Erledigung des Verfahrens** tritt durch den **Vollzug** der angefochtenen Entscheidung ein, falls der erstinstanzliche Beschluss keinen weiteren Regelungsinhalt hat.[715]

252 **b) Der Amtsermittlungsgrundsatz.** Der Amtsermittlungsgrundsatz gem. § 26 FamFG (§ 12 FGG aF) gilt auch im **Beschwerdeverfahren.**[716] Das **OLG** tritt vollständig an die Stelle des Familiengerichts[717] und **überprüft** das **gesamte Sach- und Rechtsverhältnis,** wie es sich im Zeitpunkt seiner Entscheidung darstellt, einschließlich der **Zweckmäßigkeitserwägungen.**[718] Das Beschwerdegericht verletzt seine Ermittlungspflicht indessen nicht, wenn es sich auf umfangreiche und ordnungsgemäße Ermittlungen des Familiengerichts stützt.[719] Denn eine Wiederholung ist nur geboten, soweit der Beschwerdevortrag neue entscheidungserhebliche Tatsachen enthält[720] oder das Beschwerdegericht die Glaubwürdigkeit eines Zeugen abweichend beurteilt.[721]

253 Auch im Beschwerdeverfahren besteht grundsätzlich eine **Anhörungspflicht** seitens des Gerichts.[722] Die unterlassene Anhörung des **Kindes,** der **Eltern** sowie des **Jugendamtes** stellt in zweiter Instanz demnach ebenfalls einen wesentlichen Verfahrensmangel dar.[723] Diese Pflicht zur nochmaligen Anhörung dient neben der erneuten Gewährung rechtlichen Gehörs insbesondere der Sachverhaltsaufklärung.[724]

---

[709] So auch *Bamberger/Roth/Veit* RdNr. 28; aA BGH FamRZ 2005, 975; 2004, 102; NJW 1999, 3718, 3719 für die Sorgerechtsübertragung.

[710] BVerfGE 68, 176, 187; 79, 51, 59; BGH NJW 1999, 3718, 3719; OLG Brandenburg FamRZ 2004, 720: „Zur Pflegefamilie des Kindes kann eine gewachsene Bindung entstehen, die durch Art. 6 Abs. 1 GG geschützt wird."

[711] Die Entscheidung, wem die elterliche Sorge zusteht, bedeutet allein allerdings noch keinen unmittelbaren Eingriff in die Rechtsstellung der Pflegeeltern: BGH NJW 1999, 3718, 3719.

[712] Dagegen OLG Brandenburg FamRZ 2000, 1295 = NJW-RR 2001, 76; OLG Naumburg FamRZ 2001, 170 = NJW-RR 2000, 1532; OLG Zweibrücken FamRZ 2001, 170; dafür OLG Dresden FamRZ 2000, 1296; OLG Düsseldorf FamRZ 2000, 1298; OLG Hamburg FamRZ 2001, 34 = JAmt 2001, 144; OLG Karlsruhe FamRZ 2000, 1296 = NJW- RR 2001, 78; KG NJW 2000, 2596; OLG Stuttgart FamRZ 2001, 39; ausf. *Engelhardt* FamRZ 2001, 525, 528.

[713] Vgl. OLG Zweibrücken FamRZ 2004, 1980; OLG Köln FamRZ 2005, 221; OLG Hamburg FamRZ 2005, 221; OLG München FamRZ 2005, 635.

[714] BayObLG FamRZ 1990, 551 f.

[715] OLG Düsseldorf DAVorm. 1992, 878, 879.

[716] *Bumiller/Harders* § 26 FamFG RdNr. 14; *Keidel/Kuntze/Schmidt* § 12 FGG RdNr. 63.

[717] Zur früheren Zuständigkeit des LG BGH NJW 1954, 554; BayObLG FamRZ 1990, 1150 f.

[718] Das Beschwerdegericht kann auch vorläufige Anordnungen erlassen: OLG Hamm FamRZ 1995, 1209, 1210.

[719] BayObLG NJW-RR 1991, 777, 779.

[720] BayObLG NJW-RR 1991, 777, 778 f.

[721] Vgl. BGH NJW 1968, 1138; 1976, 1742; *Keidel/Kuntze/Schmidt* § 12 FGG RdNr. 72.

[722] Für die Eltern: BayObLG NJW-RR 1994, 1225, 1226; OLG Oldenburg FamRZ 1999, 35 f.; OLG Hamm FamRZ 1999, 36 f.; für das Kind: BayObLG FamRZ 1992, 1212 (LS); 1997, 1429, 1430; für das Jugendamt: BayObLG FamRZ 1987, 87 f.

[723] OLG Düsseldorf NJW 1995, 1970.

[724] Vgl. BayObLG FamRZ 1980, 1150 f.

Das **Beschwerdegericht** kann deshalb nur in begründeten **Ausnahmefällen** von der **Anhörung absehen,**[725] zB weil die erstinstanzlichen ordnungsgemäßen Anhörungen erst kurze Zeit zurückliegen und keine neuen Tatsachen oder rechtlichen Gesichtspunkte existieren.[726] Dazu muss sich aus dem Anhörungsprotokoll des Familiengerichts oder aus dem sonstigen Akteninhalt ergeben, welchen Eindruck die Eltern hinsichtlich ihrer Fähigkeit zur Ausübung der elterlichen Sorge hinterlassen haben. Denn nur dann kann das Beschwerdegericht unter Verwertung der tatsächlichen Erkenntnisse des Familiengerichts als zweite Tatsacheninstanz an dessen Stelle treten.[727] 254

Neben der **erneuten Anhörung** hat das **Beschwerdegericht** eine Ermessensentscheidung darüber zu treffen, ob ggf. ein neuer **Sachverständigenbeweis** erhoben werden soll. Dies ist der Fall, wenn ein im erstinstanzlichen Verfahren erstattetes Gutachten grobe Mängel aufweist oder ein neuer Sachverständiger über Forschungsmittel verfügt, die denen des früheren Gutachters überlegen sind.[728] Das Gleiche gilt, wenn das Gutachten von unzutreffenden tatsächlichen Voraussetzungen ausgeht.[729] 255

2. Rechtsbeschwerde. Gegen die Entscheidung der zweiten Instanz ist die **weitere Beschwerde** (Rechtsbeschwerde) zum **BGH** (nur) statthaft, wenn entweder das **OLG** (Beschwerdegericht) **oder** der **BGH** (Rechtsbeschwerdegericht) – auf Beschwerde gegen die Nichtzulassung – sie **zugelassen** hat, § 70 FamFG (§ 621 e Abs. 2 ZPO aF). 256

Der **Beschwerdeführer** kann das Rechtsmittel gem. § 72 Abs. 1 S. 2 FamFG (§ 621 e Abs. 2 S. 2 ZPO aF) ausschließlich auf eine **Rechtsverletzung** stützen. Das Rechtsbeschwerdegericht darf gem. § 74 Abs. 3 S. 4 FamFG (§ 27 Abs. 1 S. 2 FGG aF) iVm. § 559 ZPO grundsätzlich keine neuen Tatsachen berücksichtigen.[730] Ihre Feststellung obliegt allein den unteren Instanzen.[731] Eine dahingehende Nachprüfung durch den BGH beschränkt sich darauf, ob die angefochtene Entscheidung wesentliche Umstände unberücksichtigt lässt, § 26 FamFG (§ 12 FGG aF), die Würdigung gegen Denkgesetze verstößt oder ob Schlüsse gezogen wurden, die mit einer feststehenden Auslegungsregel oder mit der allgemeinen Lebenserfahrung unvereinbar sind. Bei **vorläufigen Anordnungen** kommt die Prüfung hinzu, ob das Gericht die Anforderungen an die Glaubhaftmachung vernachlässigt bzw. überspannt hat.[732] 257

Die **unbestimmten Rechtsbegriffe** des Normtatbestands unterliegen jedoch uneingeschränkt der Nachprüfung des Rechtsbeschwerdegerichts im Hinblick darauf, ob die vom Tatrichter getroffenen Tatsachenfeststellungen die jeweilige rechtliche Schlussfolgerung zulassen.[733] 258

VIII. Kosten

Nach der Umstellung von Aktgebühren (vgl. § 94 Abs. 1 Nr. 3 KostO aF) auf pauschale Verfahrensgebühren zum 1. 9. 2009 durch das FamGKG (Gesetz über Gerichtskosten in Familiensachen, Art. 2 G. v. 17. 12. 2008, BGBl. I S. 2586, 2666) ergibt sich die **Kostenentscheidung** nunmehr aus Nr. 1310 des Kostenverzeichnisses der Anlage 1 zu § 3 Abs. 2 259

[725] OLG Oldenburg FamRZ 1999, 35, 36; OLG Hamm FamRZ 1999, 36, 37; s. a. RdNr. 221 u. 230 zu den Ausnahmefällen in der ersten Instanz.

[726] OLG Düsseldorf NJW 1995, 1970; BayObLG DAVorm. 1981, 901, 903; 1982, 351; FamRZ 1980, 1150 f.; 1984, 933 f.; 1985, 635 f.; 1997, 1429, 1430.

[727] BayObLG FamRZ 1980, 1150 f.; 1997, 1429, 1430; NJW-RR 1994, 1225, 1226; OLG Düsseldorf NJW 1995, 1970, 1971.

[728] BayObLGZ 1982, 309, 315; FamRZ 1984, 929 f.

[729] BayObLG FamRZ 1988, 1313 (LS) zum VormG und LG.

[730] Die gegenteilige Auffassung, nach der neue Tatsachen bei einer Entscheidung, die gem. § 18 Abs. 1 FGG aF nicht in materieller Rechtskraft erwächst, zu berücksichtigen sind, vgl. OLG Karlsruhe FamRZ 1977, 148, war seit dem KindschaftsRG v. 16. 12. 1997 wegen § 18 Abs. 2 FGG aF hinfällig.

[731] BayObLG DAVorm. 1996, 626, 628.

[732] KG FamRZ 1990, 1021, 1023.

[733] Vgl. zB zur Gefährdung des Kindeswohls BayObLG DAVorm. 1996, 626, 628; BayObLG ZBlJugR 1983, 308, 310; OLG Frankfurt/M. FamRZ 1984, 614; zum Sorgerechtsmissbrauch OLG Zweibrücken FamRZ 1984, 931; OLG Karlsruhe FamRZ 1974, 661 f.; ferner *Staudinger/Coester* RdNr. 233.

FamGKG bzw. aus den Nr. 1314, 1316 für **Rechtsmittelverfahren.** Minderjährigen können Kosten in diesem Verfahren, soweit diese ihre Person betreffen, nicht auferlegt werden (vgl. §§ 21 Abs. 1 Satz 2 Nr. 3 FamGKG, 81 Abs. 3 FamFG).

§ 1666 a Grundsatz der Verhältnismäßigkeit; Vorrang öffentlicher Hilfen

(1) [1] Maßnahmen, mit denen eine Trennung des Kindes von der elterlichen Familie verbunden ist, sind nur zulässig, wenn der Gefahr nicht auf andere Weise, auch nicht durch öffentliche Hilfen, begegnet werden kann. [2] Dies gilt auch, wenn einem Elternteil vorübergehend oder auf unbestimmte Zeit die Nutzung der Familienwohnung untersagt werden soll. [3] Wird einem Elternteil oder einem Dritten die Nutzung der vom Kind mitbewohnten oder einer anderen Wohnung untersagt, ist bei der Bemessung der Dauer der Maßnahme auch zu berücksichtigen, ob diesem das Eigentum, das Erbbaurecht oder der Nießbrauch an dem Grundstück zusteht, auf dem sich die Wohnung befindet; Entsprechendes gilt für das Wohnungseigentum, das Dauerwohnrecht, das dingliche Wohnrecht oder wenn der Elternteil oder Dritte Mieter der Wohnung ist.

(2) Die gesamte Personensorge darf nur entzogen werden, wenn andere Maßnahmen erfolglos geblieben sind oder wenn anzunehmen ist, dass sie zur Abwendung der Gefahr nicht ausreichen.

Schrifttum: *Coester,* Die Bedeutung des Kinder- und Jugendhilfegesetzes (KJHG) für das Familienrecht, FamRZ 1991, 253; *Diederichsen,* Die Neuregelung des Rechts der elterlichen Sorge, NJW 1980, 1; *Ehinger,* Die Regelung der elterlichen Sorge bei psychischer Erkrankung eines Elternteils oder beider Eltern im Überblick, FPR 2005, 253; *Eichenhofer,* Das neue Kinder- und Jugendhilferecht, JuS 1992, 279; *Grziwotz,* Schutz vor Gewalt in Lebensgemeinschaften und vor Nachstellungen, NJW 2002, 872; *Heilmann,* Verfassungsrechtliche Überlegungen zum Verhältnis von staatlichem Wächteramt und Jugendhilfe, ZfJ 2000, 41; *Hermann,* Die Umsetzung des „Gewaltschutzgesetzes" in das Landespolizeirecht, NJW 2002, 3062; *Hinz,* Zu den Voraussetzungen der Trennung eines gesunden Kindes von seinen behinderten Eltern, NJW 1983, 377; *Klinkhardt,* Jugendhilferechtliche Maßnahmen zum Schutz vor Gewalt, FPR 2001, 264; *Klussmann,* Das Pflegekind Janina in Glanz und Elend, ZfJ 1988, 478; *Knittel,* Kinderrechteverbesserungsgesetz verabschiedet, JAmt 2002, 50; *Oberloskamp,* Der Schutz von Kindern nach dem Gewaltschutzgesetz und Kinderrechteverbesserungsgesetz einerseits und den Vorschriften der §§ 1666, 1666 a andererseits, FPR 2003, 285; *Ollmann,* Eltern, Kind und Staat in der Jugendhilfe, FamRZ 1992, 388; *Peschel-Gutzeit,* Das Kinderrechteverbesserungsgesetz – KindRVerbG – vom 9. 4. 2002, FPR 2002, 285; *dies.,* Gesetz zur Verbesserung des zivilgerichtlichen Schutzes bei Gewalttaten und Nachstellungen sowie zur Erleichterung der Überlassung der Ehewohnung bei Trennung, FPR 2001, 243; *Röchling,* Vormundschaftsgerichtliches Eingriffsrecht und KJHG, Diss. Hagen 1997; *Roth,* Das Kinderrechteverbesserungsgesetz, JZ 2002, 651; *Rünz,* Die Entscheidungsmöglichkeiten des Vormundschaftsgerichts gemäß § 1666 a, Diss. Mainz 1988; *Sachs,* Grundgesetz, 5. Aufl. 2009; *v. Sachsen Gessaphe,* Nachbesserungen im Familienrecht – eine unendliche Geschichte, NJW 2002, 1853; *Schellhorn/Schellhorn/Hohm,* SGB XII – Sozialhilfe, 17. Aufl. 2006; *Schumacher,* Mehr Schutz bei Gewalt in der Familie, FamRZ 2002, 645; *dies.,* Der Regierungsentwurf eines Gesetzes zur Verbesserung des zivilgerichtlichen Schutzes bei Gewalttaten und Nachstellungen sowie zur Erleichterung der Überlassung der Ehewohnung bei Trennung, FamRZ 2001, 953; *Wiesner,* Die Kompetenz des Vormundschaftsgerichts bei der Abwendung von Gefahren für das Kindeswohl – Bemerkungen zur Auslegung und Anwendung von § 1666 a BGB, ZBlJugR 1981, 509; *ders.,* Das Kinder- und Jugendhilfegesetz unter besonderer Berücksichtigung familienunterstützender und -ergänzender Leistungen, FuR 1990, 325; *Wiesner u. a.,* SGB VIII – Kinder- und Jugendhilfe, 3. Aufl. 2006. Siehe im Übrigen das Schrifttum zu § 1666.

Übersicht

I. Normzweck

1. Anwendungsbereich. Ergänzungsfunktion. Der durch das SorgeRG vom 18. 7. 1979 eingefügte und durch das KindRVerbG vom 9. 4. 2002 erweiterte § 1666 a[1] stellt systematisch eine unselbständige Ergänzungsnorm zu § 1666 dar.[2] Die schärfsten Maßnahmen des Familiengerichtes bei der Gefährdung des Kindeswohls gem. § 1666 Abs. 1, 3 Nr. 3, nämlich die Trennung des Kindes von der elterlichen Familie durch **Herausnahme** des Kindes aus dem Familienverbund gem. § 1666 a Abs. 1 S. 1 bzw. durch **Wohnungsausweisung** eines Elternteils gem. § 1666 a Abs. 1 S. 2, 3 und der **Entzug** der **gesamten Personensorge,** § 1666 a Abs. 2, sind demzufolge zusätzlich an den Voraussetzungen des § 1666 a zu messen.[3] Die Norm ist auf die vergleichbaren Tatbestände der §§ 1632 Abs. 4, 1673 und 1748 analog anzuwenden.[4] Gemäß § 1837 Abs. 4 gilt sie zudem entsprechend für den Vormund und über § 1915 auch für den Pfleger. 1

2. Betonung des Verhältnismäßigkeitsgrundsatzes. Durch § 1666 a wird das verfassungsrechtliche Prinzip der **Verhältnismäßigkeit**[5] besonders hervorgehoben,[6] das allerdings ohnehin für sämtliche Maßnahmen des Familiengerichts gilt (vgl. § 1666 RdNr. 155 ff.). Daher hält man § 1666 a z. T. für überflüssig;[7] er hat jedoch zumindest die Funktion einer ausdrücklichen Verknüpfung von Maßnahmen des Familiengerichts mit öffentlichen Hilfen.[8] Zudem schafft er in Erweiterung des § 26 FamFG (§ 12 FGG aF) **besondere Prüfpflichten** sowie spezielle **Begründungs-** und **Legitimierungspflichten** für die Entscheidungen des Familiengerichts, deren Missachtung mit der Beschwerde angegriffen werden 2

[1] SorgeRG vom 18. 7. 1979 (BGBl. I S. 1061); KindRVerbG vom 9.4.2002 (BGBl. I 2002 S. 1239); ausf zu den hierdurch bewirkten Änderungen s. u. RdNr. 18 ff.

[2] *Röchling* S. 27 f.; *Wiesner* ZBlJugR 1981, 509; *Palandt/Diederichsen* RdNr. 1. Zu den Veränderungen des § 1666 in seinen Abs. 1 und 3 sowohl auf Tatbestands- als auch auf Rechtsfolgenseite durch das „Gesetz zur Erleichterung familiengerichtlicher Maßnahmen bei Gefährdung des Kindeswohls" v. 4. 7. 2008 s. §1666 RdNr. 4; insbesondere zu dem gesetzlich nun aufgeführten Maßnahmenkatalog s. § 1666 RdNr. 149. § 1666a selbst ist dabei unverändert geblieben.

[3] Zu vorläufigen Maßnahmen durch das Familiengericht siehe § 1666 RdNr. 208, 234 ff.

[4] BayObLG ZBlJugR 1983, 308, 311; *Staudinger/Coester* RdNr. 3.

[5] Dazu *Sachs* Art. 20 GG RdNr. 145 ff.

[6] BT-Drucks. 8/2788 S. 59 f.; BVerfGE 60, 79, 89 f. = NJW 1982, 1379; dazu AG Kamen DAVorm. 1995, 258, 261; *Hinz* NJW 1983, 377, 378; *Oberloskamp* FPR 2003, 285, 288; *Erman/Michalski* RdNr. 1; *Palandt/Diederichsen* RdNr. 1.

[7] BT-Drucks. 8/2788 S. 60 (Stellungnahme der Ausschussminderheit); *Bosch* FamRZ 1980, 739, 740; KK-FamR/*Ziegler* RdNr. 1; PWW/*Ziegler* betont die rein deklaratorische Funktion. Zum Meinungsstand ausführlich *Röchling* S. 83 ff. sowie *Rünz* S. 2 ff.

[8] *Rünz* S. 111 f.; *Röchling* S. 278 ff.; *Wiesner* ZBlJugR 1981, 509, 512; zu den öffentlichen Hilfen s. RdNr. 5 u. 16 ff.

kann.[9] Das Gericht muss darlegen, dass und weshalb der Kindeswohlgefährdung nicht durch **öffentliche Hilfen** zu begegnen war und dass es auch **mildere familiengerichtliche Maßnahmen** erwogen hat.[10] Eine Stellungnahme zu diesen öffentlichen Hilfen ist auch schon vom **Jugendamt** bei seiner **Anhörung** gem. § 162 Abs. 1 S. 1 FamFG (§ 49 a Abs. 1 Nr. 8 FGG aF), § 50 Abs. 1 S. 2, 2 SGB VIII abzugeben.[11]

3 **3. Vorrang öffentlicher Hilfen. a) Allgemeines.** Abs. 1 begründet ein **Vorrangverhältnis** von öffentlichen Hilfen gegenüber **Eingriffen** durch das Familiengericht. Er verknüpft somit die gerichtliche Gefahrenabwehr mit Sozialleistungen. Obwohl Abs. 2 keine entsprechende Formulierung enthält, gilt derselbe Grundsatz auch dort (vgl. dazu RdNr. 26). Dies entspricht einer Forderung des **BVerfG** aus dem Jahre 1968: Man müsse „nach Möglichkeit zunächst versuchen, durch helfende, unterstützende, auf Herstellung oder Wiederherstellung eines verantwortungsgerechten Verhaltens der natürlichen Eltern gerichtete Maßnahmen" das Kindeswohl zu gewährleisten. Gerichtliche Eingriffe seien nur zu rechtfertigen, „wenn solche Maßnahmen nicht genügen".[12] Ebenso bekräftigte auch der **Europäische Menschenrechtsgerichtshof** den Vorrang pädagogischer Fördermaßnahmen vor einem gerichtlichen Eingreifen (in diesem Falle der Trennung des Kindes von der Familie) vor dem Hintergrund einer drohenden Verletzung des Art. 8 EMRK.[13] Zwar billigt der EGMR den nationalen Behörden einen großen Ermessensspielraum zu, um die Notwendigkeit einer Betreuungsübernahme für das Kind zu beurteilen. Letztlich behält er sich jedoch eine strenge Kontrolle von Einschränkungen der Eltern- bzw. Kindesrechte sowie der getroffenen Schutzmaßnahmen vor.[14] Gibt das **Familiengericht** auf Grund seiner Abwägung öffentlichen Hilfen den Vorrang, muss es diese konkret **beschreiben** und ihre **Erfolgsaussichten begründen.**[15]

4 Dem Gedanken: **„öffentliche Hilfe vor gerichtlicher Maßnahme"** liegt die Erkenntnis zugrunde, dass das Kindeswohl grundsätzlich am besten durch **Hilfe in der Familie** geschützt wird.[16] Schwerwiegende Eingriffe sind deshalb so weit wie möglich zu vermeiden,[17] manchmal allerdings mit der Gefahr, dass das Gericht so lange immer neue Therapie- und Hilfsmöglichkeiten in Betracht zieht, bis das Kind wegen fehlender Kontinuität und mangels gesicherter Familienbindung irreparable Schäden erleidet.[18] Problematisch ist es ferner, wenn das Gericht mit der endgültigen Unterbringung zugunsten von Rückgewinnungschancen der Eltern übermäßig lange zögert.[19] Ein häufiger Wechsel der Pflegefamilie oder eine Heimunterbringung[20] mit dem Ziel, den Aufbau persönlicher Bindungen des Kindes zugunsten der späteren Rückführung in seine Ursprungsfamilie zu vermeiden, verletzt seine Grundrechte. Der bei der Abwägung ausschlaggebende Faktor ist das **Kindes-**

---

[9] BVerfG FamRZ 1989, 145, 146; BayObLG FamRZ 1985, 100, 101; 1991, 1218, 1220; 1992, 90, 91; 1994, 975; 1994, 1411, 1412; *Staudinger/Coester* RdNr. 2; *Rünz* S. 113.

[10] BayObLG DAVorm. 1981, 901, 903 f.; 1983, 381, 386; FamRZ 1985, 100 f.; MDR 1991, 971, 972; FamRZ 1994, 975; 1996, 1352, 1353; 1999, 316, 317; bestätigend BGH NJW 2005, 672, 674.

[11] Ausführlich hierzu *Röchling* ZfJ 2004, 257 ff. zu § 49 a FGG aF.

[12] BVerfGE 24, 119 = NJW 1968, 2233, 2335; vgl. auch LG Berlin FamRZ 1988, 1308.

[13] EGMR ZfJ 2002, 288 = FamRZ 2002, 1393.

[14] Vgl. EGMR NJW 2004, 3401, 3404 f.; zur nach Art. 20 Abs. 3 GG gebotenen Berücksichtigung der Entscheidungen des EGMR sowie der EMRK selbst durch deutsche Gerichte siehe BVerfG NJW 2004, 3407.

[15] OLG Hamm DAVorm. 1986, 540, 542; *Staudinger/Coester* RdNr. 15.

[16] *Simitis,* FS Müller-Freienfels, 1986, S. 579, 609: Der Konflikt betrifft alle Familienmitglieder, nicht nur das Kind; vgl. auch OLG Hamm FamRZ 1983, 647 u. RdNr. 153 zu § 1666.

[17] BayObLG MDR 1991, 971, 972; zu weitgehend oder ohne die gebotene Abwägung: OLG Schleswig SchlHA 1988, 84; aufgehoben durch BVerfG FamRZ 1989, 145 f.; BayObLG FamRZ 1984, 928 f. und 421, 422; DAVorm. 1985, 914, 917 u. 335, 337 f.; richtig abwägend hingegen OLG Köln NJW-RR 2001, 221, 222; OLG Oldenburg FamRZ 1999, 38; BayObLG FamRZ 1997, 572 f. sowie 1553, 1554.

[18] Dazu *Klussmann* ZfJ 1988, 478; *Coester* FamRZ 1991, 253, 259. Zweifelhaft insofern die Entscheidungen KG FamRZ 1985, 526 (vgl. auch die Anm. des einsendenden Richters sowie die Anm. von *Frank* FamRZ 1985, 966); BayObLG DAVorm. 1983, 381; OLG Frankfurt FamRZ 1983, 531.

[19] So OLG Frankfurt FamRZ 1983, 531; KG FamRZ 1985, 526; OLG Brandenburg FamRZ 2004, 720; gegen „immer neue Bewährungschancen für die Eltern" *Ehinger* FPR 2005, 253, 256.

[20] BVerfG NJW 1988, 125.

wohl;[21] sie muss also „kindeswohlorientiert" vorgenommen werden.[22] Dementsprechend verlangt zB auch § 37 Abs. 1 S. 2–4 SGB VIII, dass dem Kind die Rückkehr in die Familie innerhalb eines **„vertretbaren" Zeitraumes** ermöglicht werden soll. Andernfalls ist eine **„dauerhafte"** Lebensperspektive außerhalb der Ursprungsfamilie zu erarbeiten.

b) Hilfsangebote nach SGB VIII (KJHG) und SGB XII (SHG). Die Sozialleistungen, die dem Kind vorrangig vor Eingriffen in seine Familie zugute kommen sollen, sind im **SGB VIII** verankert.[23] Vor dessen Inkrafttreten im Jahre 1991 war § 1666 a in Ermangelung eines sozialrechtlichen Hilfesystems lediglich Programmsatz.[24] Neben die spezifischen Hilfen des SGB VIII treten die allgemeinen Leistungen der **Sozialhilfe** nach dem **SGB XII,**[25] mit denen das Kindeswohl mittelbar geschützt werden kann.[26] 5

4. Verfassungsmäßigkeit. § 1666 a ist **verfassungsgemäß.**[27] Dies galt, soweit die Vorschrift gemeinsam mit § 1666 Abs. 1 S. 1 die **Trennung** eines Kindes von der elterlichen Familie selbst bei **unverschuldetem Fehlverhalten** der Eltern erlaubte, auch schon vor dem Verzicht auf das elterliche Erziehungsversagen durch das „Gesetz zur Erleichterung familiengerichtlicher Maßnahmen bei Gefährdung des Kindeswohls" vom 4. 7. 2008.[28] Bei der Anwendung dieses Tatbestandes ist jedoch im Hinblick auf die Schwere des Eingriffs der Grundsatz der Verhältnismäßigkeit besonders zu wahren.[29] 6

5. Normstruktur. Das Verhältnis der beiden Abs. zueinander, insbesondere die Rangfolge von Anordnungen nach Abs. 1 S. 1 und Abs. 2, ist unklar. Das Gericht muss vor der Entziehung der gesamten Personensorge, so die amtliche Begründung zur ursprünglichen Fassung nach dem SorgeRG vom 18. 7. 1979,[30] „zunächst versuchen, etwa durch Ermahnungen, Gebote und Verbote oder – unter den besonderen Voraussetzungen des Abs. 1 (nunmehr Abs. 1 S. 1) – durch anderweitige Unterbringung, die Gefahr abzuwehren". Offenbar hat der Rechtsausschuss somit Maßnahmen nach Abs. 1 S. 1, also selbst die **Trennung** des Kindes von der elterlichen Familie, generell für milder gehalten als die Entziehung der gesamten Personensorge gem. Abs. 2. Diese Betrachtungsweise ist zwar **rechtlich** deshalb zutreffend, weil die Trennung nur den Verlust des Aufenthaltsbestimmungsrechtes als **Teil der Personensorge** bedeutet. **Faktisch** führt aber das Herauslösen des Kindes aus der Familie uU zu einer schwereren Belastung für die Beteiligten als eine Entziehung der Rechtsposition „elterliche Sorge". Dem entspricht, dass Art. 6 Abs. 3 GG den **faktischen Trennungsbegriff** zugrunde legt und auch das BVerfG dieser Betrachtungsweise folgt: Die Trennung sei der „stärkste vorstellbare Eingriff".[31] Daraus folgt, dass entgegen der Auffassung des Rechtsausschusses kein absoluter Vorrang von Maßnahmen des Abs. 1 gegenüber denjenigen aus Abs. 2 besteht, sondern vielmehr im Einzelfall unter Verhältnismäßigkeitsaspekten abgewogen werden muss. 7

In **praktischer Hinsicht** sind die **Trennung des Kindes** von der elterlichen Familie und die **Entziehung der gesamten Personensorge** allerdings nicht immer klar zu unter- 8

[21] Vgl. § 1666 RdNr. 152; ebenso *Staudinger/Coester* RdNr. 4 f.

[22] *Staudinger/Coester* RdNr. 6; vgl. auch OLG Hamm DAVorm. 1991, 1079, 1087; OLG Frankfurt/M FamRZ 2001, 1086.

[23] Zum SGB VIII allg *Eichenhofer* JuS 1992, 279; *Ollmann* FamRZ 1992, 388; *Wiesner* FuR 1990, 325. Zu den einzelnen Angeboten § 1666 RdNr. 172 ff.

[24] *Coester* FamRZ 1991, 253, 259.

[25] Zum 1. 1. 2005 wurden die Bestimmungen des bis dahin geltenden Bundessozialhilfegesetzes (BSHG) im Zuge des Gesetzes zur Einordnung des Sozialhilferechts in das Sozialgesetzbuch (BGBl. 2003 I S. 3022) durch die Vorschriften des SGB XII abgelöst.

[26] Vgl. RdNr. 17 sowie *Rünz* S. 85 ff., zwar noch zu den Bestimmungen des BSHG, inhaltlich aber weiterhin von Bedeutung; zu den einzelnen Angeboten § 1666 RdNr. 178.

[27] BVerfGE 60, 79 = NJW 1982, 1379; dazu *Hinz* NJW 1983, 377.

[28] BVerfG zum Gesetz zur Erleichterung familiengerichtlicher Maßnahmen bei Gefährdung des Kindeswohls v. 4. 7. 2008, s. BGBl. I S. 1188 ff, vgl. § 1666 RdNr. 5.

[29] BVerfG; vgl. auch OLG Karlsruhe NJW 1989, 2398, 2399; OLG Köln FamRZ 1996, 1027.

[30] BT-Drucks. 8/2788 S. 60.

[31] NJW 1982, 1379, 1380.

scheiden.[32] Der Entzug der gesamten Personensorge bringt regelmäßig[33] eine Trennung des Kindes von seiner Familie mit sich (vgl. auch § 1666 RdNr. 195). Andererseits sind Fälle, in denen ein Kind von seiner Familie getrennt werden muss, meist so schwerwiegend, dass zugleich die elterliche Personensorge in ihrer Gesamtheit[34] zu entziehen ist. Dann sind Abs. 1 S. 1 und 2 nebeneinander anzuwenden. Dies hat allerdings keine praktischen Konsequenzen, weil bezüglich ihres Grundgedankens, dh. der besonderen Betonung der Verhältnismäßigkeitsprüfung und des Vorranges anderer milderer Maßnahmen, insbesondere öffentlicher Hilfen, vor gerichtlicher Intervention, Identität besteht.[35]

9 Mit der **Wohnungsausweisung** eines Elternteils nach Abs. 1 S. 2 iVm. § 1666 Abs. 3 Nr. 3 hat der Gesetzgeber einen **Unterfall der Trennung** von Kind und Familie näher geregelt.[36] Auch diesem Vorgang werden, ähnlich der Herausnahme des Kindes aus dem Familienverbund und dem Entzug der gesamten Personensorge, besonders einschneidende Wirkungen zugeschrieben.[37] Da das Kind allerdings mit dem anderen Elternteil in der ihm vertrauten Umgebung bleiben kann, stellt eine derartige Entscheidung regelmäßig das im Vergleich zu Maßnahmen nach Abs. 1 S. 1 und Abs. 2 mildere Mittel dar. Sie kommt jedoch kraft ausdrücklicher gesetzlicher Anordnung ebenfalls erst dann in Betracht, wenn der Gefahr nicht durch öffentliche Hilfen o. ä. zu begegnen ist.

II. Trennung des Kindes von der elterlichen Familie, Abs. 1 S. 1

10 **1. Maßnahme nach § 1666 Abs. 1: Trennung von der elterlichen Familie.** Der Tatbestand des Abs. 1 S. 1 setzt eine Maßnahme gem. § 1666 Abs. 1, 3 Nr. 3 oder Nr. 6 voraus, die mit einer **Trennung des Kindes** von der **elterlichen Familie** verbunden ist.[38] Dabei handelt es sich um die **Herauslösung** des Kindes aus seinen **genetischen** (biologischen) oder durch **Adoption begründeten Familienbeziehungen,** soweit diese als **Sorgerechtsbeziehung bestehen.**[39] Letzteres ergibt sich nicht aus dem Wortlaut der Norm, sondern aus dem systematischen Zusammenhang mit § 1666.

11 **a) Elterliche Familie.** Demnach findet Abs. 1 S. 1 mangels einer elterlichen Familie **keine Anwendung,** wenn das Kind einem zwar biologischen, aber **nicht sorgeberechtigten Elternteil** entzogen wird, so zB dem nicht mit der Mutter verheirateten Vater, der (noch) keine Sorgeerklärung gem. § 1626 a Abs. 1 Nr. 1 abgegeben hat.

12 **b) Trennung.** In Bezug auf die **Trennung** kommt es wie im Rahmen von Art. 6 Abs. 3 GG auf die **tatsächlichen Verhältnisse** an.[40] Sofern das Familiengericht damit in **rechtlicher** Hinsicht zugleich die Entziehung der **gesamten Personensorge** verbindet, hat es neben Abs. 1 S. 1 noch Abs. 2 zu beachten.[41] Eine „Trennung" im Sinne der Vorschrift liegt auch dann vor, wenn den Eltern das **Aufenthaltsbestimmungsrecht** als wichtiges Element der Personensorge (§ 1631 Abs. 1) genommen wird, aber das **Umgangsrecht** verbleibt.[42] Dabei macht es keinen Unterschied, ob sich die Trennung als unmittelbare oder mittelbare Folge der richterlichen Anordnung darstellt, ferner, ob die Eltern selbst die Trennung herbeigeführt haben, so dass sie dann vom Gericht lediglich aufrechterhalten wird.[43]

---

[32] *Wiesner* ZBlJugR 1981, 509 f.

[33] AA 3. Aufl. RdNr. 13: Stets.

[34] Zu den einzelnen Elementen der Personensorge vgl. § 1666 RdNr. 165, 192 ff.

[35] *Staudinger/Coester* RdNr. 3.

[36] Vgl. zu dieser Einordnung AnwK-BGB/*Rakete-Dombek* RdNr. 4; Hk-BGB/*Kemper* RdNr. 4; ausf. RdNr. 18 ff. sowie § 1666 RdNr. 184 ff.

[37] Siehe BT-Drucks. 14/8131 S. 9.

[38] Ausf. zur Maßnahme des § 1666 Abs. 1, 3 Nr. 3 RdNr. 184 ff., zu § 1666 Abs.1, 3 Nr. 6 RdNr. 192 ff.

[39] *Wiesner* ZBlJugR 1981, 509 f.

[40] BVerfGE 24, 119 = NJW 1968, 2233; vgl. RdNr. 7.

[41] Zum Verhältnis von Abs. 1 S. 1 und 2 vgl. RdNr. 7 f.

[42] BayObLG FamRZ 1995, 1438.

[43] BVerfGE 68, 176, 187; FamRZ 1989, 145, 147. Für die Trennung des Kindes von der Pflegefamilie beachte § 1632 Abs. 4; zu dessen Verhältnis zu § 1666 vgl. dort RdNr. 20 u. 196.

2. Vorrang anderer Maßnahmen. Als Ausprägung des **Verhältnismäßigkeitsgrundsatzes** erfordert Abs. 1 S. 1 für die Trennung des Kindes von seiner Familie die Prüfung der **Geeignetheit, Erforderlichkeit** und **Angemessenheit** dieser Maßnahme.[44] Das Familiengericht muss also feststellen, dass seine Anordnung die Kindeswohlgefährdung überhaupt abzuwenden vermag,[45] andere, mildere Maßnahmen zu diesem Zweck nicht ausreichen, und die Trennung im Vergleich zur Schwere der abzuwendenden Gefährdung nicht außer Verhältnis steht.[46] 13

Vorrangige mildere Mittel sind ua. dem exemplarischen Maßnahmenkatalog des § 1666 Abs. 3 zu entnehmen. Neben **öffentlichen Hilfen** iSd. § 1666 Abs. 3 Nr. 1 (vgl. RdNr. 5 u. 16 ff.; s. auch § 1666 RdNr. 170 ff.) kommen ua. **Mahnungen, Auflagen, Ge-** und **Verbote** und **Eingriffe** in **Teilbereiche** der elterlichen Sorge, zB der Entzug des Vertretungsrechts in Betracht.[47] In zeitlicher Hinsicht ist vor einer **endgültigen** eine **vorläufige Trennung** in Betracht zu ziehen, uU auch, um eine Gefährdung des Kindeswohls und geeignete Gegenmaßnahmen durch **stationäre Untersuchungen** abzuklären.[48] Oft genügt es, dass anstelle des Kindes der gefährdende Elternteil aus der Familienwohnung entfernt wird,[49] nunmehr auf der Grundlage des § 1666 Abs. 1, 3 Nr. 3, oder dass der Richter Dritte, von denen die Gefährdung ausgeht, durch entsprechende Maßnahmen vom Kind fernhält,[50] sog. „Wegweisungen" nach § 1666 Abs. 1, 3 Nr. 3 und 4, Abs. 4 iVm. § 1666 a Abs. 1 S. 2.[51] Allerdings muss das Gericht bei der Verhältnismäßigkeitsprüfung beachten, dass der dadurch beim Dritten verursachte Grundrechtseingriff nicht schwerer wiegt als die Trennung des Kindes von der Familie (vgl. § 1666 RdNr. 210), was angesichts der Erheblichkeit dieser Maßnahme selten der Fall sein wird. **Dritte** iSd. Vorschrift sind alle nicht zur Sorge berechtigten Personen, uU also auch die biologischen Eltern (vgl. § 1666 RdNr. 38 und RdNr. 210). 14

Vor dem Hintergrund des Elternrechts aus Art. 6 Abs. 2, 3 GG und ihres **Gefahrabwendungsprimats** (vgl. § 1666 RdNr. 5 u. 154) sind vor allem solche Maßnahmen vorrangig, die im Einverständnis und in Zusammenarbeit mit den Eltern getroffen werden können.[52] Anstelle des Entzuges des Aufenthaltsbestimmungsrechtes zur Trennung des Kindes von der Familie kommt deshalb als milderes Mittel auch in Betracht, den Eltern das Aufenthaltsbestimmungsrecht mit der Maßgabe zu belassen, dass sie selbst das Kind in einem Heim oder bei einer anderen Person unterbringen.[53] In Betracht kommt nach der Rspr. auch, die Anordnung einer Trennung des Kleinkindes von seinen Eltern trotz Verletzungen abzulehnen, indem man das Verfahren über die Personensorgeentziehung den Eltern zur Lehre gereichen lässt.[54] 15

3. Vorrang öffentlicher Hilfen. Eine Trennung des Kindes von der elterlichen Familie verbietet sich, wenn die Gefahr für das Kind mit **öffentlichen Hilfen** abgewendet werden kann,[55] deren Inanspruchnahme das Gericht gem. § 1666 Abs. 1, 3 Nr. 1 gebieten kann. 16

[44] *Heilmann* ZfJ 2000, 41, 44 ff.; *Sachs* Art. 20 GG RdNr. 149; s. a. AG Kamen DAVorm. 1995, 996, 998; allg. zur Geltung des Verhältnismäßigkeitsgrundsatzes iRd. § 1666 s. dort RdNr. 155 ff.

[45] Dies war zB nicht der Fall bei BayObLG FamRZ 1995, 948; OLG Koblenz FamRZ 2008, 1973.

[46] Dies gilt nach EGMR NJW 2004, 3401, 3405 f. in besonderem Maße bei der extrem einschneidenden Übernahme eines Kindes in staatliche Obhut direkt nach dessen Geburt.

[47] Zum Spektrum familiengerichtlicher Maßnahmen gem. § 1666 vgl. dort RdNr. 165 ff. sowie *Rünz* S. 11 ff.

[48] BayObLG ZfJ 1996, 106.

[49] AG Ratzeburg FPR-Service 8/9/1995 Nr. 8; zur stufenweisen Rückführung vgl. OLG Celle FamRZ 2003, 549, 550 f.

[50] OLG Zweibrücken NJW 1994, 1741; AG Berlin-Tiergarten Streit 1992, 89, 90 f.; AG Berlin-Wedding WuM 1992, 470 f.

[51] Streng genommen stellt die Wegweisung eines Elternteils keine „andere Maßnahme", sondern eher eine besondere Form der Trennung des Kindes von (einem Teil) seiner Familie dar, vgl. RdNr. 9, ausf. RdNr. 20 ff; vgl. auch § 1666 RdNr. 184.

[52] Vgl. zB AG Kamen DAVorm. 1995, 996, 1003.

[53] AG Kamen.

[54] OLG Karlsruhe FamRZ 2007, 576.

[55] Vgl. LG Bochum ZfJ 1993, 212; AG Kamen DAVorm. 1995, 996, 998; ausf. hierzu auch *Münder* FPR 2003, 280, 284 f.

Diese müssen zunächst auf die Wiederherstellung der **Erziehungs- und Leistungsfähigkeit der Familie** gerichtet sein, um den dortigen Verbleib zu ermöglichen.[56] Ggf. hat das Gericht auch eine (nur) **vorläufige Trennung** in Betracht zu ziehen, während der die Rückkehr des Kindes in seine Familie durch öffentliche Hilfen vorbereitet wird.[57] Dies bezeichnet man als das Gebot **„helfender Nachsorge"** durch das Familiengericht,[58] vgl. §§ 33 S. 1, 34 Nr. 1, 37 Abs. 1 S. 2 und 3 SGB VIII. Das Prinzip gilt selbst dann, wenn das Kind in seinem Familienverband nicht die gleiche Förderung erhält wie etwa durch geeignete Adoptiveltern.[59] Um einer Entfremdung von Eltern und Kind vorzubeugen, ist idR bei einer Trennung eine familiengerichtliche **Umgangsregelung** gem. § 1684 Abs. 3 zu treffen.[60] Eine **endgültige Trennung** kommt somit nur dann in Betracht, wenn eine Rückkehr des Kindes ohne nachhaltige Gefährdung seines Wohls auf Dauer ausscheidet. In diesem Fall hat der Staat die Pflicht, sich um die Unterbringung des Kindes in einer anderen Familie zu bemühen, damit eine Heimerziehung vermieden wird.[61]

17 Allerdings verlangt § 1666 a nicht, dass **sämtliche** insbesondere im SGB VIII vorgesehenen **Hilfsangebote** vor einer Trennung auch wirklich in Anspruch genommen wurden, wenn das Familiengericht zu der Überzeugung gelangt, dass diese Hilfen zur Gefahrbeseitigung oder -reduzierung ungeeignet sind,[62] ebensowenig, dass sie unbegrenzt zur Verfügung gestellt werden müssen.[63] Die Vorschrift betont nur den **Vorrang geeigneter öffentlicher Hilfen.**[64] Ebenso zwingt der „an der pädagogischen Intensität der einzelnen Hilfearten [...] und [...] der Verhältnismäßigkeit"[65] orientierte Aufbau der §§ 28–35 SGB VIII nicht dazu, die dort vorgesehenen Angebote ohne Rücksicht auf ihre Eignung im konkreten Fall anzuwenden.[66] Die Regelungen verlangen lediglich eine **Abwägung zwischen den geeigneten Hilfearten.** Dabei kann auch das Elternverhalten auf die Eignung Einfluss haben: Setzt eine Maßnahme die Kooperation der Eltern voraus, so ist sie ungeeignet, wenn die Eltern sich verweigern.[67] Formen öffentlicher Hilfen iSd. Abs. 1 finden sich überwiegend im SGB VIII sowie im SGB XII.[68]

III. Trennung durch Wohnungsausweisung eines Elternteils oder Dritten, Abs. 1 S. 2 und 3

18 **1. Maßnahme nach § 1666 Abs. 1, 3 Nr. 3: Trennung durch Wohnungsausweisung eines Elternteils oder Dritten. a) Allgemeines.** Bevor die Maßnahme der Wohnungsausweisung ihre konkrete Auflistung im exemplarischen Katalog des § 1666 Abs. 3 (Nr. 3) fand,[69] hatte der Gesetzgeber sie schon 2002 durch das **„Gesetz zur weiteren**

[56] BVerfGE 24, 119 = NJW 1968, 2233.

[57] Zum grds. vorläufigen Charakter der Trennung EGMR ZfJ 2002, 288 = FamRZ 2002, 1393 sowie NJW 2004, 3401, 3404.

[58] BayObLG NJW 1992, 1971, 1972; OLG Köln FamRZ 1996, 1027; *Heilmann* ZfJ 2000, 41, 45.

[59] BVerfGE 60, 79, 93 f. = NJW 1982, 1379, 1381; KG FamRZ 1985, 526. S. a. OLG Hamburg FamRZ 2001, 1088, 1089. IdS ebenfalls OLG Koblenz, FamRZ 2005, 1923; OLG Hamm FamRZ 2006, 1476, 1477; 2004, 1664, 1665; OLG Frankfurt/M FamRZ 2003, 1316 sowie OLG Köln FamRZ 2004, 827 (mwN), wonach die „Eltern und deren sozio-ökonomischen Verhältnisse grundsätzlich zum Schicksal und Lebensrisiko eines Kindes" zählen.

[60] OLG Frankfurt FamRZ 1993, 228, 229.

[61] KG FamRZ 1985, 526.

[62] Dies wäre in der Entscheidung zu begründen, vgl. RdNr. 2 u. BayObLG MDR 1991, 971.

[63] OLG Brandenburg ZfJ 2004, 114.

[64] *Heilmann* ZfJ 2000, 41, 46.

[65] BT-Drucks. 11/5984 S. 68 f.

[66] Vgl. auch § 27 Abs. 1 SGB VIII: Nur Anspruch auf geeignete und notwendige Hilfen zur Erziehung. Dazu *Wiesner* SGB VIII § 27 RdNr. 23 ff.

[67] BayObLG ZBlJugR 1983, 308, 309, 311; FamRZ 1994, 975 und 1412, 1413; FamRZ 1997, 1553, 1554; NJW 1999, 293, 294; AG Moers ZfJ 1986, 113, 115 f.

[68] Zu den Formen öffentlicher Hilfen im Einzelnen s. § 1666 RdNr. 170 ff.

[69] Durch das Gesetz zur Erleichterung familiengerichtlicher Maßnahmen bei Gefährdung des Kindeswohls v. 4. 7. 2008, s. BGBl. I S. 1188 ff., vgl. § 1666 RdNr. 4.

Verbesserung von Kinderrechten" (KindRVerbG) vom 9. 4. 2002[70] in den § 1666 a aufgenommen, indem er die Vorschrift nicht nur mit einer neuen Überschrift versah, sondern auch um Abs. 1 S. 2 und 3 ergänzte.[71] Der Bundestag hatte einige Monate zuvor das „Gesetz zur Verbesserung des zivilrechtlichen Schutzes bei Gewalttaten und Nachstellungen sowie zur Erleichterung der Überlassung der Ehewohnung bei Trennung"[72] beschlossen, das in seinem Art. 1 das sog. **Gewaltschutzgesetz** (GewSchG) beinhaltet. Im Zuge der Beratungen waren bereits diejenigen Fälle diskutiert worden, in denen das Gewaltschutzgesetz ein Kind nicht hinreichend schützt, zB weil ein Elternteil ausschließlich das Kind und nicht den anderen Elternteil misshandelt (vgl. § 3 Abs. 1 GewSchG). Das Gleiche gilt etwa, wenn die sorgeberechtigte Mutter mit einem Partner zusammenlebt, der nicht Vater des Kindes ist, das Kind aber misshandelt. Dann scheitert ein Vorgehen nach dem GewSchG oft an fehlender gemeinsamer Haushaltsführung des Kindes mit dem misshandelnden Partner seines Elternteils, vgl. § 2 GewSchG.[73]

Insoweit bleiben die §§ 1666 ff. einschlägig und sind gegenüber dem allgemeinen zivil- 19
rechtlichen Rechtsschutz Spezialvorschriften für das Eltern-Kind-Verhältnis.[74] Zwischen den Rechtsfolgen des GewSchG und den §§ 1666 ff. bestehen große Unterschiede: Im Gegensatz zu § 2 Abs. 1 GewSchG gibt § 1666 dem Gewaltopfer keinen Anspruch auf Überlassung der Wohnung, lässt aber andererseits Raum für eine Berücksichtigung des Kindeswohls zB durch familienunterstützende Maßnahmen. Des Weiteren ist das Einschreiten des Familiengerichts auf der Grundlage des § 1666 nicht antragsgebunden, während § 1 Abs. 1 S 1 GewSchG einen Antrag erfordert. Damit ist der Schutz über die §§ 1666 ff. für die spezifische Situation eines Kindes insgesamt effektiver.

b) Wohnungsausweisung als besondere Form der Trennung. Bei der sog. **„Weg-** 20
weisung" eines gefährdenden Elternteils aus dem Umfeld eines Kindes handelt es sich um eine besondere Form der Trennung des Kindes von (einem Teil) seiner Familie iSv. Abs. 1 S. 1.[75] Ganz allgemein gilt darüber hinaus, dass die Wohnungsausweisung vergleichbar einschneidende Wirkungen zeitigt wie die in Abs. 1 S. 1 bzw. Abs. 2 genannten Optionen.[76]

c) Adressaten. Die gerichtliche Wohnungsausweisung kann sich zunächst gegen einen 21
Elternteil richten und diesem die Nutzung der Familienwohnung untersagen (Abs. 1 S. 2). Aus Abs. 1 S. 3 ergibt sich zudem, dass auch **Dritte,** zB Lebensgefährten, Verwandte oder auch völlig Außenstehende,[77] taugliche Adressaten einer derartigen Anordnung sind. Sie dürfen nicht nur der von dem Kind mitbenutzten Wohnung, sondern darüber hinaus auch einer von dem Kind gar nicht frequentierten Wohnung (zB im selben Haus oder in der Nachbarschaft) verwiesen werden, sofern sie von dort aus das Kindeswohl gefährden (ausf. § 1666 RdNr. 211).

d) Dauer. In zeitlicher Hinsicht ist nach Abs. 1 S. 3 bei der **Bemessung der Dauer** 22
einer Maßnahme insbesondere zu berücksichtigen, ob dem Betroffenen ein **dingliches** oder **mietvertragliches Nutzungsrecht** an der Wohnung bzw. dem Grundstück zusteht. Ist der Auszuweisende nämlich Eigentümer oder sonst dinglich Berechtigter, scheidet den Gesetzesmaterialien zufolge eine „Wegweisung" auf unbestimmte Zeit „grundsätzlich" aus.[78] In

[70] Einf. *Janzen* FamRZ 2002, 785; *Roth* JZ 2002, 651; *Knittel* JAmt 2002, 50; *Peschel-Gutzeit* FPR 2002, 285; *v. Sachsen Gessaphe* NJW 2002, 1853.

[71] BT-Drucks. 14/8131 S. 8.

[72] Vom 11. 12. 2001, BGBl. I S. 3513; vgl. dazu *Grziwotz* NJW 2002, 872; *Schumacher* FamRZ 2001, 953; *dies.* FamRZ 2002, 654; *Peschel-Gutzeit* FPR 2001, 243; zur Umsetzung in das Landespolizeirecht *Hermann* NJW 2002, 3062.

[73] Vgl. *Erman/Michalski* RdNr. 2.

[74] Näher zum Verhältnis von GewSchG und Kindesschutz *Oberloskamp,* FPR 2003, 285, 289; *Peschel-Gutzeit* FPR 2002, 285, 288; *v. Sachsen Gessaphe* NJW 2002, 1853, 1854 f.; *Weinreich* FPR 2004, 88, 90 f.

[75] Vgl. RdNr. 9.

[76] Vgl. RdNr. 9; ausf. zu der Maßnahme der Wohnungsausweisung s. § 1666 RdNr. 184 ff.

[77] Vgl. *Staudinger/Coester* RdNr. 19.

[78] Zum Ganzen BT-Drucks. 14/8131 S. 9.

einem solchen Fall muss dem Kind und dem mit ihm verbleibenden Elternteil vielmehr mittel- bzw. langfristig zugemutet werden, eine neue Wohnung zu suchen, wenn sich für die Gefährdungssituation keine andere Lösung findet.[79] Im Übrigen bleibt zu erwähnen, dass ohnehin alle länger dauernden familiengerichtlichen Maßnahmen gem. § 1696 Abs. 3 in angemessenen Zeitabständen zu überprüfen sind. Dies betrifft insbesondere die „Wegweisung" auf unbestimmte Zeit.

23 **2. Vorrang anderer Maßnahmen bzw. öffentlicher Hilfen.** Kraft ausdrücklicher gesetzlicher Anordnung in Abs. 1 S. 2 gilt der Vorrang anderer (milderer) Maßnahmen bzw. öffentlicher Hilfen bei der Wohnungsausweisung in gleicher Weise wie bei einer Trennung von der elterlichen Familie nach Abs. 1 S. 1 (vgl. RdNr. 16 ff.). Zwar spricht Abs. 1 S. 2 ausdrücklich nur von der „Wegweisung" eines Elternteils, gegenüber Dritten ist der **Verhältnismäßigkeitsgrundsatz,** der die Intensität und Reihenfolge gerichtlicher Anordnungen bestimmt, allerdings ebenso zu beachten. Letztere wurden offenbar lediglich deswegen nicht ausdrücklich in Abs. 1 S. 2 aufgenommen, weil eine sog. „go-order" gegen sie gem. § 1666 Abs. 1, 4 auch vor Novellierung des § 1666 a schon üblich war.[80] In einem solchen Fall hatte das Gericht jedoch ebenfalls zunächst Erfolg versprechende mildere Mittel sowie geeignete staatliche Hilfen auszuschöpfen.[81]

24 Vorrangig sind nur solche Maßnahmen, die die Familiengemeinschaft erhalten, aber der Kindesgefährdung (idR durch Gewalt oder sexuellen Missbrauch) effektiv vorbeugen.[82] Als milderes Mittel bieten sich hier insbesondere die in § 16 SGB VIII vorgesehenen Hilfen zur Förderung der Erziehung in der Familie an. Im Übrigen wird auf die Ausführungen zu § 1666 a Abs. 1 S. 1 verwiesen (s. o. RdNr. 16 ff.).

IV. Entziehung der gesamten Personensorge, Abs. 2

25 **1. Maßnahme nach § 1666 Abs. 1, 3 Nr. 6: Entziehung der gesamten Personensorge.** Eine Entziehung der **gesamten Personensorge** als Teil der elterlichen Sorge gem. § 1626 Abs. 1 S. 2 liegt vor, wenn die Sorgeberechtigten durch die gerichtliche Maßnahme beide Teilbereiche, dh. die **tatsächliche Sorge** für die Person des Kindes und das **Vertretungsrecht** gem. §§ 1626 Abs. 1 S. 2, 1629 Abs. 1 S. 1[83] verlieren (ausf. hierzu § 1666 RdNr. 194 f.).

26 **2. Erfolg- oder Aussichtslosigkeit anderer Maßnahmen bzw. öffentlicher Hilfen. a) Allgemeines.** Die Entziehung der gesamten Personensorge erlaubt der Gesetzeswortlaut nur, wenn „andere Maßnahmen erfolglos geblieben sind oder wenn anzunehmen ist, dass sie zur Abwendung der Gefahr nicht ausreichen". Dazu muss das Familiengericht ebenfalls eine **Verhältnismäßigkeitsprüfung** vornehmen,[84] wobei die Entziehung der gesamten Personensorge „nur dann in Betracht kommt, wenn mildere Mittel nicht ausreichen".[85] Als **mildere Maßnahmen** kommen wiederum **Ermahnungen, Ge- und Verbote** und – trotz Nichterwähnung – **öffentliche Hilfen** in Betracht,[86] ferner der Entzug von **Teilbereichen der Personensorge,** zB des Umgangs- oder Aufenthaltsbestimmungsrechtes,[87] oder eine

[79] *Staudinger/Coester* RdNr. 19 mwN.

[80] Vgl. § 1666 RdNr. 209 ff.; aA wohl *Staudinger/Coester* RdNr. 17 mwN.

[81] Eingehend zu den allgemeinen Richtlinien für das gerichtliche Einschreiten § 1666 RdNr. 149 ff., insbesondere RdNr. 155 ff.

[82] *Staudinger/Coester* RdNr. 18.

[83] *Erman/Michalski* § 1626 RdNr. 14; *Soergel/Strätz* § 1626 RdNr. 12.

[84] Vgl. BVerfGE 7, 320, 323 f. = NJW 1958, 865; BVerfGE 60, 79, 89 f. = NJW 1982, 1379, 1380; BVerfGE 72, 122, 137 f. = NJW 1986, 3129, 3130; BVerfGE 76, 1, 50 f. = NJW 1988, 626; BVerfG NJW 1994, 1208, 1209; vgl. auch OLG Frankfurt/M. FamRZ 1983, 530, 531; LG Berlin FamRZ 1988, 1308.

[85] BT-Drucks. 8/2788 S. 60; vgl. ferner BayObLG FamRZ 1999, 316, 317; OLG Köln FamRZ 2006, 877.

[86] Vgl. auch die Aufzählung in BT-Drucks. 8/2788 S. 60.

[87] OLG Düsseldorf DAVorm. 1996, 902, 903; OLG Hamm FamRZ 1997, 1550; OLG Köln FamRZ 2006, 877; OLG Celle FamRZ 2007, 1265 f.

Verbleibensanordnung gem. § 1632 Abs. 4.[88] Insbesondere ist an solche milderen Maßnahmen zu denken, wie sie in § 1666 Abs. 3 genannt werden. Die Entziehung der **gesamten Personensorge** selbst muss zur Abwehr der Gefahr für das Kindeswohl geeignet sein. Daran fehlt es, wenn das Kind jegliche Erziehungshilfe verweigert und das zur Bestimmung des Aufenthalts berechtigte Jugendamt keine Möglichkeit einer positiven Persönlichkeitsentwicklung außerhalb der elterlichen Familie sieht.[89] Ist umgekehrt zB die Beziehung der Eltern zu ihrer 17-jährigen Tochter auf Dauer und endgültig zerbrochen, so dass ihr keine positive Gestaltungskraft mehr zukommt, steht allein eine Entziehung des gesamten Sorgerechtes in Rede.[90] Ferner ist eine solche vorzunehmen, wenn die Personensorge andernfalls zur bloß formalen Entscheidungskompetenz verkäme. Dies ist zB der Fall, wenn das Kind wegen Erziehungsunfähigkeit von der Mutter getrennt wurde und eine Rückkehr ausscheidet. Die elterliche Sorge über das in Familienpflege befindliche Kind ist dann sinnlos, da die Mutter ihre Erziehungs- und Entscheidungsverantwortung unter solchen Bedingungen nicht wahrnehmen kann.[91] Im Übrigen wird ergänzend auf die Ausführungen zu Abs. 1 S. 1 verwiesen.[92]

b) Insbesondere zur Aussichtslosigkeit. Im Gegensatz zu den §§ 1667–1669 aF, deren Regeln für die Vermögenssorge die Kriterien der Erfolg- und Aussichtslosigkeit entnommen sind, enthält Abs. 2 **keine obligatorische Anordnung** milderer Maßnahmen,[93] sondern lässt eine familiengerichtliche **Prognose der Aussichtslosigkeit** ausreichen. Dadurch wird ein verzögerndes und gegebenenfalls kindeswohlgefährdendes Vorgehen der Gerichte vermieden. In Anbetracht der Schwere des Eingriffs ist allerdings eine **sichere Prognose** des Familiengerichts, nicht lediglich die Vermutung, dass Hilfsmaßnahmen scheitern werden, erforderlich. 27

§ 1667 Gerichtliche Maßnahmen bei Gefährdung des Kindesvermögens

(1) ¹Das Familiengericht kann anordnen, dass die Eltern ein Verzeichnis des Vermögens des Kindes einreichen und über die Verwaltung Rechnung legen. ²Die Eltern haben das Verzeichnis mit der Versicherung der Richtigkeit und Vollständigkeit zu versehen. ³Ist das eingereichte Verzeichnis ungenügend, so kann das Familiengericht anordnen, dass das Verzeichnis durch eine zuständige Behörde oder durch einen zuständigen Beamten oder Notar aufgenommen wird.

(2) ¹Das Familiengericht kann anordnen, dass das Geld des Kindes in bestimmter Weise anzulegen und dass zur Abhebung seine Genehmigung erforderlich ist. ²Gehören Wertpapiere, Kostbarkeiten oder Schuldbuchforderung gegen den Bund oder ein Land zum Vermögen des Kindes, so kann das Familiengericht dem Elternteil, der das Kind vertritt, die gleichen Verpflichtungen auferlegen, die nach §§ 1814 bis 1816, 1818 einem Vormund obliegen; die §§ 1819, 1820 sind entsprechend anzuwenden.

(3) ¹Das Familiengericht kann dem Elternteil, der das Vermögen des Kindes gefährdet, Sicherheitsleistung für das seiner Verwaltung unterliegende Vermögen auferlegen. ²Die Art und den Umfang der Sicherheitsleistung bestimmt das Familiengericht nach seinem Ermessen. ³Bei der Bestellung und Aufhebung der Sicherheit wird die Mitwirkung des Kindes durch die Anordnung des Familiengerichts

---

[88] BayObLG FamRZ 1990, 1132, 1133; OLG Hamm DAVorm. 1991, 1079, 1087 f.; 1995, 1507, 1508; 1998, 447, 448; OLG Karlsruhe FamRZ 1994, 1544, 1545; OLG Frankfurt/M FamRZ 2000, 1037, 1038; *Siedhoff* FamRZ 1995, 1254, 1255.

[89] BayObLG FamRZ 1995, 948, 949 f.

[90] OLG Karlsruhe FamRZ 1989, 1322; vgl. auch OLG Köln NJW-RR 2001, 221.

[91] OLG Hamm, FamRZ 2002, 692.

[92] Zum Verhältnis von Abs. 2 zu Abs. 1 S. 1 vgl. RdNr. 7 f.

[93] Zur Problematik bei §§ 1667–1669 aF siehe 1. Aufl. § 1667 RdNr. 8 f.

ersetzt. [4] Die Sicherheitsleistung darf nur dadurch erzwungen werden, dass die Vermögenssorge gemäß § 1666 Abs. 1 ganz oder teilweise entzogen wird.

(4) Die Kosten der angeordneten Maßnahmen trägt der Elternteil, der sie veranlasst hat.

Schrifttum: *Birkenfeld,* Rechnungslegung und Rechnungsprüfung in Vormundschafts- und Nachlaßsachen, FamRZ 1976, 197; *Diederichsen,* Die Neuregelung des Rechts der elterlichen Sorge, NJW 1980, 1; *ders.* Die Reform des Kindschafts- und Beistandsrechts, NJW 1998, 1977; *Hinz,* Kindesschutz als Rechtsschutz und elterliches Sorgerecht, 1976; *Keidel/Kuntze/Winkler,* Die Freiwillige Gerichtsbarkeit – Kommentar zum FGG, 15. Aufl. 2008; *Malik,* Die Grenzen der elterlichen Vermögenssorge, Diss. Münster 1999; *Schlüter,* Familienrecht, 12. Aufl. 2006.

Übersicht

I. Normzweck

1 **1. Allgemeines.** Die Vorschrift stellt dem Familiengericht einen Katalog verschiedener Maßnahmen zur Verfügung, mit deren Anordnung es einer **Gefährdung des Kindesvermögens** durch **Elternverhalten** (vgl. § 1666 Abs. 1, 2 sowie § 1666 RdNr. 200 f.) entgegentreten kann. Ohne selbst tatbestandliche Voraussetzungen dafür zu normieren, trifft § 1667 lediglich eine **Rechtsfolgengestaltung** denkbarer Entscheidungen gem. § 1666 Abs. 1. In den Abs. 1–3 werden besonders wichtige und wirkungsvolle Anordnungen zum Vermögensschutz konkretisiert,[1] deren Aufzählung jedoch nicht abschließend ist.[2]

2 **2. Entstehungsgeschichte.** § 1667 wurde erst durch das KindschaftsRG vom 16. 12. 1997 (BGBl. I S. 2942) als **Rechtsfolgenreglung** ausgestaltet. Die Ausweitung des § 1666 auf Maßnahmen zur Vermögenssorge machte dies erforderlich. Außerdem wollte man einen **einheitlichen Instanzenzug** sowie einen **einheitlichen Verfahrensrahmen** für die gerichtlichen Maßnahmen zur Beseitigung einer Kindeswohlgefährdung schaffen,[3] und zwar statt beim Vormundschaftsgericht beim Familiengericht (vgl. näher § 1666 RdNr. 212).

3 Durch das KindschaftsRG vom 16. 12. 1997[4] wurde § 1666 Abs. 1 zur **Generalklausel des Sorgerechts** und stellt sowohl die Grundlage zum Schutz der **persönlichen Belange** des Kindes als auch seiner **Vermögensinteressen** dar.[5] Allerdings hat sich die **Rechtslage** dabei nur **unwesentlich geändert.** Das Gesetz unterscheidet auch weiterhin zwischen **Personen-** und **Vermögenssorge.** Die Differenzierung erfolgt jetzt aber innerhalb des § 1666.[6] Die gesamte elterliche Sorge kann aber weiterhin nur dann entzogen werden, wenn

[1] *Schlüter* RdNr. 407; *Staudinger/Coester* RdNr. 5.
[2] *Staudinger/Coester* RdNr. 5.
[3] BT-Drucks. 13/4899 S. 71.
[4] Zur alten Rechtslage vgl. 3. Aufl. RdNr. 3.
[5] BT-Drucks. 13/4899 S. 97.
[6] BayObLG NJW 1999, 293, 294.

sowohl die Voraussetzungen für den Entzug der Personensorge als auch für den Entzug der Vermögenssorge vorliegen.[7]

Der Katalog von **Einzelmaßnahmen** der Abs. 2–4 aF wurde nahezu wortgleich beibehalten[8] und zwar in den Abs. 1–3. Daneben regelt Abs. 4 die **Kostentragungspflicht** für die familiengerichtlichen Maßnahmen. Familiengerichtliche Maßnahmen zur Vermögenssorge können weiterhin – anders als in Personensorgeangelegenheiten – **nicht gegen Dritte** angeordnet werden. Dies ergibt sich aus einem **Umkehrschluss** zu § 1666 Abs. 4 (vgl. § 1666 RdNr. 206f. u. 209). 4

3. Verhältnis zu § 1666. Auch wenn § 1667 keinen ausdrücklichen Verweis auf die Eingriffsvoraussetzungen des § 1666 Abs. 1 enthält, zeigt die dargestellte **Systematik** der Änderungen, dass die Tatbestandsvoraussetzungen dieser Norm erfüllt sein müssen, damit Maßnahmen gem. § 1667 Abs. 1–3 angeordnet werden können.[9] Der Gesetzgeber wollte keinen voraussetzungslosen Eingriffstatbestand schaffen.[10] 5

Dies wirkt sich auch auf Maßnahmen nach Abs. 1 (Vermögensverzeichnis, Rechnungslegung) aus, die oft angeordnet werden, um zu ermitteln, ob weiteres Einschreiten erforderlich ist.[11] Selbst dann ist erforderlich, dass die amtswegigen Ermittlungen gem. § 26 FamFG (§ 12 FGG aF) bereits eine **Vermögensgefährdung** indizieren. Denn auch die Maßnahmen nach Abs. 1 weisen Eingriffscharakter auf.[12] 6

II. Die Maßnahmen des Familiengerichts

1. Allgemeines. a) Auswahlermessen. Dem Familiengericht wird in § 1666 Abs. 1 ein **Auswahlermessen** hinsichtlich seiner Anordnungen eingeräumt, das wegen der systematischen Verknüpfung auch bei der Wahl der Maßnahmen nach Abs. 1–3 beachtet werden muss.[13] Obwohl mit dem SorgeRG bereits 1979 die früher bestehende Stufenfolge familiengerichtlicher Maßnahmen abgeschafft wurde,[14] folgt aus dem **Verhältnismäßigkeitsgrundsatz,** dass bei gleicher Geeignetheit die Maßnahmen des weiterreichenden § 1667 auf der Grundlage des § 1666 Abs. 1 vorgehen.[15] Vor dem **KindschaftsRG** vom 16. 12. 1997 brachte zudem Abs. 5 aF durch seine systematische Stellung zum Ausdruck, dass weniger einschneidenden Maßnahmen nach § 1667 der Vorrang vor dem Entzug der Vermögenssorge zu geben war. Diese Funktion hat nun § 1666 Abs. 2, 3. Var. übernommen.[16] 7

b) Kein abschließender Maßnahmenkatalog. Die in **Abs. 1–3** aufgeführten familiengerichtlichen Anordnungen stellen **keine abschließende Regelung** dar.[17] Besondere praktische Bedeutung hat daneben die gänzliche oder teilweise **Entziehung der Vermögenssorge.**[18] Die Befugnis des Familiengerichts dazu folgt aus § 1666 Abs. 1 (iVm. Abs. 3 Nr. 6), wonach die „erforderlichen Maßnahmen" zur Abwendung einer Vermögensgefährdung zu treffen sind.[19] § 1667 Abs. 3 S. 4 zeigt, dass die Entziehung der Vermögenssorge hierunter fällt. 8

---

[7] BayObLG NJW 1999, 293, 294.

[8] *Staudinger/Coester* RdNr. 2.

[9] *Staudinger/Coester* RdNr. 3; *Palandt/Diederichsen* RdNr. 1.

[10] BR-Drucks. 180/96 S. 108.

[11] Vgl. BayObLG FamRZ 1994, 1191, 1192.

[12] *Staudinger/Coester* RdNr. 4.

[13] Zu den maßgebenden Grundsätzen bei der Ermessensausübung vgl. § 1666 RdNr. 149ff.

[14] Vgl. 3. Aufl. RdNr. 4, 9.

[15] BR-Drucks. 180/96 S. 107; vgl. auch Anwk-BGB/*Rakete-Dombek* RdNr. 2; *Bamberger/Roth/Veit* RdNr. 2; Hk-BGB/*Kemper* RdNr. 3; *Staudinger/Coester* RdNr. 5.

[16] BT-Drucks. 13/4899 S. 97; vgl. § 1666 RdNr. 200.

[17] *Staudinger/Coester* RdNr. 5.

[18] Vgl. § 1666 RdNr. 195ff. Zur Vorrangigkeit milderer Maßnahmen nach § 1667 siehe OLG München, Beschluss vom 20. 12. 1999, Az. 16 UF 1616/99 (unveröff.).

[19] *Schlüter* RdNr. 407.

9 Zu den sonstigen, gesetzlich nicht geregelten Maßnahmen (vgl. § 1666 RdNr. 204) gehört zB die Anordnung, einen **geeigneten Prozessbevollmächtigten** zu bestellen, um das Kindesvermögen vor einer Gefährdung durch sachwidrige Prozessführung des vertretungsberechtigten Elternteils zu bewahren.[20] Es kommen aber nicht alle zweckmäßig erscheinenden Maßnahmen in Betracht, sondern nur solche, die dem Elternteil **sachliche Beschränkungen** zur Sicherung des Kindesvermögens auferlegen. Dafür gibt Abs. 2 S. 2 eine dahingehende **Leitlinie,** dass den Eltern vor allem solche Verpflichtungen auferlegt werden sollen, welche dem **Vormund** bei der Verwaltung von Mündelvermögen entweder kraft Gesetzes entstehen, §§ 1814–1816, 1818, oder ihm vom Familiengericht aufgegeben werden können.

10 **2. Maßnahmen nach Abs. 1.** Gem. **Abs. 1 S. 1** kann das Gericht von den Eltern oder dem allein vermögenssorgeberechtigten Elternteil die Einreichung eines **Vermögensverzeichnisses** sowie **Rechnungslegung** über die Vermögensverwaltung verlangen. **Vollständigkeit** und **Richtigkeit** des Verzeichnisses haben die Eltern gem. Abs. 1 S. 2 zu versichern. Selbst wenn nur ein Elternteil seine vermögenssorgerechtlichen Pflichten verletzt hat, ist das Familiengericht befugt, Maßnahmen gegen **beide Eltern** zu richten, wenn der Schutz des Kindesvermögens dies erfordert.[21] Gegen den Inhaber der Vermögenssorge, der bereits einmal unrichtige Angaben gegenüber dem Familiengericht gemacht hat, darf über den Wortlaut des Abs. 1 S. 2 hinaus gem. § 31 Abs. 1 FamFG (§ 15 Abs. 2 FGG aF) angeordnet werden, dass die Angaben durch Vorlage einer **eidesstattlichen Versicherung** glaubhaft zu machen sind.[22] Regelmäßig stellt dieses Vorgehen des Familiengerichtes die Grundlage für die Prüfung dar, ob weitere Maßnahmen gem. §§ 1666 Abs. 1, 3, 1667 Abs. 1–3 ergriffen werden müssen, da das Vermögensverzeichnis Auskunft über die wirtschaftlichen Verhältnisse des Kindes gibt.[23] Allerdings hat der Familienrichter nach Abschluss seiner Ermittlungen bereits von einer Vermögensgefährdung auszugehen.[24]

11 Die Einreichung des **Vermögensverzeichnisses** kann das Familiengericht durch die Androhung und ggf. Festsetzung von **Zwangsgeld** gem. § 89 FamFG (§ 33 FGG aF) erzwingen.[25] Führt dies nicht zum Erfolg oder ist das eingereichte Verzeichnis unzureichend, so besteht ferner für das Gericht gem. Abs. 1 S. 3 die Möglichkeit anzuordnen, dass ein **Notar**[26] oder die zuständige Behörde das Verzeichnis aufzunehmen hat. Welche Behörde im Einzelnen zuständig ist, bestimmt gem. § 486 Abs. 2 FamFG (§ 200 FGG aF) das Landesrecht.[27]

12 **Rechnungslegung** gem. Abs. 1 S. 1 kommt entsprechend dem Grad der Gefährdung des Kindesvermögens einmalig oder periodisch wiederkehrend in Frage;[28] für die Einzelheiten gelten die §§ 1840 ff. entsprechend.[29]

13 **3. Maßnahmen nach Abs. 2. a) Art und Weise der Anlage von Kindesgeld.** Gem. **Abs. 2 S. 1,** der eine systematische Ergänzung zu § 1642 darstellt, hat das Familiengericht die Möglichkeit, die **Art und Weise** der **Anlage** von **Kindesgeld** zu bestimmen. Grundsätzlich haben die Eltern Kindesgeld unter Berücksichtigung der Grundsätze des § 1642 so anzulegen, wie es einer **wirtschaftlichen Vermögensverwaltung** entspricht. Auf eine mündelsichere Anlageform nach § 1807 sind sie jedoch nicht festgelegt. Erwächst dem Kind aus einer Missachtung des Anlagemaßstabes eine Gefährdung für sein Vermögen (vgl. § 1666 RdNr. 121), kommt als nächstliegende Abwehrmaßnahme eine **familiengerichtliche Regelung der Anlageform** in Betracht. Sie kann mit der **Anordnung eines Sperrvermerks**

[20] KG JFG 22, 174, 177.
[21] *Erman/Michalski* RdNr. 4; vgl. näher § 1666 RdNr. 200.
[22] BayObLG FamRZ 1994, 1191, 1192 zu § 15 FGG aF.
[23] BayObLG FamRZ 1994, 1191, 1192.
[24] LG Münster DAVorm. 1981, 604; *Staudinger/Coester* RdNr. 7.
[25] Zum Vollzug familiengerichtlicher Maßnahmen vgl. auch § 1666 RdNr. 244 ff.
[26] LG Münster DAVorm. 1981, 604.
[27] *Erman/Michalski* RdNr. 3.
[28] *Staudinger/Coester* RdNr. 9; *Birkenfeld* FamRZ 1976, 197 ff.
[29] BayObLG FamRZ 1994, 1191, 1193.

einhergehen. Dies bedeutet, dass zur Abhebung von Kindesgeld, zB von einem Bankkonto, die Genehmigung des Familiengerichtes erforderlich ist, vgl. § 1809. Ein solches Vorgehen erscheint insbesondere dann geboten, wenn die Eltern Geld des Kindes für sich verbrauchen.[30] Ferner hat das Familiengericht die Befugnis zu der Anordnung, dass die Abhebung von Zinserträgen von seiner **Genehmigung** abhängen soll. Ob und in welcher Höhe des Betrages diese Maßnahme eingreift, fällt in sein Ermessen. Bei dessen Ausübung hat es eine Gesamtwürdigung vorzunehmen, in die die sonstigen Einkünfte des Kindes, zB Waisengeld oder Kindergeld, ebenso einzubeziehen sind wie der Inhalt der Regelungen in § 1649 Abs. 1, 2.[31]

Mit der Rechtsprechung des BayObLG[32] kann ein **Sperrvermerk** gegenüber den Eltern nur dergestalt angeordnet werden, dass diese verpflichtet werden, ihn bei ihrer Bank **selbst zu veranlassen.** Die Durchführung der Anordnung wird vom Gericht überwacht und gegebenenfalls nach § 89 FamFG (§ 33 FGG aF) erzwungen, zunächst durch **Zwangsgeld,** äußerstenfalls, bei Fruchtlosigkeit dieser Maßnahme, aber auch durch **Entzug der Vermögenssorge.**[33] 14

Die Gegenansicht, die eine unmittelbare **gerichtliche Anordnung** im Verhältnis zur **Bank** zulässt, verweist zur Begründung auf einen Vergleich des Wortlautes von Abs. 2 S. 1 einerseits und § 1809 andererseits. Die letztgenannte Norm verdeutliche, dass der Gesetzgeber nur für den Vormund bestimmt habe, dieser müsse selbst für die Beschränkungen bei Abhebung des Mündelgeldes sorgen.[34] 15

Mit der **Neufassung des § 1666 Abs. 4** durch das KindschaftsRG vom 16. 12. 1997 hat der Gesetzgeber aber in Kenntnis der Diskussion um den Kontosperrvermerk unmissverständlich klargestellt, dass gegenüber **Dritten keine** familiengerichtlichen **Maßnahmen zur Vermögenssorge** ergehen dürfen. Hinter dieser eindeutigen Gesetzesaussage tritt auch das berechtigte Anliegen eines effektiven Kindeswohlschutzes zurück.[35] Es wird nicht verkannt, dass das hier dargestellte Vorgehen umständlicher ist. Es fehlt an einer **Ermächtigungsgrundlage** für ein familiengerichtliches Vorgehen gegen Dritte.[36] 16

b) Der Verweis auf die Pflichten des Vormundes. Die Verweisung auf die für den Vormund kraft Gesetzes oder gerichtlicher Anordnung geltenden Beschränkungen in **Abs. 2 S. 2** betrifft zunächst die gerichtlich begründete Pflicht zur **Hinterlegung von Inhaberpapieren** gem. § 1814. Das Familiengericht kann dem Elternteil, der das Kind vertritt, ferner auferlegen, **Inhaberpapiere** auf den Namen des Kindes mit der Maßgabe **umschreiben zu lassen,** dass über sie nur mit **Genehmigung** des Familiengerichts verfügt werden darf, § 1815. Weiterhin kommt die **Sperrung von Schuldbuchforderungen** gegen den Bund oder gegen ein Land im Wege der Anordnung in Betracht, § 1816.[37] Schließlich hat das Familiengericht die Möglichkeit, vom Inhaber des Vermögenssorgerechtes die **Hinterlegung von Wertpapieren oder Kostbarkeiten** zu verlangen, § 1818. Auch die Anordnung der Notwendigkeit **vormundschaftsgerichtlicher Genehmigung** für bestimmte Rechtsgeschäfte im Sinne der §§ 1819, 1820 gehört in diesen Zusammenhang. 17

4. Sicherheitsleistung als Gefahrenabwehrmaßnahme gem. Abs. 3.[38] **a) Allgemeines.** Die **Sicherheitsleistung** durch die Eltern auf Grund gerichtlicher Anordnung ist 18

---

[30] BayObLG FamRZ 1977, 144, 147 mwN.

[31] BayObLG FamRZ 1989, 1215 f.

[32] BayObLG FamRZ 1977, 144, 146; zust. *Palandt/Diederichsen* RdNr. 4.

[33] Vgl. BayObLG FamRZ 1979, 71, 73 zu § 33 FGG aF.

[34] *Soergel/Strätz* RdNr. 7.

[35] AA *Staudinger/Coester* RdNr. 11; *Soergel/Strätz* RdNr. 7.

[36] Vgl. zu Maßnahmen gegen Dritte im Bereich der Personensorge § 1666 RdNr. 206 f. u. 209.

[37] In Abs. 2 S. 2 wurde durch das Gesetz zur Neuordnung des Schuldbuchrechts des Bundes und der Rechtsgrundlagen der Bundesschuldenverwaltung vom 11. 12. 2001 (BGBl. I S. 3519) das Wort „Buchforderungen" gegen das Wort „Schuldbuchforderungen" ausgetauscht. Eine inhaltliche Modifikation ist damit jedoch nicht verbunden (so ausdrücklich BT-Drucks. 14/7010 S. 18).

[38] Die bereits 1979 mit dem SorgeRG eingeführte Vorschrift greift auf die früher geltenden Vorschriften der §§ 1668 Abs. 1, Abs. 2 S. 1, 1669 S. 2 aF zurück [BT-Drucks 8/2788 S. 60] verschoben [zu den Änderungen durch das SorgeRG vgl. 3. Aufl. RdNr. 16].

eines unter mehreren **gleichrangigen Mitteln** der Gefahrenabwehr, das uU auch **neben** anderen zum Zuge kommt.[39] Die Anordnung der Sicherheitsleistung setzt den Tatbestand des § 1666 Abs. 1, 2 voraus. Die Besonderheit besteht darin, dass durch die Sicherheitsleistung für das Kindesvermögen **sonstige Eingriffe** in die elterliche Vermögenssorge bis hin zu deren Entziehung möglicherweise **entbehrlich** werden.[40] Unter dem Gesichtspunkt der **Verhältnismäßigkeit** kommt dieser Variante daher besondere Bedeutung zu.[41] Wenn die Eltern die Sicherheit nicht werden erbringen können, die Anordnung also erkennbar keine Aussicht auf Erfolg hat, ist sie unzulässig.[42]

19 **b) Einzelfragen.** Das Familiengericht bestimmt **Art und Umfang** der Sicherheitsleistung gem. § 1666 Abs. 1 nach **pflichtgemäßem Ermessen.** Als Anhaltspunkt[43] können die §§ 232 ff. dienen.[44] Maßgebend sind die **Vermögensverhältnisse** des Kindes, das **Ausmaß der Vermögensgefährdung** sowie die **finanzielle Situation der Eltern.** Letztere findet jedoch nur in dem Umfang Berücksichtigung, wie es das Interesse des Kindes gestattet und solange keine Nachteile für dessen Vermögen zu befürchten sind.[45] Eine Hypothek oder Grundschuld an einem elterlichen Grundstück entspricht den Anforderungen an eine Sicherheitsleistung nur bei einer sicheren Rangstelle.[46]

20 Die **Mitwirkung des Kindes** bei der **Bestellung und Aufhebung** der Sicherheit wird gem. Abs. 3 S. 3 durch die **Anordnung des Familiengerichtes ersetzt.** Die Maßnahme hat also wegen der Eilbedürftigkeit die Bedeutung einer in Vertretung des Kindes getroffenen Verfügung.[47] Die Bestellung eines **Pflegers** ist deshalb nicht erforderlich. Dementsprechend kann das Familiengericht zB in Vertretung des Kindes den **Antrag** gem. § 13 GBO auf **Eintragung** eines von den Eltern bewilligten **Grundpfandrechtes** stellen.[48] Für die **Änderung einer Sicherheit** gilt Abs. 3 S. 3 ebenfalls. Dies lässt sich aus § 1844 Abs. 2 aF herleiten, der diese Situation entsprechend für die Ersetzung der Mitwirkung des Mündels regelte. Der entsprechende Rechtsgedanke gilt noch immer. Auf eine ohne familiengerichtliche Veranlassung von den Eltern **freiwillig bestellte Sicherheit** ist **Abs. 3 S. 3** hingegen wegen des eindeutigen Wortlautes **nicht anwendbar.**[49] Das Gleiche gilt nach **Beendigung** der elterlichen Sorge.[50]

Die Ermächtigung des Familiengerichts gem. Abs. 3 S. 3, unmittelbare Rechtswirkungen für das Kind herbeizuführen, stellt einen Sonderfall des **gerichtlichen Eintrittsrechts** gem. § 1666 Abs. 3 Nr. 5 dar.[51]

21 Die Möglichkeiten des Familiengerichts, die angeordnete **Sicherheitsleistung zu erzwingen,** werden in **Abs. 3 S. 4** auf die teilweise oder gänzliche **Entziehung der Vermögenssorge** gem. § 1666 Abs. 1, 3 Nr. 6 beschränkt. Das Mittel des Gerichts zur Zweckerreichung besteht also dementsprechend in der **Androhung** dieses Tatbestandes.[52] Bleibt sie erfolglos, wird die Maßnahme vollzogen. Andere Sanktionen auf der Grundlage des § 89 FamFG (§ 33 FGG aF) sind damit ausgeschlossen. Die gesetzliche Verklammerung von Sicherheitsleistung und Entziehung der Vermögenssorge bezieht ihre sachliche Rechtfertigung aus dem Grundgedanken, der jeder Sicherheitsleistung zugrunde liegt: Sie ermöglicht

---

[39] *Staudinger/Coester* RdNr. 14.

[40] So schon KG JFG 22, 174, 178 f.

[41] OLG Frankfurt/M. Rpfleger 1981, 356, 357.

[42] AnwK-BGB/*Rakete-Dombek* RdNr. 6; *Soergel/Strätz* RdNr. 8; KK-FamR/*Ziegler* RdNr. 8.

[43] KG JW 1937, 638.

[44] *Staudinger/Coester* RdNr. 16.

[45] KG JFG 22, 174, 178 f.

[46] KG JFG 22, 174, 178 f.

[47] RGRK/*Adelmann* RdNr. 19.

[48] *Soergel/Strätz* RdNr. 9.

[49] *Bamberger/Roth/Veit* RdNr. 5.

[50] *Palandt/Diederichsen* RdNr. 7.

[51] Vgl. dazu auch das Recht des FamG zur Vornahme tatsächlicher und rechtlicher Maßregeln bei Verhinderung beider Elternteile gem. § 1693.

[52] *Soergel/Strätz* RdNr. 8; *Palandt/Diederichsen* RdNr. 7.

dem Leistenden Dispositionen über fremdes Vermögen, während andererseits die Dispositionsbefugnis hinsichtlich des eigenen Vermögens eingeschränkt wird. Deshalb erscheint es konsequent, Beschränkungen oder die Entziehung der elterlichen Vermögenssorge gerichtlich anzuordnen, wenn diese nicht freiwillig die geforderte Sicherheit leisten.

5. Kosten der angeordneten Maßnahme. Die Kosten der Maßnahme, also zB die **Kosten** des **Vermögensverzeichnisses** oder der **Hinterlegung,** trägt gem. **Abs. 4** derjenige **Elternteil,** der diese Maßnahme **veranlasst** hat. Die Kostentragungspflicht für das familiengerichtliche Verfahren an sich fällt nicht darunter (vgl. dazu § 1666 RdNr. 260). 22

III. Zuständigkeit, Verfahren, Beschwerde, Verfahrenskosten

1. Örtliche und funktionelle Zuständigkeit. Die **örtliche Zuständigkeit** des Familiengerichtes richtet sich nach § 152 FamFG (§§ 43, 36 FGG aF). Der **Rechtspfleger** ist gem. § 3 Nr. 2 a RPflG für alle Maßnahmen auf der Basis des § 1667 zuständig, da § 14 Nr. 2 RPflG (§ 14 Nr. 8 RPflG aF) den Richtervorbehalt nur für die Personensorgemaßnahmen gem. § 1666 Abs. 1, 3 anordnet. 23

2. Verfahren. Für das Verfahren kann grundsätzlich auf die Ausführungen zu § 1666 verwiesen werden (vgl. § 1666 RdNr. 212 ff.), da es als **Amtsverfahren**[53] den gleichen Grundsätzen unterliegt. Die Geltung des § 26 FamFG (§ 12 FGG aF) verlangt zB bei Anregung einer Vermögenspflegschaft die Prüfung des Gerichts, ob weniger schwere Maßnahmen erforderlich sind, wenn die Voraussetzungen für die Anordnung der Pflegschaft fehlen. Ein solches Schutzbegehren darf also nur dann insgesamt abgelehnt werden, wenn keine Gefährdung des Kindesvermögens festzustellen ist.[54] 24

Die **Eltern** sind gem. § 160 FamFG (§ 50 a Abs. 1 FGG aF) **anzuhören.**[55] Sie dürfen ggf. unter Androhung und Festsetzung von **Zwangsgeld** gem. §§ 89 ff. FamFG (§ 33 FGG aF) auch **vorgeladen** werden.[56] Das Jugendamt ist zu den Maßnahmen des § 1667 regelmäßig deshalb nicht anzuhören, weil sie das Vermögen und nicht die Person des Kindes betreffen, § 162 Abs. 1 S. 1.[57] 25

Ein Kind im Alter von mehr als **14 Jahren** ist gem. § 159 Abs. 1 FamFG (§ 50 b Abs. 2 S. 2 FGG aF) in vermögensrechtlichen Angelegenheiten **persönlich anzuhören.** In ausschließlich vermögensrechtlichen Angelegenheiten kann gem. Abs. 1 S. 2 von der persönlichen Anhörung abgesehen werden, wenn eine solche „nach der Art der Angelegenheit nicht angezeigt ist." Ferner ist der Minderjährige gem. § 159 Abs. 3 FamFG nicht anzuhören, wenn schwerwiegende Gründe dagegen sprechen. Darunter fällt etwa der Fall, dass durch die Anhörung des Kindes das Verhältnis zu seinen Eltern unnötig belastet würde.[58] Da allerdings in **personensorgerechtlichen** Angelegenheiten eine Anhörung gemäß § 159 Abs. 1 S. 1 FamFG (§ 50 b Abs. 1, 2 S. 1 FGG aF) zwingend vorgeschrieben ist, muss sie dann erfolgen, wenn sich das vermögenssorgerechtliche Verfahren auch auf die Person des Kindes auswirkt.[59] Unabhängig davon steht dem Kind stets ein Recht zur **Teilnahme** am erstinstanzlichen Verfahren insoweit zu, als ihm gem. § 60 FamFG (§ 59 FGG aF) eine selbständige **Beschwerdebefugnis** zukommt.[60] 26

---

[53] BayObLG FamRZ 1983, 528, 530.

[54] BayObLG FamRZ 1983, 528, 530 zu § 12 FGG aF.

[55] Zu § 50 a Abs. 1 FGG aF BayObLG FamRZ 1982, 634, 637; 1989, 1215, 1216; OLG Hamm FamRZ 1999, 36 f.; vgl. § 1666 RdNr. 224 ff.

[56] BayObLG FamRZ 1984, 201, 202; 1986, 1236; LG Münster DAVorm. 1981, 604; die Ansicht, dass sich die Anhörung der Eltern inhaltlich auch auf ihre Vermögens- und Einkommensverhältnisse erstrecken kann (so *Staudinger/Coester* RdNr. 21), entbehrt einer gesetzlichen Grundlage. Dieser Anhörung bedarf es auch nicht, um über die Höhe einer anzuordnenden Sicherheitsleistung entscheiden zu können, wie die §§ 708 ff. ZPO zeigen.

[57] Zu Ausnahmefällen vgl. § 1666 RdNr. 229.

[58] BayObLG FamRZ 1982, 640 zu § 50 b III FGG aF.

[59] *Keidel/Kuntze/Engelhardt* § 50 b FGG RdNr. 21; *Staudinger/Coester* RdNr. 21.

[60] Vgl. § 1666 RdNr. 232 sowie RdNr. 28 f.

27 **Anordnungen** zum Schutze des Kindesvermögens vermag das Gericht – abgesehen von der Sicherheitsleistung gem. Abs. 3 S. 4 (s. o. RdNr. 21) – gem. §§ 89 ff. FamFG (§ 33 FGG aF) zu **erzwingen.**[61] Es hat auch die Möglichkeit **vorläufiger Anordnungen.**[62] **Länger dauernde Maßnahmen** hat es gem. **§ 1696 Abs. 3** in angemessener Zeit zu **überprüfen** und gem. § 1696 Abs. 2 aufzuheben, wenn keine Gefahr mehr für das Kindesvermögen besteht. Vor der Bestellung eines **Vermögenspflegers** soll das Familiengericht eine gütliche Einigung versuchen.[63]

28 **3. Beschwerde.** Grundsätzlich kann auch hier auf die Ausführungen zu § 1666 verwiesen werden (vgl. § 1666 RdNr. 248 ff.). Neu ist allerdings die Einführung eines allgemeinen Beschwerdewertes. Gem. § 61 Abs. 1 FamFG ist die Beschwerde in vermögensrechtlichen Angelegenheiten nur zulässig, wenn der Wert des Beschwerdegegenstandes 600 Euro übersteigt; dies entspricht dem Beschwerdewert einer Berufung, § 511 Abs. 2 Nr. 1 ZPO. Die **befristete Beschwerde** gegen eine familiengerichtliche Maßnahme steht den **Sorgerechtsinhabern** gem. § 58 Abs. 1 FamFG (§§ 621 e Abs. 1, 3 ZPO aF), 517 ff. ZPO, § 119 Abs. 1 Nr. 1 GVG offen. Ein über **14 Jahre altes Kind** hat gem. § 60 FamFG (§ 59 Abs. 1 S. 1, Abs. 3 FGG aF) in vermögensrechtlichen Angelegenheiten eine selbständige **Beschwerdebefugnis,** sofern der Ausgang des Verfahrens zugleich seine Person betrifft (vgl. § 1666 RdNr. 233 f.). Dies gilt dann, wenn die zugrundeliegende Vermögensangelegenheit wesentlichen Einfluss auf die künftige Lebensgestaltung des Jugendlichen ausübt.[64]

29 Unabhängig davon ist das **Kind** gem. § 60 S. 2 FamFG (§ 59 Abs. 1 S. 2 FGG aF) stets dann **persönlich beschwerdebefugt,** wenn es vor der Entscheidung hätte **angehört** werden sollen.[65] Für die **persönliche Ausübung** dieser Beschwerde gilt allerdings die Vierzehnjahresgrenze, § 60 S. 3 FamFG. Damit kommt der Anhörungsvorschrift in Vermögenssorgeangelegenheiten in § 159 FamFG (§ 50 b FGG aF)[66] besondere Bedeutung für diese Frage zu. Die **Entscheidungen,** gegen die sich das Kind selbständig mit der Beschwerde wehren kann, muss ihm der Richter gem. § 164 S. 1 FamFG (§ 59 Abs. 2 FGG aF) **bekannt machen.** Allerdings teilt das Gericht die Entscheidungsbegründung gem. § 164 S. 2 FamFG (§ 59 Abs. 2 S. 2 FGG aF) nicht mit, wenn daraus Nachteile für die Entwicklung, Erziehung oder den Gesundheitszustand des Kindes zu befürchten sind.

30 Die Beschwerdebefugnis des **Jugendamtes** folgt aus § 162 Abs. 3 S. 2 FamFG (§ 57 Abs. 1 Nr. 9 iVm. § 64 Abs. 3 S. 3 FGG aF).[67] Ebenso wie § 59 Abs. 1, 3 FamFG gewährt allerdings auch diese Vorschrift dem Jugendamt nur dann eine Beschwerdebefugnis, wenn es sich um eine **personensorgerechtliche Angelegenheit** handelt. Daher ist es nur unter den Voraussetzungen beschwerdebefugt, unter denen es ein Jugendlicher ebenfalls wäre.[68] Dementsprechend muss die Gefährdung des Kindesvermögens auch das persönliche Kindeswohl betreffen (s. o. RdNr. 28). Geht es ausschließlich um die Vermögenssorge, greift § 162 Abs. 3 S. 2 FamFG § 57 Abs. 1 Nr. 9 FGG (aF) nicht ein.

31 **4. Verfahrenskosten.** Die Verfahrenskosten ergeben sich aus Nr. 1310 des Kostenverzeichnisses der Anlage 1 zu § 3 Abs. 2 FamGKG, bzw. aus den Nr. 1314, 1316 für Rechtsmittelverfahren (vgl. dazu § 1666 RdNr. 160). Der Zahlungspflichtige wird gem. § 81 Abs. 1 S. 1 FamFG nach **billigem Ermessen** bestimmt. Das Ermessen ist jedoch insbesondere dann eingeschränkt, wenn der Beteiligte durch grobes Verschulden **Anlass** für das Verfahren gegeben hat (vgl. § 81 Abs. 2 Nr. 1 FamFG). Zumeist fallen also demjenigen die Kosten zur Last, der nach Abs. 4 auch die Kosten der angeordneten Maßnahme tragen muss.

---

[61] Zu § 33 FGG aF BayObLG FamRZ 1977, 144, 146; zur Vollstreckung familiengerichtlicher Entscheidungen vgl. auch § 1666 RdNr. 244 ff.

[62] OLG Hamm ZBlJugR 1953, 253; vgl. dazu § 1666 RdNr. 234 ff.

[63] BayObLG FamRZ 1983, 528, 530 im Anschluss an KG JW 1938, 1168.

[64] KG JFG 22, 174, 175 f. BayObLG FamRZ 1983, 528 f.

[65] *Keidel/Kuntze/Winkler/Engelhardt* § 59 FGG RdNr. 17.

[66] BayObLG FamRZ 1983, 528 f.

[67] Vgl. BayObLG DAVorm. 1982, 611, 613; FamRZ 1984, 199 zur alten Rechtslage.

[68] BayObLG FamRZ 1989, 1215 f.